协同育人
初论

张竹林 赵冬冬 著

华东师范大学出版社
·上海·

图书在版编目(CIP)数据

协同育人初论/张竹林,赵冬冬著.—上海:华东师范大学出版社,2023
ISBN 978-7-5760-4311-2

Ⅰ.①协… Ⅱ.①张…②赵… Ⅲ.①学校教育-合作-家庭教育-研究 Ⅳ.①G459

中国国家版本馆 CIP 数据核字(2023)第 220714 号

协同育人初论

著　　者　张竹林　赵冬冬
责任编辑　彭呈军
审读编辑　陈雅慧　孙　娟
责任校对　秦紫怡　时东明
装帧设计　卢晓红

出版发行　华东师范大学出版社
社　　址　上海市中山北路 3663 号　邮编 200062
网　　址　www.ecnupress.com.cn
电　　话　021-60821666　行政传真 021-62572105
客服电话　021-62865537　门市(邮购)电话 021-62869887
地　　址　上海市中山北路 3663 号华东师范大学校内先锋路口
网　　店　http://ecnup.taobao.com

印 刷 者　浙江临安曙光印务有限公司
开　　本　700 毫米×1000 毫米　1/16
印　　张　17.25
字　　数　268 千字
版　　次　2023 年 12 月第 1 版
印　　次　2023 年 12 月第 1 次
书　　号　ISBN 978-7-5760-4311-2
定　　价　68.00 元

出版人　王　焰

(如发现本版图书有印订质量问题,请寄回本社客服中心调换或电话 021-62865537 联系)

目 录

协同育人　未来可期(代序) / 1
绪论 / 1

协同育人理论篇　/ 5

第一章　协同育人的理论根基与诠释　/ 8

第一节　协同理论的源起与发展　/ 9
一、协同理论的基本概述　/ 9
二、协同理论与协同育人　/ 12
三、共生理论与协同育人　/ 14

第二节　协同育人的内涵与特征　/ 15
一、协同育人的内涵辨析　/ 15
二、协同育人的特征概述　/ 21

第三节　家校社协同育人的述评　/ 26
一、家校社协同育人及意义　/ 27
二、家校社协同育人的探索　/ 29
三、家校社协同育人的举措　/ 35

第二章 协同育人的时代背景与基础 / 41

第一节 协同育人的思想引领 / 42
一、新时代的教育思想引领 / 43
二、教育家的教育思想引领 / 53

第二节 协同育人的制度建构 / 56
一、协同育人的政策引导 / 57
二、协同育人的法治依据 / 59

第三节 协同育人的多元实践 / 62
一、协同育人的苏州实践 / 63
二、协同育人的南京实践 / 65
三、协同育人的潍坊实践 / 67
四、协同育人的成都实践 / 69
五、协同育人的保定实践 / 70
六、协同育人的弋阳实践 / 70

协同育人能力篇 / 77

第三章 家长参与协同育人的家庭教育胜任能力 / 80

第一节 儿童身心认知能力 / 81
一、认识儿童身心的家庭教育价值 / 82
二、培养家长的儿童身心认知能力 / 85

第二节　家校沟通互动能力　/ 88
一、家校合作需要家校沟通关系的建立　/ 89
二、家校沟通需要家长的沟通互动能力　/ 90

第三节　家庭情感培养能力　/ 91
一、家庭情感是家庭教育的内核　/ 91
二、家长需要家庭情感培养能力　/ 94

第四节　亲子言行管理能力　/ 96
一、亲子言行是家庭教育的表征　/ 97
二、培养家长的亲子言行管理能力　/ 98

第四章　教师参与协同育人的家庭教育指导能力　/ 102

第一节　认知能力　/ 104
一、认知能力的要素　/ 104
二、认知能力的现状　/ 105
三、认知能力的提升　/ 107

第二节　沟通能力　/ 108
一、沟通能力的内涵　/ 108
二、沟通能力的培养　/ 110
三、沟通能力的提升　/ 111

第三节　情感能力　/ 113
一、情感能力的内涵　/ 113
二、情感能力的表象　/ 114
三、情感能力的培养　/ 116

第四节 协作能力 / 119
一、协作能力的诠释 / 119
二、协作能力的培养 / 120
三、协作"六步"策略 / 121

第五节 管理能力 / 126
一、管理能力的结构 / 126
二、管理能力的培养 / 128
三、管理能力的提升 / 130

第五章 行政部门的协同育人决策推动能力 / 134

第一节 行政决策能力 / 136
一、行政决策能力的理论内涵 / 136
二、行政决策能力的实践功用 / 138

第二节 容错纠错能力 / 142
一、容错纠错能力的理论本义 / 143
二、容错纠错能力的实践运用 / 144

第三节 综合实践能力 / 148
一、综合实践能力的理论解析 / 148
二、综合实践能力的实践效用 / 150

第四节 科学评价能力 / 153
一、科学评价能力的理论阐释 / 154
二、科学评价能力的实践应用 / 155

协同育人实践篇 / 159

第六章 区域协同育人的实践探索 / 161

第一节 区域协同育人文化建设 / 163
一、基于"贤文化"的协同育人大文化观 / 163
二、区域整体实施协同育人的文化路径 / 164

第二节 区域协同育人模式构建 / 169
一、构建家校社协同育人的"双循环"模型 / 169
二、构建区域教育学院联结内外循环的"一个枢纽点" / 170
三、构建区校家委会和区家教中心内外联动的"一体两翼"服务网 / 172

第三节 区域协同育人机制建设 / 174
一、能力建设机制 / 175
二、专业服务机制 / 175
三、协作推进机制 / 176
四、评价引导机制 / 177

第四节 区域协同育人中心建设 / 178
一、区域协同育人中心的基本架构 / 179
二、区域协同育人中心的建设路径 / 184
三、区域协同育人中心的运行机制 / 187
四、区域协同育人中心的运维要点 / 190

第五节　区域协同育人社会资源整合　/ 191
一、医教协同——构建学生心理健康的防护体系　/ 192
二、司法协同——以奉贤检察院"未小贤"团队为例　/ 197
三、特普协同——特殊教育与普通教育融合发展　/ 200

第六节　区域协同育人应对社会危机　/ 204
一、区域协同育人应对危机首要职责:关注心理关护或辅导　/ 204
二、探索危机下的协同育人有效途径:线上平台建设与运营　/ 208
三、应对危机的多元智慧:因时因地因校因人制宜的协同育人贡献　/ 210

第七节　区域协同育人的创新探索　/ 214
一、家校共育新平台——数字家长学校　/ 214
二、协同关爱新阵地——新成长学校　/ 218
三、协同教育新空间——新成长家长沙龙　/ 221

第八节　区域协同育人的深度思考　/ 226
一、教育生态变革助推智慧化教学生态建设　/ 228
二、司法协同在现实背景下迫在眉睫　/ 229
三、区域协同育人经验的"概念化"处理　/ 230
四、区域协同育人中心的建设与完善　/ 231

结语:协同育人的时代展望　/ 232

一、目标引领　/ 232
二、治理提升　/ 234
三、范式重构　/ 236
四、文化育人　/ 239

五、评价驱动 /241

代后记:学问做在大地上 /244

参考文献 /248

协同育人　未来可期(代序)

不久前,上海奉贤区教育学院副院长张竹林老师委托我的同事,向我转达了请我为他和南京师范大学青年教师赵冬冬博士共著的新作《协同育人初论》作序的意愿,并附上了书稿和邀请信。实话说,这些年来,我基本上不接受各种作序、题词等请托,因为我没有时间。但由于张竹林老师是我主持的创新人才教育研究会与河北省保定市政府乡村振兴教育实验基地特聘导师,连续多年为保定基地提供家庭教育和协同育人的培训指导,并且有一定影响和实效;2020年疫情期间,他还就此专门打电话和我讨论研究协同教育问题。我对他的敬业精神和协同育人的理念与行动有所了解,翻阅书稿后,决心提笔写了如下文字。

我从教已近60年,进行拔尖创新人才早期培养的研究与实践40余年,曾多次在一些文章、报告以及教育专著中提及协同育人的理念。当前,在国家亟需的拔尖创新人才培养上,我认为尤其需要家庭、学校、社会协同发力。就此,我谈几点想法。

从古至今,中国一直就有"合作""协同"的教育文化传统。《道德经》中说,"万物并作,吾以观复";《礼记·中庸》也提及,"万物并育而不相害,道并行而不相悖"。先哲孔子、孟子,近代教育大家陶行知、陈鹤琴等都曾强调家庭学校社会"协同育人"。进入新时代,习近平总书记在不同场合,多次对协同育人工作作出重要指示。2018年9月10日,习总书记在全国教育大会上讲道:"办好教育事业,家庭、学校、政府、社会都有责任";2023年5月29日,在中共中央政治局第五次集体学习时又一次明确强调:"学校、家庭、社会要紧密合作、同向发力,积极投身教育强国实践,共同办好教育强国事业。"[1]党的二十大报告也提到:"人才是第一资源","全面提高人才自主培养质量,着力造就拔尖创新人才"。由此看来,做好家庭、学校、社会协同育人的工作,意义重大,功在当代、利在千秋。协同育人既是新

---

[1] 新华网. 习近平在中共中央政治局第五次集体学习时强调 加快建设教育强国 为中华民族伟大复兴提供有力支撑[EB/OL].(2023-05-29)[2023-05-30]. http://www.news.cn/politics/leaders/2023-05/29/c_1129654921.htm.

时代教育改革发展的新生长点和亮点,也是中国走向现代化强国的前提和保证。

拔尖创新人才的培养是一个系统工程,涉及家庭、学校、企业、科研院所等诸多方面,必须统筹资源,整合各方力量,加强系统谋划设计,实现多方联动、协同。当前,在全社会形成理直气壮培养拔尖创新人才的共识愿景,是实施协同育人的前提;全社会营造让拔尖创新人才脱颖而出的环境,让教育参与主体"尽其所能""用其所能",为培养拔尖创新人才提供"百家智慧",是推进协同育人的保证。

"协同育人"是个既老又新的话题,这本专著在一定程度上做到了"理实相生",既有浓厚的"学术味",又有很强的"实践性"。

一是切中当代中国教育改革的迫切需求。当前,中国的改革与发展面临国内外诸多因素的干扰和挑战,时代要求教育也必须做出相应的改变,以适应国家发展的战略需求,适应人才培养的迫切需要。协同育人,不再局限于传统的"教育依赖学校"的认知与视角,强调要发挥家庭(家长)和社会的教育力量,从而凝聚家庭、学校、社会三方的优势资源,建构与时代发展同频共振的协同育人教育生态。

二是满足了"后双减时代"基础教育改革与发展的转型升级需要。长久以来,沉重的课业负担严重阻碍了学生自主学习、创新思维、创造能力的培养,如何为孩子"减负"已是迫在眉睫的重要课题。"双减"正是在这样的情势下应运而生的中国基础教育领域的重大改革。为学生"减负","减"的不仅是学生校内的课业负担,也是家长对孩子非理性的期待,是培训机构背后的资本对学校教育的绑架。以"双减"为撬点切入,进行一场从观念到实操的全面变革,让家长、教师以及社会组织携起手来,协同育人,能为青少年身心和谐健康成长营造出更适宜的教育环境。

三是呈现了推进协同育人实践探索的过程和经验。强调案例研究是这本专著的一个显著特色。当今社会,家长参与学校教育、学校引导(指导)家庭教育、社会组织参与教育过程,在实践中还没有形成良好机制,不同主体"各自为政""力量分散"现象屡见不鲜。这本专著把这个话题"引出来",尝试通过鲜活的案例来呈现解决问题的"区域探索",这是值得肯定的可贵之处。透过字里行间,我认为作者做到了"把研究做在中国大地上""把文章写在中国大地上"。两位作者,一个是"70后",具有丰富的教育教学实践与管理经验;一个是"90后",具有扎实的学术基础和灵动的学术悟性,"老少配",十分默契。通过覆盖我国东、西、南、北、中不同地区县市的代表性案例剖解,既呈现了新时代协同育人在不同教育环境下"生长"的境况,也总结出了不同区县实践探索的有效经验。更难得的是,这本专著对于上海市奉贤区多年的协同育人探索进行了系统介绍,特别是新冠疫情期间,奉贤区攻坚克难、协同育人的做法和经验尤为值得关注。

当然,任何一本专著都是作者阶段性的思考成果,不一定尽善尽美。在我看来,这本专著已经打开了研究协同育人的"问题端口",为学界、教育界及社会各界对于"协同育人"教育模式的研究与实践开辟了广大的空间。未来,期待作者能够进一步对于当前协同育人存在的"问题"进行更深入更全面的探索,更扎实更有效的实践,为引导协同育人国家战略的有序、有效落实与推进,贡献宝贵的理论智慧与实践指南。

是为序。

中央文史研究馆　馆员
原国务院参事
创新人才教育研究会　会长
原人大附中校长

绪 论

进入新时代，习近平总书记对于"育人"问题做出了一系列重要论述，为推动新时代"协同育人"的理论研究与实践探索指明了方向，提供了根本遵循。2015年春节团拜会上，习近平总书记首次做出"注重家庭、注重家教、注重家风"（"三个注重"）建设的重要讲话，唤起全社会对家庭教育的全新认识和关注。2018年9月，习近平总书记在全国教育大会上指出："家庭是人生的第一所学校，家长是孩子的第一任老师，要给孩子讲好'人生第一课'，帮助扣好人生第一粒扣子。""三个注重""四个第一"等重要论述，凸显了新时代家庭教育的重要地位。同时，2018年9月10日，习近平总书记在全国教育工作大会上指出，"办好教育事业，家庭、学校、政府、社会都有责任"。这一重要论述将家校社协同育人定格为全党、全国重要新工程，全面开启了新时代家校社协同育人系统性理论研究与实践行动的新征程。

回望近现代中国发展史，无论是抗战时期"统一战线"，还是新中国成立后"多民族大家庭"，抑或是改革开放以来"区域一体化"发展社会主义经济，以大协作理念建设"协同共同体"是国家振兴与发展的"密钥"，而这在教育领域尤为显著。新中国成立后，我国实行计划经济，教育计划、纲领、条例和政策在政府主导下进行，不断发挥"集中力量办大事"的制度优势，连接不同省份、区域、民族及其内部关联的教育主体进行跨区域融通，以大协作理念为指引构筑全国一盘棋、上下一条心、群策群力、精准施策的教育共同体推动教育振兴与发展。这是马克思主义中国化在教育领域的显著体现，是发挥中国制度优势的典型表征。"协同育人"作为新时代的重要教育发展战略，是中国教育的一种"创举"。尽管在西方国家也存在类似的教育举措，但是，只有中国能够"集中力量办大事"，能够通过制度建构，在各级党委、政府的统一领导下，真正让家庭、学校和社会等不同主体发挥自身的教育优势与专长，群策群力、凝聚共识，推动育人事业转型升级、内涵发展。

"协同育人"话题十分丰富，从学理的角度上讲，主要涉及社会学、教育学、历史学、心理学、伦理学等相关理论和综合知识。同时，"协同育人"更是创新社会治理与教育治理能力和体系建设的重要载体,是贴近实践场域的一种重要范畴。2013年11月,党的十八届三中全会提出"完善和发展中国特色社会主义制度,推进国家治理体系和治理能力现代化"的总目标。2014年1月,教育部强调"加快推进教育治理体系和治理能力现代化",正式揭开我国从"教育管理"走向"教育治理"的序幕。2019年2月,中共中央、国务院印发《中国教育现代化2035》再次提出,"推进教育治理体系和治理能力现代化",从社会治理全局考虑强调教育治理的时代意义与行动方案,即探索治理能力与体系建设。其中,"协同"是"十四五"规划的高频主题词,尤其是党的二十大报告"健全学校家庭社会协同育人机制"的提出,让"协同育人"成为推进优化教育变革实践,提升教育治理和社会治理能力的重要选项。

建设高质量教育体系是推动全面建成小康社会的重要基石,而扎实推进家校社协同育人机制建设是建设高质量教育体系的关键一环。2021年10月23日通过的《中华人民共和国家庭教育促进法》强调:"各级人民政府指导家庭教育工作,建立健全家庭学校社会协同育人机制",而"职责"与"协同"是其显性亮点。其中,教育现场学校教育功能增长与快速提高的多元化教育需求错位,需要发挥不同教育主体的优势,开掘家庭、学校、社会等相关教育主体的教育资源潜力,建构一种与时代教育需求匹配的协同育人新生态。

2023年1月发布的《教育部等十三部门关于健全学校家庭社会协同育人机制的意见》明确提出:"健全学校家庭社会协同育人机制是党中央、国务院作出的重要决策部署,事关学生全面发展健康成长,事关国家发展和民族未来。"[①]这一政策文本,全面布局了迈向新征程的中国教育综合改革扎实推进家校社协同育人的新方向和新路径。宏观的政策布局和战略部署需要微观的区域实践予以落实和转化。其中,基于"社会治理"和"教育治理"两个视角,立足区域样本来探讨"协同育人"这个古老而全新的命题,把它置身于一个大的时代背景中去研究是极具现实意义的选择,既要传承已有的教育经验、教育基础,又要按照新时期新时代的新任

---

① 教育部等十三部门. 教育部等十三部门关于健全学校家庭社会协同育人机制的意见[EB/OL]. (2023-01-17)[2023-01-21]. www.moe.gov.cn/srcsite/A06/s3325/202301/t20230119_1039746.html.

务要求去回应,可谓是价值与挑战并存。探讨这样一个命题,实际上是要站在"两个一百年"大目标和中华民族伟大复兴的战略目标,围绕目标的实现这样一个高度上去思考。将一个大命题聚焦到一个个可以看得见摸得着的"点"上去实践和研究,从而体现教育研究的实践性、理论性和创新性。那么思考这个问题的过程就要"落地",落地到具体的"点",广度、深度和精度都要体现。

鉴于此,本研究在整体结构布局层面共分为"三篇",分别是"协同育人理论篇""协同育人能力篇""协同育人实践篇",从理论到实践,主要回应的核心问题是:新时代的协同育人应该如何理解以及如何才能有效开展?具体讲,本书坚持从实践中来到实践中去最后服务实践的论证思路,按照理论篇、能力篇和实践篇进行架构,系统深入地对协同育人理论和协同育人"三大核心能力"进行了阐述,并且以作为"全国家庭教育创新实践基地"的上海市奉贤区十年的丰富实践为例,精练地对区域整体、学校群体和教师家长个体提高协同育人能力进行了论述。本研究既有完整的理论架构,又有丰富的案例,还有可复制可推广的经验做法,初步构建了一幅新时代家校社协同育人的全域式教育景观。

协同育人成为教育的时代主题,学界当仁不让地作出了贡献。目前,国内外学者围绕"协同育人"已经进行了较为系统的研究,但是既有研究多聚焦"理论思辨",较少对"实践现实"的近距离、贴地式分析与呈现。本书从习近平总书记关于"协同育人"的重要论述出发,既梳理、回应和补充国内对于协同育人的理论研究,又扎根全国学校家庭社会协同育人实验区——上海市奉贤区,对奉贤十余年的实践探索经验进行总结和提炼,提出协同育人原创性实践与研究成果的主要内容,同时对苏州、南京、潍坊、成都、保定、弋阳等地的实践探索进行分析,坚持"以我为主,为我所用"的思路,提出新时代推进协同育人的"能力建设方案"和"区域推进方案"。因此,本书带有一定的"首创性"。它既可以为教育理论研究领域的协同育人知识生产提供补益,又可以为推进家校社协同育人的政策环境改善提供决策支撑,还可以为家长、校长、教师及行政管理者改进协同育人提供实践参考。

党的二十大报告明确提出:"从现在起,中国共产党的中心任务就是团结带领全国各族人民全面建成社会主义现代化强国、实现第二个百年奋斗目标,以中国式现代化全面推进中华民族伟大复兴。"这一创造性论断,为未来中国的改革与发展指明了路向,而"中国式现代化"离不开"中国式教育现代化"的支持,协同育人是实现"中国式教育现代化"的方法之一。立足当下、展望未来,推进协同育人的理论与实践探索,将会为协同育人的"中国实践"奠定一定的基础,为"中国式教育现代化"建设提供重要的方法论参照。

协同育人
理论篇

党的十八大以后,"协同育人"这个古老而现代的话题,上升到国家治国理政的高度,以教育的形式表现出来,成为一种全社会普遍关注的教育发展战略。与此同时,各地"十四五"教育发展规划,都将协同育人视作重要的研究议题,扎实推进家校社协同育人已经从政策要求转变成教育共识。

协同育人的内涵是什么? 内在构成要素有哪些? 为什么会是这样? 其诞生存在什么背景? 对于这些基本问题的回应,是进行协同育人研究必须回答的理论问题。对这些基础的理论问题进行分析,既可以全面理解我国协同育人战略布局的初心与本意,又可以为推进协同育人的实践落实创造基础和条件。

事实上,"理论"是一个抽象名词,至今尚无明确定义,却广泛应用于人文社科领域的研究[1],一般指对抽象范畴的发展和规范及其因果关系的系统阐述[2]。"理论"的阐述是教育研究领域针对特定教育命题阐述的关键步骤,是对研究本身的深度诠释和解读。因此,"协同育人"作为新时代的重大教育命题,"理论篇"成为展开协同育人研究的首要篇目。

"理论篇"不是一种老生常谈的"空对空"式的就理论而谈理论,它的重心是对协同育人进行理论层面的分析和探讨,涉及基础理论分析、基本概念解析、相关政策梳理、重要思想评述以及相关区域性实践探索的概要。这里主要解决的基本问题有:协同育人是什么? 为什么在这个时代协同育人命题是如此重要? 既有的研究已经走到了哪里? 这三个问题是展开协同育人理论研究与实践研究都绕不开的基础性问题。

对于第一个问题,本篇明确提出家庭、学校以及社会(政府)是参与协同育人的主体力量,是开展"家校社"协同育人的主要构成,离开任一主体,协同育人都无法成立,都不能彰显其本体价值与初心目标。

对于第二个问题,本篇认为进入新时代,协同育人上升为国家战略,是新时代治国理政的关键一维,尤其是推动教育综合改革向纵深发展的现时期,协同育人是不能不重视的重大教育命题。

---

[1] Abend G. The Meaning of 'Theory' [J]. Sociological Theory, 2008, 26(2):173-199.
[2] Strang D, Meyer J W. Institutional conditions for diffusion [J]. Theory and Society, 1993, 22(4):487-511.

对于第三个问题,本篇从法律层面、政策层面、教育思想变迁层面以及现实考察层面,对协同育人的现状进行了初步的呈现,勾画出当代中国协同育人的中国语境与中国实践。

显然,对于这三个问题的回应,基本上为协同育人理论研究和实践研究的展开铺平了道路。

从根本上讲,协同育人论不是一个针对德育问题的专论,也不是一种补充论,而是上升到与课程教学论同等地位的教育教学有机组成的论述。协同育人的本质是和谐发展与和谐育人。理解协同育人可以借鉴社会运行论,而共生理论是其重要的理论根据,并且系统论是本研究的理论基础和源泉。协同育人的目标不仅仅是"1+1>2"的结果,更是追求"1+1+1>3"的放大效应。这既是本篇的重要目标,也是本专论的初心和追求。

第一章　协同育人的理论根基与诠释

内容提要

这一章主要从基础理论分析的角度,围绕协同育人的源起与发展、协同育人的内涵与特征、协同育人的研究与探索述评三个方面展开分析。

首先,协同育人作为一种育人理念与方法,其重要的理论源头之一是协同理论,通过家庭、学校、社会等关涉的主体进行育人资源的凝聚与统合,开展指向长效育人的协同实践。这种育人实践的存在与展开,要关注协同理论与共生理论,将其作为协同育人的理论根基与基础,沿袭这两种理论的核心论说,有序且有效地推动协同育人。

其次,协同育人不是中国独有的教育范畴,也不是这个时代特有的教育思想。理解协同育人的内涵,首先要理解什么是"协同"。《说文解字》《汉书·律历志上》《后汉书·孝桓帝纪》等对于"协同"都有较全面的论述,赫尔巴特、杜威等教育先贤对于"育人"都有精辟论说。沿袭既有论说,本研究认为协同育人的特征是强调多主体参与育人实践、指向育人目标的善好实现、遵循教育发展逻辑与规律。

再次,国内外围绕家校社协同育人的内涵与意义、实践探索以及育人举措,对于协同育人已经有较多的关注和研究。比如,国内的上海、北京等城市,国外的美国、新加坡等国家,都有比较丰富的因时制宜、因地制宜的特色化实践探索与理论建构,但这不意味着既有的研究探索尽善尽美,协同育人的研究一直在路上,正朝向不断完善的方向前进。

协同育人是围绕"育人"这个主题,从社会治理和教育治理的视角,运用教育学、社会学、历史学、伦理学、政治学和心理学等多元理论,回到"为什么要协同育人,什么是协同育人,如何协同育人"等去解答现实和理论问题,同时还具有前瞻性的路径和方法论指导。其中,"协同"是见诸经济学、社会学、哲学以及教育学等学科领域的"关键词",而"协同育人"也不是这个时代独有的语汇,更不是教育领域特有的实践方法。它的产生与发展有"协同理论"作为支撑。协同育人的理念与实践很大程度上是建基于协同理论之上的,存在其固有的理论基础,也存在较多且复杂重要的研究积累。因此,这一章主要在阐明协同理论的源起与发展的背景下,诠释协同育人的内涵与特征,由此引入对于家校社协同育人实践的研究概览,既探寻协同育人的理论源头,又呈现当下关于协同育人的理论研究进展。以此为基础,探明与诠释协同育人的理论根基。

第一节 协同理论的源起与发展

协同育人是古老的中国教育智慧。"孟母三迁"的故事融通了"家庭""学堂"与"外部环境"对于人的教育价值,成为朴素的协同育人思想的源头。这种思想一直传续至今且愈发展现其旺盛的生命力。协同育人的理论基础之一是协同理论,协同育人理念的诞生脱胎于协同理论。因此,诠释协同育人的理论与实践,首要任务是必须对"协同理论"进行系统化阐述,随后探讨与之相关的共生理论,围绕"协同理论的源起与发展"议题,找到并探讨协同育人与协同理论的关联。

一、协同理论的基本概述

"协同"是系统内部各要素之间相互作用的特殊方式,是为实现系统总体发展目标,各要素之间相互配合、相互协作、相互支持而形成的一种循环态势。协同理论是20世纪70年代以来在多学科研究基础上逐渐形成和发展起来的一门新兴学科理论,是系统科学的重要分支理论。

协同理论的创立者是联邦德国斯图加特大学著名物理学家哈肯(Haken),他提出,"研究由完全不同性质的大量子系统(诸如电子、原子、分子、细胞、神经元、力学元、光子、器官、动物乃至人类)所构成的各种系统。研究这些子系统是通过怎样的合作才在宏观尺度上产生空间、时间或功能结构的。尤其要集中研究以自组织形式出现的那类结构,从而寻找与子系统性质无关的支配着自组织过程的一般原理"①。

20世纪60年代初,哈肯从事激光理论的研究时,发现激光的形成过程是一个典型的非平衡相变,他通过和平衡相变的类比,发现所有非平衡相变都具有对应的一级相变或二级相变的特征,非平衡相变是平衡相变的开拓和发展,平衡相变是非平衡相变的特殊情况,非平衡相变还具有比平衡相变丰富得多的新内容。相变协同过程的特点是由子系统之间的协同合作行为所决定的。在汲取了耗散结构理论的营养之后,1973年他首次提出了"协同"概念,从而迈出了建立运用范围宽广的相变理论的一步②。

1977年哈肯的《协同学导论》问世以来,协同理论的研究范围也变得日益宽广,从自然科学系统直至社会科学系统,哪里有有序结构的形成,哪里就有协同作用,哪里也就有协同理论的研究对象。他认为一个由大量子系统所构成的系统,在一定条件下,子系统之间通过非线性的相互作用产生协同现象和相干效应,使系统形成有一定功能的自组织结构,在宏观上便产生了时间结构、空间结构或时—空结构,出现了新的有序状态③。

协同理论研究自然界乃至人类社会不断发展与演化的从无序到有序的临界转变与机理。协同理论的提出意在揭示自然界普遍存在的有序、无序现象及其相互作用转化的规律,强调系统内无序的各要素之间合作、协调、互补,让系统内部各种力量汇集形成合力,使系统产生有序状态,发挥整体功能。协同理论认为千差万别的系统尽管其属性不同,但在整个环境中各个系统间存在着相互影响而又相互合作的关系,主张考察系统中各因素相互作用、相互制约的关系,从整体上把握系统要素的结构、层次、过程及联系,让主体系统要素力量统一到主体目标上来。因此,协同理论主张实践主体立足大视野观,优化主体内部诸要素之间的关联与关系,发挥主体的比较优势,协同合作达成善性结局。也即,改革目标的实现

---

① [德]赫尔曼·哈肯.高等协同学[M].郭治安,译.北京:科学出版社,1989:1.
② 郭治安,等.协同学入门[M].成都:四川人民出版社,1988:21—22.
③ 郭治安,等.协同学入门[M].成都:四川人民出版社,1988:2.

需要其内部关涉的相互影响的主体要素进行优化协同,单一主体很难关照全局目标的实现①。整体而言,协同理论有三点需要进行关注。概述如下。

一是从无序系统中找寻有序的事态规律。协同理论以现代科学理论中的最新成果——信息论、控制论、突变理论作为基础,汲取了耗散结构理论的精髓,采用统计学和动力学相结合的考察方法,在不同学科的研究领域中通过同类现象的类比而找出它们转变所遵从的共同规律。协同理论强调,一个由大量子系统所构成的系统,在一定条件下,子系统之间通过非线性的相互作用产生协同现象和相干效应,使系统形成有一定功能的组织结构,在宏观上便产生了时间结构、空间结构或时空结构,出现了新的有序状态。协同理论抓住了不同系统在临界过程中的共同特征,并能结合各系统的具体现象描绘出其从无序到有序的转变规律②。

二是关注主体之间协同效应的达成。协同效应是指由于协同作用而产生的结果,是指复杂开放系统中大量子系统相互作用而产生的整体效应或集体效应。协同理论认为系统能否发挥协同效应是由系统内部各子系统或组织的协同作用决定的,协同系统的整体性功能产生"1+1>2"的协同效应。反之,如果管理系统内部相互掣肘、离散、冲突或摩擦就会造成整个管理系统内耗增加,系统内各子系统难以发挥其应有的功能,致使整个系统陷于混乱无序的状态③。然而,"有时在临界点处系统中有几个序参量同时存在,每个序参量都企图独立主宰系统,但由于势均力敌,序参量之间便自动形成妥协,合作起来协同一致控制系统,系统的宏观结构由几个序参量共同来决定"④。

三是关注自组织属性与特征。协同理论认为系统在相变前后的外部环境并未发生质的变化,也就是系统并未从环境中得到怎样组织起来形成什么样的结构以及如何来维持发展这种结构的关键信息,这是在一定的环境条件下由系统内部

---

① 赵冬冬,朱益明. 试论如何实现公平而有质量的基础教育[J]. 中国教育学刊,2020(7):28—33.
② 刘迅. "新三论"介绍——二、协同理论及其意义[J]. 经济理论与经济管理,1986(4):75—76.
③ 白列湖. 协同论与管理协同理论[J]. 甘肃社会科学,2007(5):228—230.
④ 张立荣,冷向明. 协同治理与我国公共危机管理模式创新——基于协同理论的视角[J]. 华中师范大学学报(人文社会科学版),2008(2):11—19.

自身组织起来,并通过各种形式的信息反馈来控制和强化着这种组织的结果,因此人们称这种组织是自组织结构,相应的描述也叫作自组织理论①。协同理论的自组织原理旨在解释系统从无序向有序演化的过程,实质上是系统内部进行自组织的过程,协同是自组织的形式和手段。现代管理系统要想从无序的不稳定状态向有序的稳定状态发展,实现自我完善和发展,自组织是达到这一目的的根本途径。

此外,"序参量"是系统相变前后所发生的质的飞跃的最突出标志,它表示着系统的有序结构和类型,它是所有子系统对协同运动的总和,是子系统介入协同运动程度的集中体现。协同是在序参量支配下子系统步调一致的运动过程。协同理论的要义特征表现在四点:一是善于从矛盾的个性中把握共性;二是巧妙运用类比的研究方法;三是紧紧抓住系统演化过程中的主要矛盾;四是正确处理统一性和斗争性的关系。协同理论的建立过程比较妥善地处理了事物的共性和个性、主要因素和次要因素、系统内部的竞争和协同之间的关系②。

二、协同理论与协同育人

协同理论作为以研究完全不同学科中共同存在的本质特征为目的的系统理论,其广泛的适用性或普适性是显而易见的③。协同理论被运用于教育改革的多项实验中,对教育改革具有重大的意义④。其中,"协同"是"十四五"规划的高频主题词之一,比如"协同治理""协同控制""协同防控""协同监管""协同联动""协同发展""协同转型""协同推进""协同机制"以及"协同育人"等,尤其是"健全学校家庭社会协同育人机制"的提出,让"协同治理(共治)"和"协同育人"成为教育领域推进、优化教育变革实践的重要选项,"走向协同"成为教育领域的重要主题。

根本上讲,教育是一种"公共利益","协同育人"涉及家庭、学校、社会等不同

---

① 郭治安,等. 协同学入门[M]. 成都:四川人民出版社,1988:29.
② 郭治安,等. 协同学入门[M]. 成都:四川人民出版社,1988:23—43.
③ 白列湖. 协同论与管理协同理论[J]. 甘肃社会科学,2007(5):228—230.
④ 方蓉. 论协同理论在教育领域中的移植[J]. 黑龙江教育学院学报,2010(2):17—18.

的利益主体,协同育人的理论生成与实践展开,势必关涉到这些不同的利益主体,而不同利益主体都有自身的利益诉求与期待,这使得协同育人实践主体之间必然存在矛盾和冲突。协同理论强调的是不同利益主体之间的"主体合作""协同共治""协同共赢",它要求在特定实践场域与情境内,不同主体之间要实现协同存在,要化解矛盾冲突,走向不同主体之间的协同,进而实现共存共在、共生共赢。

"协同育人"的实现需要以协同理论的理念为指引。协同理论强调的是系统统合、主体协同,指向的是对于系统缺失、主体离散弊端的修正,具有倡导开放性、协同性的特征。当今教育发展的内外部环境均已发生较大变化,"育人"不能单靠学校自身的专业探索,还要依赖与学校生存和发展休戚相关的外部政府以及内部学生、教师等要素,立足多重利益主体进行协同,借助多角度的专业力量与资源介入育人实践,唯有如此,才能够在复杂多变的环境中推动教育高质量发展。再者,协同育人关涉的主体是复杂且多元的,而这些主体是协同育人实践发生与发展过程的利益相关者,为了实现集体利益的维护及其最大化实现,必须要进行利益主体的协同,优化利益主体之间的结构与系统,以主体协同达成不同利益主体之间的协作,优化协同育人的变革实践,推动区域教育高质量发展。

加拿大当代著名教育家富兰(Fullan)讲道:"发掘时下的教育体制体系内蕴含的'集体能力'(Collective capacity),对于教育实践而言至关重要,它能够统合与学校相关的各主体的资源和优势,共同作用于育人变革实践。"[①]从现实情形看,当下区县一级的教育实践面临诸多"非教育"因素的限制和挑战,很大程度上让协同育人的体系与结构正处在一种"无序"的境遇中发展。在这样的背景下,协同育人实践关涉的不同主体之间要实现一种"协同"。"走向协同"内在地指向地方政府、家庭、学校、社会组织(社区)等主体之间实现一种"协同共治"。

协同理论是协同育人理念提出的理论根基,它的存在能够为协同育人实践提供理论指引和理念向导。本研究运用"协同理论"分析协同育人变革实践,探寻发挥不同利益主体的专长、资源和力量推进政校关系的良性维系和理性建立,建基

---

① Fullan, M. All Systems Go: the Change Imperative for Whole System Reform [M]. Thousand Oaks: Corwin, 2010:35-60.

于此的协同育人可以发挥其间关涉的不同主体的专业特征与优势,协同用力、凝聚合力,助力家庭、学校、社会等主体,以一种"协同"的态势,共同实现"协同育人"的时代目标。

三、共生理论与协同育人

"协同"的理论内核之一是"共生",强调的是不同主体之间的同生共在、聚融发展。协同育人意在求取家庭、学校、社会场域内不同的主体之间发挥各自的专业特长与优势,在社会这个大的共生场域内,凝心聚力推动育人工程的有序、有效展开。

共生理论在1879年由德国真菌学家德贝里(Anton de Bary)提出,原指不同种属的生物按照某种物质联系共同生活。20世纪50年代以来,共生理论渗透到社会科学领域,并创新为"社会科学共生理论",是指共生单元之间在共生环境中按照共生模式形成的关系。共生单元是共生体之间的能量交换单元,共生环境是其环境基底,共生模式是其结合与发展的形式[1]。

事实上,家庭、学校、社会各是"育人共生体"的一员,都有教育功用,都有育人价值,都能够参与育人制度设计和具象实践。共生理念是理解协同育人必要的思想基础。葛剑雄先生直言:"大凡社会上有什么需要,出了什么问题,大家马上想到了教育,认定这是学校和教师的责任。教育,有那么大的功能吗?我这样说不是要为学校推卸责任,而是希望大家把教育放在一个恰当的位置,政府、社会、家庭都承担起自己应有的职责。"[2]

马克思主义强调"共生",这是"共产主义"的另一张面相,其间蕴含的深意指涉"人与人在一起"构建一种"命运共同体"[3]。世界本身就是相互联系的统一体,是你中有我、我中有你的存在与共生。其中,教育领域存在很多共生体,具体指涉

---

[1] 李渊,黄竞雄,李芝也.基于共生理论的历史文化街区旅游概念规划研究——以厦门市中山路片区为例[J].中国名城,2020(9):35—41.
[2] 葛剑雄.中国的教育问题还是教育的中国问题[M].上海:学林出版社,2018:4—5.
[3] 孙伯鍨,张一兵.走进马克思[M].南京:江苏人民出版社,2012:332—338.

不同主体之间,因为有共同的意向、期望、愿望以及实践能力等,为了实现共同的目标而构成的教育组织。它既可能是微观的涉及少数人与人之间的共生体,又可能是宏观的跨越校际、区域甚或国别的教育共生体。

在万物互联的智能时代,人与人之间的空间阻隔逐渐被打破,尤其是随着教育分工越来越细,教育进步需要教育群体协作共生而非单子式个体生存,不同的教育主体走向协同共生是一种必然结局。具体到协同育人领域,家庭、学校、社会都是不容忽视的重要教育力量,每一个主体都指向特定的教育利益群。发挥不同主体的教育力量实现教育共生、推动共生育人是协同育人的另一种表达。

事实上,缺少"共生"的"协同"是不存在的,走向"协同"才能够实现"共生"的教育价值。在这个强调协同育人的时代,不同的教育参与主体不能再进行限于一域的教育实践,转而要发挥自身存在的教育优势与特点,树立"共生"观念,开展"共生"实践,切入"共生"的时代大势,由不同主体的"教育共生"推进协同育人成效的提高。因此,协同育人离不开共生理论的指导,共生理论是协同育人的理论基础之一。

第二节　协同育人的内涵与特征

"协同"的本意是不同场域或者不同背景的主体,在相同目标的牵引下共同努力、凝心聚力,共同实现一定的目标或者愿景。"协同"的另一种意义是"合作",不同主体之间进行合作共同达成一定的目标,让特定的场域环境更加适时和适需。这是"协同"的重要目标之一。"协同育人"由"协同"和"育人"两个关键词组成,理解协同育人必须要对协同育人的内涵与特征进行深度诠释,在呈现什么是协同育人的基础上,概述这个时代协同育人的本体特征,从而具象化、全面化地呈现协同育人的深刻蕴意与内涵。

一、协同育人的内涵辨析

"协同育人"由"协同"与"育人"组合而成,辨析协同育人的内涵,必须要对"协同"与"育人"的丰富内涵进行分述,以此为基础,诠释"什么是协同育人"。

(一) 协同

"协同"是近些年颇受社会关注的语词。对于"协同",《说文解字》中提到:"协,众之同和也。同,合会也。"这里的"协同"道出其基本的蕴意,即"众之同和会"。"众"代表"多",也即"参与主体多","同和"即"形成一致",而"会"即"相遇"。将这三个词连同,"协同"表露出的意思即"众多参与主体达成一致的意向或行动相遇"。

古汉语语境中,"协同"见诸名家典著。比如,"咸得其实,靡不协同"(《汉书·律历志上》);"内外协同,漏刻之间,桀逆枭夷"(《后汉书·孝桓帝纪》);"卿父劝吾协同曹公,绝婚公路"(《三国志·魏志·吕布传》);"艾性刚急,轻犯雅俗,不能协同朋类,故莫肯理之"(《三国志·魏志·邓艾传》)。这里的"协同"基本意思多是"团结统一""协调一致",这也是"协同"的基本含义。

现代汉语语境中,"协同"并不是"常用语词",但是,"协会""协作""协议"等确是生活化的概念。这些概念与"协同"放置在一起可以发现,其间都存在一个"协"字,它的基本意思是"统一"或者"同一",强调主体间"意向"或者"实践"的"一致"。"协同"的根本性意蕴是"多主体参与","协同"的提出与"时代分工""细化流程""强化程序性建设"密不可分,只有条块化的事权分割才需要站在不同位置、掌握不同权力、存在不同专业的主体进行"协同",以"协同"达成"成人""成事"的价值目标。

鉴于此可以推定,"协同"的意思是"协作会同"或者"协作统一",即主体间达成统一的"意向"或者"行动",在"团结统一""协调一致"的前提下,以"协同"来"成人""成事",最终借助不同主体的优势,完成具象的价值目标。

(二) 育人

理解"育人"首先要认识"教育","育人"是"教育"的衍生语汇与范畴。对于教育的定义或概念的阐述可能是描述性的,可能是规范性的,也可能是纲领性的。只要是接受过学校教育的人,都可以提出对于教育的不同的见解。"教育"一词看似词义精简,实则蕴意丰富,想给"教育"下个定义既简单,又困难。之所以讲简单,因为"教育"的定义太多,中外古今教育先贤都对什么是教育做出过界定,随便拿出一个来分析都存在其合理性；之所以讲困难，因为对这些"教育"的定义仔细斟酌，会发现其中存在或多或少的缺陷。对于"教育"的理解不一致，导致对于"育人"的概念产生含混的认知和判断。

  教育活动是人的一种有意识的实践活动，它以人为对象，强调人对人以友善的方式施加的影响，这种影响是带有良善意图的行为结果，是育人内涵的意义显现。广义的教育是指增进人们的知识和技能，影响人们的思想品德活动的教育。"教育"是整个社会系统中的一个子系统，承担着一定的社会功能。教育最本质性的含义就是社会对人们思想的知识灌输和行为指导。狭义的教育是指专门组织的教育，即学校教育，它是根据一定社会的现实和未来的需要，遵循年轻一代身心发展的规律，有目的、有计划、有组织、有系统地引导受教育者获得知识技能、陶冶思想品德、发展智力和体力的一种活动，以便把受教育者培养成为适应一定社会（或一定阶级）的需要和促进社会发展的人。事实上，无论在原始意义上，还是在日常生活中，"育人"一词最常见的含义，无疑指称那些旨在任何一个方面使受教育的人变得更好、更能干和更完美的行动。

  可是，由于对于"教育"概念缺少统一的理解，所以每个人都可能具有有关"教育"概念在口头语言上的"前理解"，而其内容含糊不清。比如，布雷岑卡(Brezinka)认为，"教育是指人通过它试图从某种角度不断改善另一些人的心理素质结构，或者使他们获得各种重要能力和防止不良倾向产生的行为"。[①] 换句话说，"所谓教育，就是人们尝试持续在任何一方面改善他人的心理素质结构，或者保留其心理素质结构中有价值的部分，或者避免不良心理素质形成的行动"。简单讲，即"教育是人们尝试在任何一方面提升他人人格的行动"[②]。

  雅斯贝尔斯(Jaspers)是存在主义哲学的代表人物，其教育理论强调人的主体性在教育场域中的重要作用，关注人的价值实现与精神超越。雅斯贝尔斯坚持教育是关系到人的教育，教育理应回归人的自在本身，摒弃传统教育中单向度追求

---

① ［德］W·布雷岑卡.教育学知识的哲学——分析、批判、建议[J].李其龙，译.华东师范大学学报（教育科学版），1995(4)：1—14.
② ［德］W·布雷岑卡.教育学知识的哲学——分析、批判、建议[J].李其龙，译.华东师范大学学报（教育科学版），1995(4)：1—14.

教育工具性价值的实现而忽视人的教育主动性的教育实践,故而提出教育是人的灵魂的教育,教育即人的精神自由生成的过程。雅斯贝尔斯认为,"真正的教育应先获得自身的本质"①,而"对终极价值和绝对真理的虔敬是一切教育的本质"②。雅斯贝尔斯认为对于个人而言,个体的"独立自主""生活真实"和"精神自由"才具有"终极"和"绝对"的意义,如果缺少对这些价值和真理的依托,人就不能于世间生存,或者人就活得不像一个人,一切就变得没有意义。基于此,雅斯贝尔斯提出,"所谓教育,不过是人对人的主体间灵肉交流活动(尤其是老一代对年轻一代),包括知识内容的传授、生命内涵的领悟、意志行为的规范,并通过文化传递功能,将文化遗产教给年轻一代,使他们自由地生成,并启迪其天性"③。

总之,教育是一种培养人的活动,教育的起点、基础和最终指向都是人,人的开放性、不可简单限定性意味着"教育"概念的开放性和不可简单限定性,从而出现"千人千面"的教育概念。我们对"育人"概念的探讨并非要为其找寻精确的教育文本性表达,而是通过阐述教育概念表达人们的教育理想与教育期望,为现实教育的发展谋求合理的方向。也就是说,寻找教育的那个真正的定义,很可能就是要为教育寻找一种正确的或最佳的纲领的表述④。理解什么是"育人"也许比给"育人"下个定义更有意义,在理论上对于"教育"概念的分析让人们对于教育现象和教育问题有着更为理性的辨识。换句话说,理解什么是"育人"只有进行时而没有完成时,讨论什么是"教育"的知识攫取比得到什么是"教育"的答案要点更有价值。

(三)协同育人

在理解"协同"与"育人"基本概念蕴意的基础上,我们有必要对于"协同育人"的内涵进行解读。从生物学的角度看,人是一种动物,有思想、有思维且有认知、理解和言辩的能力,这些与一般动物的差别使人具有可塑性。自教育产生之日

---

① [德]雅斯贝尔斯.什么是教育[M].邹进,译.北京:生活·读书·新知三联书店,1991:44.
② [德]雅斯贝尔斯.什么是教育[M].邹进,译.北京:生活·读书·新知三联书店,1991:44.
③ [德]雅斯贝尔斯.什么是教育[M].邹进,译.北京:生活·读书·新知三联书店,1991:3.
④ [德]索尔蒂斯.教育的定义[A]//瞿葆奎.教育学文集.教育与教育学[C].北京:人民教育出版社,1993:36

起,人类的教育实践活动潜藏着一种人性假设,即人具有可塑性,历经受教育的过程蜕去人的自然无序的"动物性"而走向有序的人的"社会性"。可塑性的特质带来的直接结果是人具有可教性,无论过去还是现在以及可见的将来,人具有可教性似乎并没有太多争议。

杜威(Dewey)提出"教育即生长""生长的首要条件是未成熟状态"①,"未成熟"预示着人具有成熟的可能,而这种可能的实现需要借助人的教育的引导,由未成熟状态达至成熟。未成熟的人为生长而有特殊的适应能力,构成他的可塑性。这种可塑性完全不同于油灰或蜡的可塑性。它并不是因受外来压力就改变形式的能力。这种可塑性和柔韧的弹性相近,有些人通过弹性作用于他们周围的环境并保持他们自己的倾向。但是,可塑性比弹性更深刻,它主要是从经验中学习的能力,从经验中保持可以用来对付以后情境中的困难的力量。这就是说,可塑性乃是以从前经验的结果为基础,改变自己行为的力量,就是发展各种倾向的力量。没有这种力量,获得习惯是不可能的②。

夸美纽斯(Komenský)认为人是可教育的动物,康德(Kant)提到人是唯一必须受教育的被造物,兰格威尔(Lengwiler)也提到,人是可以教育的动物,是能教育且需要教育的生物。而且,人是教育的、受教育的和需要教育的生物,这一点本身就是人的形象最基本的标志之一。作为一种可教的动物,"人具有一定的缺陷",这就是说,"人来到世上是如此无能为力,他只能通过教育才具备生活能力"③。换句话说,"人生来就是一种'有缺陷的生物',其生物装备(由于缺少天生的武装,缺少保护性皮毛等)相对于动物来说是有很大弱点的,因此只能在人工创造的环境中,在某种文化中,才有生活能力"。从生物学的角度讲,"人起先是一种有缺陷的生物,后来为了弥补这种缺陷才创造了文化;而应当把生物素质与文化这两者看作从一开始就是相互补充的,而且是一个统一体中的两个互补环节"④。

尼采(Nietzsche)也讲过,人是一种可理解为还"不确定的",即不定型的、其本

---

① [美]约翰·杜威.民主主义与教育[M].王承绪,译.北京:人民教育出版社,2001:45.
② [美]约翰·杜威.民主主义与教育[M].王承绪,译.北京:人民教育出版社,2001:48.
③ [德]博尔诺夫.教育人类学[M].李其龙,等,译.上海:华东师范大学出版社,1999:36.
④ [德]博尔诺夫.教育人类学[M].李其龙,等,译.上海:华东师范大学出版社,1999:36.

质还处在发展中的动物。"人的可教育性与教育需要性,其根源完全在于人的身体素质方面"①。确切地说,必须认识到,人原则上是并且始终是需要教育的,因为人在整个一生中始终在向更新的阶段发展,而在这些阶段中又始终在生产新的学习任务。人的整个一生都需要不断地接受教育,比如不仅需要进一步传授知识和技能的成人教育,而且也需要持续的、真正的、涉及人的道德品格方面的教育;不仅需要发展个性和职业能力这一积极意义上的教育,也需要在因受损伤而须保持原有能力和排除损伤造成能力下降这种治疗意义的教育②。而且,"教育当然不再仅仅发生在年长者与年轻人之间,同样也可能发生在同龄人之间"。

人的确定性永远无法只归于天资和环境的影响,可塑性原则将人的天资的不定型性作为教育责任的出发点,以此明确肯定人可以通过教育实践达到定型③。教育实践只有把受教育者肯定为在接受和自发的肉体性、自由性、历史性和语言性意义上具有可塑性时,才能避免对可塑性的削弱④。与天资和环境确定性概念不同,可塑性概念既不是受教育者自身的一种特征,也不是其他有关人员和社会情境的特征。确切地说,可塑性原则是教育互动本身的一种关系限定,它关系到受教育者与教育互动的可能性。人的可塑性在其实践互动的肉体性、自由性、历史性和语言性的意义上不是无限,而是有限的。但是它的界限没有一定的时间限制,因为人的可塑性一直持续到老年和临终。否认某人的可塑性就是否认他参与人类总体实践的权利,否认他的人性。赫尔巴特将可塑性界定为"从不定型性向定型的过渡",这不仅限于青少年时期,他认为可塑性包括人通过互动获得的所有确定性⑤。

总之,人性何其复杂,教育理论与教育实践不能没有对于人关照的立场。缺

---

① [德]博尔诺夫.教育人类学[M].李其龙,等,译.上海:华东师范大学出版社,1999:37.
② [德]博尔诺夫.教育人类学[M].李其龙,等,译.上海:华东师范大学出版社,1999:38.
③ [德]底特利希·本纳.普通教育学——教育思想和行动基本结构的系统的和问题史的引论[M].彭正梅,徐小青,张可创,译.上海:华东师范大学出版社,2006:51.
④ [德]底特利希·本纳.普通教育学——教育思想和行动基本结构的系统的和问题史的引论[M].彭正梅,徐小青,张可创,译.上海:华东师范大学出版社,2006:57.
⑤ [德]底特利希·本纳.普通教育学——教育思想和行动基本结构的系统的和问题史的引论[M].彭正梅,徐小青,张可创,译.上海:华东师范大学出版社,2006:58.

少对人的因素的考虑,教育理论可能就很难在教育实践领域站住脚跟,很难在教育理论领域得以长足发展。因此,指向协同育人的理论建构与实践探索也要有"人性立场",站在人的全面发展、个性化培养的立场上探寻协同与育人的联动,聚融多主体教育力量,发挥多主体教育优势,让凸显教育性的"协同"助力"育人"目标的达成。或许,这才是"协同育人"的内涵所指和价值坚守。

二、协同育人的特征概述

"协同育人"是一个"时代新词",但是它的产生并不是在现代社会,早在封建社会的教育体系中,无论是官办学校还是私塾学校,虽然没有明确提出父母在孩子接受教育中承担的责任,但是受教育孩子的父母对于教师的尊重、政府对于教育的管控,就已经明显地体现出"协同育人"的思想与实践。因此,"协同育人"存在其深厚的实践历史。在此背景下,理解协同育人就有必要从历史出发,结合现代社会的教育情境(尤其是"双减"时代的"辅导班问题"),概述协同育人的特征,进而全面了解协同育人的实践历程与表征。

(一) 强调多主体参与育人实践

人及其生长极其复杂,现实中"个体的理性并不会自然地生长出来,而是需要在教育者创造的希望、爱和节制的精神环境中被一点一滴地激发出来"[1]。赫勃尔特·茨达齐尔(Herbert Zdarzil)说:"人是有思想的生物。"[2]人的"塑造"过程可以理解为学习过程,是在本能行为以不可逆的方式发生时与一定的刺激相联系的。动物通过一定的反射训练进行学习。它们靠试误学习,即靠成功来学习;它们通过模仿来学习,有时超越种族界限。其实,人具有类似的动物学习的特性,因为需要改变自身以适应环境从而更好地生存,所以要接受教育。

人具有创造性,"不但具有创造功能,而且有再现它们的能力,所以人在其历

---

[1] 樊杰."浑沌"力量及其教育可能——试论教育如何面对个体生长的复杂性[J].国家教育行政学院学报,2017(11):90—95.
[2] [奥]赫勃尔特·茨达齐尔.教育人类学原理[M].李其龙,译.上海:上海教育出版社,2001:24.

史发展过程中逐步地积累了知识和技能,产生了认识的进步,但也包括生活方式和文化的转变和分化"。对于教育来讲,"对教育的需要产生于人的智慧,人借以进行学习的教育关系的方式也产生于人的智慧"。"人的教育关系是一种'对话性'的关系,这种关系如说明人的本质公式中提出的那样,只有在人那里才能发现。教育者与学生之间的教育关系是通过教育机构发展并形成的,而后者本身又是这样计划和建立起来的,它将使有目的和有计划的教育行为成为可能。"[1]

教育是培养人的活动,其目的也是指向人的。因此,教育的切入点和着力点是人。由于人之为人的根据是人性,所以,为人的教育必须是出于人性、顺应人性、适合人性与发展人性[2]。对于人来讲,"习惯的养成是由于我们天性所原有的可塑性,我们具有各种变化反应,直到发现一种适应有效的行动方法的能力。常规性的习惯控制着我们,不是我们控制它们,这是抹杀可塑性的习惯。这种习惯表明丧失变化的能力,毫无疑问,随着年龄的增长,有机体的可塑性,动作的生理学基础会逐渐衰退"[3]。因此,从一开始就必须把人作为一种可以教育并需要教育的生物来理解"[4]。

教育有三要素:教育者、教育对象和教育环境。教育者是任何一个有能力实现旨在改善他人人格(或者保留那些有价值的组成部分)的社会行动的人;教育的对象可以是任何年龄阶段的人;教育环境既包括教育者与教育对象交互作用构成的环境,也包括社会当下的社会生态和自然生态环境。教育是由成人实施的,它是针对他人尤其是针对儿童、青少年或未成年人的行动或工作。教育的目的是使人向善,是一种使人具有去恶向善的认知图式,使人类共有的道德精神和科学知识在人与人之间传承与延续的社会实践活动。当下中国教育以成就取向为目的,是结果式的,不仅仅关注过程,更关注内容。作为一种实践活动的"教育"指向教

---

[1] [奥]赫勒尔特·茨达齐尔.教育人类学原理[M].李其龙,译.上海:上海教育出版社,2001:55—56.

[2] 张中原,扈中平.教育人性化的三重遮蔽与敞明[J].华东师范大学学报(教育科学版),2015(2):1—9.

[3] [美]约翰·杜威.民主主义与教育[M].王承旭,译.北京:人民教育出版社,1990:53.

[4] [德]博尔诺夫.教育人类学[M].李其龙,译.上海:华东师范大学出版社,1999:35.

育的动词属性,比如"母亲教育她的孩子",这里教育的内涵非常丰富,可能是表扬,可能是批评,可能是训斥大骂,也可能是大加赞赏,等等。

鉴于上文论述,基本上可以判定:教育是一种针对"人"的特殊的社会实践活动,人的可教育性、可塑性、思想性以及自身成长、接受教育等环境的不确定性,决定了开展育人实践活动不可能由单一主体来完成。教育中的"人"的复杂性决定了育人目的的实现必须要多主体协同参与育人实践,且"协同育人"已经为优化育人实践提供了一种极具现实性的实践方案和行动路向。它强调多主体参与育人实践,发挥育人参与主体的力量和优势,共同为完成一项育人目标展开具象的育人实践。因此,"多主体参与育人实践"是协同育人的基本特征之一。

(二)指向育人目标的善好实现

教育不是教育部门的"一家之事",教育改革与实践没有"旁观者"与"局外人",协同育人的提出存在自身的目标和价值取向,即"指向育人目标的善好实现"。这里的"善好"的首要特性是"教育性"。"育人"实践不能缺少教育性,而协同育人是教育性的集中展现,若一项教育实践缺少对于教育性的考量与观照,那么其育人目标势必缺少"善好"意向与指向。因此,协同育人的第二个基本特征是"指向育人目标的善好实现"。这里立足"辅导班热"的分析反思协同育人的"育人目标的善好实现"的必要性。

"双减"时代的来临呼求协同育人,没有协同育人的实现,"双减"的既定价值目标很难达成。2021年7月,中共中央办公厅、国务院办公厅印发《关于进一步减轻义务教育阶段学生作业负担和校外培训负担的意见》,很大程度上会影响我国基础教育变革实践走向[①]。"双减"政策出台之前,基础教育的一大重要问题就是"辅导班热",在一些地区,县城校外培训机构在资本的裹挟下疯狂发展已经成为全社会关注、关心的重要问题。比如,"辅导班热"使得学校的节假日已经"变味",侧面映现出父母的"教育焦虑"与学生的"课业焦虑"。基于部分中小学生暑假辅导班的安排推知,节假日已演化成学生的"第二学期",其自身无力支配。辅导

---

① 新华社. 中共中央办公厅 国务院办公厅印发《关于进一步减轻义务教育阶段学生作业负担和校外培训负担的意见》[EB/OL].(2021-07-24)[2022-05-26]. http://www.gov.cn/zhengce/2021-07/24/content_5627132.htm.

班在一定程度上是学校教育的资源补充,但也要警惕其衍生出学校教育的辅导班化。

试问:学校节假日的时间属于谁？这似乎是个无意义的问题,因为很少有人会否认节假日不归属于学生。然而,聚焦一些教育发达地区,随着校外辅导班的兴起且愈渐繁荣,学生的课外时间被辅导班分割,导致属于学生的暑假演变成有"暑"而无"假",双休日演变成有"双"而无"休","节"不能"过节","假期"成为"假"期。

事实上,暑假设置的本意是为了让学生躲避炎热天气,放松并养护身体,然而随着社会竞争在各行各业间的兴起与激烈化,暑假成为家长操纵学生"综合竞赛"的"第三学期",这两个月俨然成为学生"恶补课业"的"黄金时间"。在有限的时间里学生难以保质保量地完成课业任务,偶尔会出现学生"花钱买服务",雇人写作业的教育尴尬。

事实上,尴尬的背后是教育商业化的趋向与家庭教育的急功近利。经济宽裕的家庭在暑假期间不仅可以请家教、请名师对孩子进行全方位辅导,还可以随心所欲地为孩子选报类别多样的特长班,使孩子在与其他孩子竞争中占据优势,从而在与他人交流育儿心得时具备夸耀的资本。因此,暑假成为教师和家长眼中提升学生综合素养的"黄金期",牺牲学生游戏玩乐的时间换来分数与才艺上的突破抑或是可能的突破,已经成为社会接受的教育观点。酷热的假期,繁重的课业已导致学生有"暑"无"假",苦不堪言。中国素来有"学而优则仕""望子成龙、盼女成凤"的文化传统,父辈的宏愿往往寄托于后辈身上,"辅导班热"一方面说明区域内部教育竞争压力的繁重,另一方面也反映出为人父母者的"教育焦虑",由此不可避免地使学生因额外的课业负担而产生"课业焦虑"。

鉴于上述论述可以说,"双减"时代的来临,让社会更加关注"学生减负""育人增效""教育优化"等议题,而这些议题的价值目标达成,不能仰赖于单一主体,它的实现需要多主体"协同"实现善好的价值目标。可是,即便"育人"成为教育改革的"靶点性议题","辅导班热"也从侧面凸显出"协同育人"指向的"育人目标的善好实现"在当前全民教育焦虑的背景下未能很好地实现。究其背后的根由,最关键的是"双减"抑或报(辅导)班的家长与机构(学校)之间未能形成统一的育人愿景,不同主体之间并没有形成有效的育人共识,"你干你的,我干我的",让名义上的协同育人沦为一种言语上的"说辞",缺少一种存在实际意义的"具象实践"。因此,育人需要关注"教育性",协同育人需要"指向育人目标的善好实现"。

(三)遵循教育发展逻辑与规律

2021年11月27日,在厦门大学举办的"第二届潘懋元教育思想研讨会"上,潘懋元先生针对我国高等教育精英化阶段、大众化阶段、普及化阶段沿用统一的人才选拔方式提出"潘懋元之问":"高考有利于培养个性化创新创业人才吗?"[①]潘先生的"追问"发人深省、引人深思。试想,时代在持续改变,若我们的教育依旧沿袭过去的"教育范式",要如何迎接这个变化的时代?协同育人是应对"这个"时代的良策之一。

进入新时代,我国各个学段教育发展体量与质量得以持续提高,过去教育发展规模小、在学人数少、教育未普及、追求入学、竞争升学、计划办学的教育情境已经改善,传统教育"以量取胜"的目标基本达成,教育改革要转向"以质为主",而这种"转向"预示着传统趋于保守的教育理念与方法几乎不能适应现代教育发展。进入新时代,教育亟待进行全方位的变革,走向协同育人的实践布局。其中,遵循教育发展逻辑与规律是协同育人必须坚持且凸显的第三个特征。

校外培训机构是参与协同育人的关键社会力量之一,现当代校培机构的生存与发展的空间大小取决于其是否遵循教育发展逻辑与规律,而其置身于协同育人之内亦是如此。

现时代的教育发展需要协同育人,而协同育人的实践展开必须要遵循教育发展逻辑与规律。回顾过往,各类辅导机构争相涌现,以各种引人耳目的宣传口号吸引更多家长的注意,期盼那些急功近利的父母能将孩子周末或者假期的时间安排到自己的机构就读。毋庸讳言,辅导机构不是慈善组织,更不会为公益从事慈善事业,托举"兴办教育"的旗号只为赚取家长的"学费",本质上难以践行"为了一切的孩子、为了孩子的一切"进行教育。

[①] 潘懋元."潘懋元之问":高考有利于培养个性化创新创业人才吗?[J].河北师范大学学报(教育科学版),2022(2):1—2.

试问,如果学校不能拯救学生于教育成长的困途,那么校外辅导机构凭借什么保证"决不让孩子走弯路"呢?问题解决、批判性思维和创新是历久弥新的高阶思维能力,进入21世纪后又被唤起了新的重要性,这些皆能称之为学生的21世纪能力[1],而这些能力并非单向度地体现在学业成绩的卓越上。毋庸讳言,当今社会应该正视分数的存在,家校之间需要建立畅通的互动机制,共同思考怎样使学生在不放下学业的基础上通过社会实践来提高自己的综合素养。

"协同育人"的"题中要义"是"育人","育人"存在自身的规律和要求,而"遵循教育发展逻辑与规律"作为协同育人的第三个特征,也有必要成为推进协同育人实践要坚持奉从的价值原则。上文已经讲到,"双减"时代虽然"辅导班热"有所"降温",但是其内在的实践却存在"穿新鞋走老路""旧瓶装新酒"的实践罅隙,我们不能否认这一取径在特定时期、特定场合、特定情境下的合理性,但是也不能回避其对于教育逻辑与规律或直接、或间接地背弃与否定。走向协同育人的新时代,必须遵循教育发展逻辑与规律,以此打开教育发展诸多"理解性天窗"的同时,化解"协同育人"或缺少"协同"或缺少"育人"的缺陷。因此,引鉴"双减"且给辅导班降温的事例分析,可以明显反映,亟待遵循教育发展逻辑与规律的协同育人,而这也正是"协同育人"要凸显的第三个特征。

第三节 家校社协同育人的述评

协同,让教育充满智慧。教育是一个大系统,中小学教育作为它的一个子系统,要从根本上改变教育与社会、经济发展相脱节的矛盾,打破学校的封闭式办学管理模式,建立一种面向21世纪的学校、家庭、社会教育相结合的管理模式,形成"学校—家庭—社会"三主体联动的"三位一体"的教育网络,实现学校教育、家庭教育和社会教育的和谐统一[2]。在中小学教育过程中,家庭、学校与社会组织之间的合作共事,近年来逐渐成为我国教育研究者关注的重要话题,"家校社"合作包

---

[1] 陆璟.基于PISA数据评价上海学生的21世纪能力[J].上海教育科研,2015(2):5—10.
[2] 徐建平.学校:在政府、市场和社会之间——现代学校制度的理论探索及启示[M].北京:教育科学出版社,2011:224.

含了家长、教师、儿童和社会组织代表等利益相关者之间多重的人际联结[1]。当前国内对于"家校社"合作的研究主要有几个方面。

一、家校社协同育人及意义

教育不是孤立的事物,而是系统工程。在教育实践共同体中,家庭、学校、社会应各自承担起自己的责任,创造区域教育活动良性开展所需要的条件和要素。关于三者在教育中的角色界定,学术界有多种表述,杨雄教授的概括比较具有代表性,"学校教育训练学生遵循'规定',社会教育训练公民遵守'规则',家庭教育则培养孩子学会'规矩'"[2]。根本上讲,家庭、学校、社会是相互联系、相互推动的,只有家庭、学校、社会协同共育才能创造孩子美好的未来,家校社之间协同合作开展育人工作是新时代中国教育改革的必然走向和要求。要意识到,虽然家庭教育、学校教育和社会教育三者之间是相对独立的实体,各自承担着不可替代的教育责任[3],但三者共同发挥作用的过程正是彰显育人效果的过程,也是推动教育前进和发展的过程。家校社协同育人正在成为教育的新样态,也必将为孩子们的幸福人生奠基。

从世界范围看,家校社合作已经成为基础教育改革的重要领域,许多国家和地区的法律都有相应的鼓励性规范。我国政策和法律从 20 世纪 50 年代颁布的《中央人民政府政务院关于改善各级学校学生健康状况的决定》规定"小学和幼稚园尤应与家长取得密切联系"到《国家中长期教育改革和发展规划纲要(2010—2020 年)》要求"充分发挥家庭教育在儿童少年成长过程中的重要作用",对家长参与教育以及家长和学校两种互动的支持也逐步走向规范,家校合作被提到建设现代学校制度的战略高度。2004 年 2 月,《中共中央国务院关于进一步加强和改进

---

[1] 张永,张艳琼.家校社合作的反思与重构:基于实践共同体的视角[J].终身教育研究,2020(3):41—46.
[2] 杨雄.巨变中的中国教育[M].上海:上海人民出版社,2021:7.
[3] 杨雄,刘程.关于学校、家庭、社会"三位一体"教育合作的思考[J].社会科学,2013(1):92—101.

未成年人思想道德建设的若干意见》明确指出:"要把家庭教育与社会教育、学校教育紧密结合起来。各级妇联组织、教育行政部门和中小学校要切实担负起指导和推进家庭教育的责任。要与社区密切合作,办好家长学校、家庭教育指导中心,普及家庭教育知识,推广家庭教育的成功经验,帮助和引导家长树立正确的家庭教育观念,掌握科学的家庭教育方法,提高科学教育子女的能力。"[1]

在构建终身学习体系和学习型社会(社区)的时代背景下,加强学校与家庭、社会的联系和沟通已经成为中外学者的共同话语。"在可以预见的未来,单一化、封闭式的教育,将被更为开放、更为丰富的学习方式取代。在这样的大趋势下,家庭、学校、社区携手前行的家校合作共育机制,也将成为未来教育的一种常态"[2]。

教育是一种有目的地影响人的活动,学校教育离不开家庭配合;在管理学看来,由家长参与监督和决策,能够增强家长在学校管理中的责任感,提升教育质量;从父母教育权的演变来看,父母既是孩子的法定监护人,也是纳税人,教育权是亲权的组成部分[3];从系统科学角度分析,家校合作正是教育系统内各子系统之间协同的表现,使教育系统不断向着平衡、和谐、有序状态发展。徐坤生的研究认为学校、家庭、社会教育资源应该集聚才能实现为学生的幸福和终身发展奠基,其中"以学校教育为主体、家庭教育为基础、社会教育为助推"[4]。总之,"家庭、学校、社区共育,能促进父母对于教育机构的信任与支持,能培厚学校教育的土壤,也能在全社会形成关心教育的氛围"[5]。

青少年心理问题已经成为现时代开展家校社协同育人必须攻克的难点问题和重点问题。观察我们当下的教育体系不难发现:口头上我们强调教育既要"育人心",又要"健人身",也即追求的是人的全面发展,可是,事实上在众多的基础教

---

[1] 中共中央,国务院. 中共中央　国务院关于进一步加强和改进未成年人思想道德建设的若干意见[EB/OL]. (2002-02-26)[2023-04-07]. http://www.gov.cn/gongbao/content/2004/content_62719.htm.

[2] 朱永新. 家校社合作激活教育磁场[N]. 人民日报,2019-06-05(004).

[3] 黄河清,马恒懿. 家校合作价值论新探[J]. 华东师范大学学报(教育科学版),2011(4):23—29.

[4] 徐坤生. 刍议学校、家庭、社会合育资源的集聚[J]. 科学大众(科学教育),2012(1):98.

[5] 朱永新. 家校社合作激活教育磁场[N]. 人民日报,2019-06-05(004).

育领域却并没有展开类似的教育实践。其中,协同育人虽然是一种备受推崇的教育理念与行动方案,但是其在一线学校内,更多的还是在为学生的"升学"服务,追求如何才能在竞技类的评价体系中让学生胜出。

要承认的是,当前的教育评价体系与学校的"竞争性胜出"需要是一致的,尤其是在智育领域,无论是家校社协同开展的各类综合活动,还是引入家长资源、社会资源开展协同育人,都是在为当前"内卷""加速"的发展性和竞争性需求服务。恰恰在这个过程中,教育缺少了"人文关怀",缺少了对于青少年学生心理的关注。当我们的教育培养出一个又一个"高分"学生的时候,"心理健康"是不能忽视的重要事项。

家庭、学校、社会协同育人不能仅仅停留在简单地对于学生"考分""升学"服务,更应该将学生"完满人格"的培养当成发展的重要目标。尤其是对于历经抑郁症的青少年而言,教育工作者不应该将来自抑郁学生的求救声当作"矫情""脆弱""无病呻吟"的表现,反而应该使其成为推进协同育人的"教育契机"。无论是"育心"还是"育身",教育要回应的是学生真实的"需要",协同育人作为新时代新的教育发展趋势,更应该以培养全面发展的人为目标。

显然,中小学生的心理问题日渐增多、需求日渐多样复杂,构建科学有效的医教协同心理健康服务体系势在必行。这需要以公共卫生三级预防模式为框架,围绕全体学生心理健康促进、高风险学生预防性、心理危机预防与干预、区域协同机制建设等内容构建医教协同体系,提升学生心理健康服务质量[1]。

二、家校社协同育人的探索

20世纪80年代以来,各地围绕协同育人进行了一系列探索,而关于家校社协同育人真正出现体制机制层面的快速变化,是党的十八大以来的新探索与新建树。自此以后,我国逐渐形成了较为系统的"家校社共育"研究体系和实践体系。

---

[1] 王婷婷.中小学生心理健康服务医教协同体系建构与实践路径[J].上海教育科研,2023(2):32—36.

作为全国教育改革的先行示范区,上海开展家校社协同育人的起步较早,上海市妇联、上海市教委、上海社会科学院、上海市家庭教育研究会、上海市教科院等部门和专业机构从20世纪80年代就开展了相关研究,也初步形成了一系列的理论、制度和实践成果,先后出现了杨雄、李洪曾等学者撰述的代表性研究成果,先后几次制订完善了《0—18岁家庭教育指导纲要》《儿童友好城市建设方案》等具有鲜明时代特征的上海方案,创建了上海家长学校、"1+16"市区家庭教育指导服务中心、市区镇(社区)三级指导服务站等运行载体,为推进家校社协同育人提供了支撑。进入新时代,上海市围绕协同育人开展了一系列新探索,其中"全员导师制"就是立足学校的协同育人创新探索。从2020年开始,上海市在全市12个区186所中小学启动"全员导师制"试点工作。2023年8月4日,上海市教委全面推进"全员导师制",制定《上海市中小学生全员导师制工作方案》(以下简称《方案》),《方案》提出"以人为本,面向人人;因材施教,全面发展;落实职责,协同育人"的基本原则。"全员导师制"的推进以"学生人人有导师,教师人人是导师,家长人人联导师"为宗旨,匹配原则是:中小学校要为每一个学生配备导师,教师原则上都要担任学生导师,每位导师指导学生数原则上不超过15名。学校应在保障学生自主权和选择权的基础上,根据实际情况做好导师与学生的匹配。对具有特定发展需求的学生,可以由其导师联动其他教师共同提供指导。导师的关键职责总共有两个,分别是"与学生成为良师益友"和"与家长进行家校沟通",包括"学生家访、谈心谈话和书面反馈"三项重点工作。

2018年4月27日,"家校社共育示范区"在四川省自贡市启动,自贡市通过为家长提供系统、科学的家庭教育知识和服务,把价值观教育融入家庭教育,打造家庭、学校、社会联手共育,共同为下一代创造积极健康的成长环境,为"幸福自贡"建设注入新动能。2019年3月17日,"第二届京师家庭教育高峰论坛"在海口举行。论坛由北京师范大学儿童家庭教育研究中心主办、海南省海口中学承办。围绕"各尽其责 重塑家校社角色定位"的主题,来自全国23个省份的600余位代表,从不同角度解读家校社共育的重点难点问题。论坛成立了"全国家校社共育联盟",8个家庭教育先进区域和50所中小学校成为首批联盟成员。自此以后,我国逐渐形成较为系统的家校社共育的研究体系和实践体系。

可是,家校社合作不是一帆风顺的,其中面临诸多困境有待破解。比如,张永等学者认为:"在'家校社'合作实践过程中,出现了一系列值得注意的典型现象,如家校社合作简化为家校合作,家校合作衰减为家长配合学校等。这些典型现象反映出家校社合作的复杂性"①。再者,经过大量的文献分析发现,我国目前大部分家校社直接的合作呈现较为疏离的现状,名义上的家校社合作大部分是教师与家长的联系,家长和社会主动参与学校工作的成分还较少。

比如,2017年12月,上海市奉贤区教育学院在承担合作课题"区域视角下学校发展中家长参与的支持环境评估研究"中,奉贤区家庭教育研究与指导服务中心对8393名家长开展了"奉贤区家长参与支持学校工作基本情况"在线问卷调查,包括,家长参与学校治理、家长参与教育教学、家长共享相关资源、家长参加家庭教育指导;同时,在奉贤区16所学校开展的"区域基础教育环境质量评估"试测工作的数据显示,家长参与学校各类活动的实际情况不一,家委会在学校各类工作中能发挥的影响也有差异。因此,对于家校社合作研究具有较大的空间。

"培养什么人"以及"怎样培养人"始终是教育的永恒主题和根本问题,当代中国正在试图回答这样的问题。党的十八大报告指出,立德树人是教育的根本任务。十八届三中全会进一步提出,要坚持立德树人。党的十九大报告继续强调在学校教育领域贯彻落实立德树人任务的必要性和紧迫性。无论是家庭教育还是学校教育,无论是家长还是教师,将"立德树人"作为育人成长、成善、成才的核心内容和关键举措,既是新时代人才培养的趋势所需与所使,又是新时代家校社合作育人的理念根基与实践路向。为深入贯彻落实立德树人根本任务,形成全员育人、全程育人、全方位育人的德育工作格局,凝聚家校社教育合力,探索家校社合作办学区域环境优化,构建家校社合力育人新格局,进而推动区域教育治理体系和治理能力科学化,是新时代教育决策、研究和实践需要关注的重要命题。因此,立德树人根本任务的完成离不开家校社合力育人。

上海在开展协同育人中推出组合拳,开展上海学校心理健康教育活动季,推

---

① 张永,张艳琼.家校社合作的反思与重构:基于实践共同体的视角[J].终身教育研究,2020(3):41—46.

出"沪心大讲堂",汇集全市各领域专家力量,一批来自高校、科研院所的院士专家学者,来自一线的优秀教师、家长、精神卫生工作者和社区志愿者,纷纷发力出智,凝聚家校社合力,向社会各界尤其是广大学生、家长宣传积极、幸福的教育理念和生活态度,共同构建和谐的育人环境,促进青少年学生健康全面发展。比如,中国工程院院士、华东师范大学校长钱旭红在"沪心大讲堂"与家长们谈心时讲到,养育孩子的过程与做科研的过程类似,每天都面临着新问题,每天都在接受现实给予的"当头一棒",科学家往往因自身认知的有限而感到谦卑,做家长亦是如此。孩子们的成长过程无法精准预测,正因这些不可预测的变量,家长们更应尊重孩子的个性,静心陪伴,共同经历,践行"不言之教"。钱院士的现身说法,揭示了一个道理:育儿像科研,接受"不可测变量"方能保持谦卑。

还要意识到:家校社协同育人的具体的代表性问题和局限性集中反映在城市化进程中的家长整体文化程度、眼界提高了,但育儿理念和方法并没有得到相应的提升,甚至加入了"内卷"大军。这种状况如何改变,特别是在"二胎""三胎"放开的国家人口政策环境下,这个问题尤其重要。在教育的"顺序模式"向"重叠模式"转变中如何将各个教育因子有机结合形成整合优势,在家校社之间构建高效互动、相互配合的体制机制,使家校社协同育人产生最大的合力与效果等,都成为亟须探索的重要命题。

随着教育的发展,新的协同育人情境也在不断出现。

取消家委会,引入家长志愿者

2022年末的寒假期间,柳州某教育集团发布一则公告:2023年2月13日起,学校现有各班家委会终止一切行为,全部解散。这则新闻随即遭遇网络热议,毕竟家委会几乎是我国各所中小学校的标配,柳州的这个教育集团似乎与主流的办学走向"背道而驰"。校方负责人表示,学校一直认可家委会发挥的重要作用,但是,学校更希望减轻广大家长尤其是家委会成员的负担。为落实"双减"精神,保障师德师风建设和清廉学校建设,学校才做出此决定。解散家委会后,学校希望有更多家长以志愿者身份参与学校教育。事实上,这不是柳州第一所解散家委会的学校。市中心某小学在一年前就已经解散了班级家委会,仅保留校级家委会。"为什么这样做?原因一言难尽。"该校校长说,主要是部分班级的家委会作用变味,违反规定,收取不合规定的款项;还有,就是部分班级家委会的孩子荣获了荣誉称号,引发其他家长的议论和不满;此外,有家委会过度干预班级管理,不利于班级的发展。[1]

上述案例中可以清晰地发现,柳州这个地区的部分学校家委会出现了很多问题,校方出于学校发展的全局考虑,做出取消家委会的决定,学校找到了替代性的方案,让家长以"志愿者"的身份参与学校的育人工作。但是,应该反思的是,"取消家委会,引入家长志愿者"能真正解决学校存在的问题吗?家委会出现了问题就将其解散,这着实有因噎废食之嫌,其结果大概率是得不偿失。

这是一个充满不确定风险的时代,"攀比""炫耀""竞争""内卷"是这个时代的鲜明特征,无论是学校还是社会,无一不存在类似的现象。回到柳州的学校做法,人们应该想到的是:协同育人是这个时代教育改革的"关键词",已经成为教育转型发展、提质增效的"密钥",只有家长参与学校教育,让家庭、学校、社会形成合力,我们的教育才能够真正发挥其应有的价值和功用。

家委会出现问题,其根源是否也有学校的责任?家委会建构之初,学校是否进行了有效且科学的干预?是否制定了详实且贴合学校实际的家委会运行、管理方案?当家委会出现问题就选择直接解散而非查找解决办法,这是否是因为"学校懒政不作为"。而且,家长志愿者的核心是"志愿",出自家长的主动和自愿,是发起于人心的"主动奉献",是否能得到持续推进、有效推进?长远看,组织家长志愿者的问题风险远高于家委会,尤其是随着时间的推移,若家长志愿者群体的队

---

[1] 环球网.广西某学校发布公告:取消家委会,全部解散![EB/OL].(2023-02-10)[2023-02-10]. https://3w.huanqiu.com/a/eb8251/4BdzxoqggnU.

伍难以为继，那么协同育人将沦为空谈。

在现代社会的学校教育改革中，当学校与家庭、学校与社会的协同育人构想与行动遭遇困阻，其理性的解决办法并不一定是单向地做"加减法"，而是要聚焦"真问题"，寻找"具体办法"，切勿因噎废食，否则协同育人无法开展，且学校教育的成效势必也遭遇折损，最后伤及的是每一个与学校教育关联的"人"。

还要意识到，当下的家校社协同育人远未能尽善尽美，还有很大的提升空间。

从学校的角度讲，学校是家校社协同育人的"主导"力量，这种独特地位已经在多份政策文件中确认。这意味着学校开展协同育人的质量直接决定了教育领域协同育人的水平。当前，绝大多数学校在思想上已经意识到家校社协同育人的重要性，但是实践上对于开展协同育人的重视程度还不够。尤其是当前教育发展的环境愈渐复杂，学校作为育人的主要单位，仍然承担着最主要的育人任务，而很多学校对于"育人"的理解仍然停留在传统的"育分"和"升学"层面，因此在开展家校社协同育人的制度设计和具体实践过程中，或有意、或无意地仍然聚焦"智育"，这无疑降低了学校开展家校社协同育人的品质和成效。与此同时，协同育人相对于传统的育人方式来讲是一种具有时代感的育人方式，正处于"适应期"的学校开展协同育人的实践能力薄弱，还无法跟得上协同育人的政策布局，"得过且过"的应付、敷衍现象不断出现，对于建立包括提供专业的家庭教育指导服务在内的育人指导工作准备和能力不足。此外，学校缺少足够的资金支持，无法通过购买服务的方式引入优质的社会机构来支持学校办学，而且由于优质公共机构和公益组织主要分布在发达城市，这使得欠发达地区学校无法得到相应的社会资源支持。

从家长的角度讲，现如今处于少子化时代，家长的育儿观念和育儿需求都发生显著改变，"少而精"的高质量育儿要求迫切需要孩子得到全方面发展。很多家长的个人文化素养还有待提高，尤其是对于教育规律和孩子成长规律的认识不够，"急功近利"的育儿思想主导着家长的教育思维。一部分家长将育人的责任单向地附加在学校身上，没有意识到自己在协同育人中扮演的重要角色，对于协同育人的参与热情不高、参与度不够。尤其是在我国广大的欠发达地区，家长忙于生计，对于孩子的教育参与较少，没有精力或没有足够的经济实力支持协同育人的开展。与之对应,在我国发达地区,逐渐衍生出一种新的现象,即家境殷实的"富二代"家庭,家长寄希望于孩子未来"子承父业",即便受教育程度一般也可以"继承家业",这使得这部分家长对于参与协同育人缺少足够的意向和诚意。

从社会的角度上讲,社会组织参与教育治理已经成为一种趋势,但是这种"趋势"多限于发达城市。尤其是在协同育人过程中,社会组织(机构)参与协同育人还缺少卓有成效的体系和框架,社会力量参与协同育人过程中各自为营的现象严重。学校和家长只是通过社会实践活动的方式让孩子去少年宫、青少年活动中心、图书馆、博物馆等机构,虽然这些机构都是优质的社会教育资源,遗憾的是我们还没有能够充分激发其在协同育人中的育人价值。

基于上述三个维度的考量,启示人们要正视与反思当前家校社协同育人的举措,从中准确把握我国推进家校社协同育人的真实情境。

三、家校社协同育人的举措

教育治理是我国教育研究领域的热点话题。新时代教育治理理念强调多主体参与教育变革,主张发挥多主体的力量实现教育资源的优化配置,激发教育发展活力,挖掘教育发展潜力,营造一种崭新的教育生态。随着我国的教育向纵深改革推进,探索有效的教育治理,借此建立高质量教育体系,办人民满意的教育,破解人民群众教育焦虑困局,迫切需要建立家校社合力育人格局。

在此背景下,践行新时代教育治理理念呼唤家庭、学校、社会等主体实现教育力量的统合,为实现共同的教育目标贡献来自不同主体的教育智慧。可以说,新时代教育治理理念需要家校社合力育人,家校社合力育人是新时代新的教育治理理念引领下产生的重要的教育范畴和结果。其中,凝聚家校社教育合力是一种具有时代先导性的教育选择,提升家校社教育合力既是教育现场改革发展的需要,也是学界已经被诸多学者关注的教育命题。

康丽颖认为,"儿童在家庭、学校和社会环境的三重空间中接受教育,家庭重在养育、学校重在教育、社会重在教化",要充分发挥每种教育活动的资源优势,避免互相覆盖和取代,打造立体成长空间,满足儿童多样化、差异性与丰富性的教育需求①。苏彦捷也认为,"家、校、社应各司其职,各自干自己擅长的事情、专业的事情",要以社区为纽带打造优质教育生态圈,搭建统筹多方力量的平台,激发儿童自身的发展资源,并与环境资源进行有效互补共赢②。郭英俊强调,"要通过发挥学校主导作用,以课堂教学为主阵地,连线家庭与社区,创设浓郁的德育育人氛围,建构德育协同长效机制,加快'家校社一体化'进程③。"上海市闵行区以家长、学校、教师协同并进作为家庭教育的指导推进范式,开展科学的家庭教育指导行动,优化家庭教育指导服务网络,促进家庭教育指导专业化发展,推动家庭教育回归本源,促进学生全面健康成长④。浙江省杭州二中白马湖学校小学部组建"FSC创意联合委员会"用以协调"家校社"合育的达成。其中,"FSC"指的是Family(家庭)、School(学校)、Community(社会)三位一体,形成教育的多方合力,共同为孩子创设一片无限可能的天空。在这里,家庭、学校、社会组建成三位一体共谋发展的"创意和谐链",它们交叠影响,形成强大的教育生态网⑤。

与此同时,家校社合作的举措主要集中在成立家长委员会,成立社区工作委员会,建立家校合作互动平台如家长学校、家校论坛,举办亲子活动等,建设家校沟通系统。在此基础上,家校社合作的类型研究也在几个方面各有侧重。首先,杭州大学刘力认为家校合作有三个层次:"形式上的参与""人际的参与"和"管理式的参与"⑥;其次,马忠虎将家校合作按照服务的最终对象分为"以校为本"和"以家为本",即以活动围绕的中心为参照物⑦。再次,根据社会活动理论,教师和家长的关系也有四种基本类型:相互疏离、单向支配、"战时"联盟和相互敌对⑧。家校

---

① 杨咏梅.家校社共育的成功才是教育的成功[N].中国教育报,2019-03-29(004).
② 杨咏梅.家校社共育的成功才是教育的成功[N].中国教育报,2019-03-29(004).
③ 郭英俊."家校社"一体化的德育协同长效机制探究[J].福建基础教育研究,2019(6):39—40.
④ 贾永春."学校·家长·教师"协同并进的区域家庭教育指导范式——以上海市闵行区为例[J].现代教学,2022(24):22—24.
⑤ 郑巍巍.打造家校社创意和谐链:一所新学校的文化创生[J].中小学管理,2018(1):55—57.
⑥ 刘力.家长参与学校教育的功能及方式[J].教育研究与实验,1992(1):62—66.
⑦ 马忠虎.对家校合作中几个问题的认识[J].教育理论与实践,1999(3):27—33.
⑧ 王洪秀,温旭明.家长和教师关系的研究[J].河北青年管理干部学院学报,2009(3):85—88.

社协同育人需要富有创造性的主体的投入①。培养全面健康发展的社会个体要加强教育合作,构建"三位一体"的未成年人教育体系,而学校教育是主渠道、主阵地、主课堂,家庭教育是基础,社会教育是平台和依托②,学校、家庭、社会三个教育系统之间要相互支持、相互配合、共同完成育人使命。家校社协同育人意在解答现时代教育实践中的困惑,指明教育变革的路径与方法,提高综合育人实效③。

通过综合分析我们认为,以上研究是从教育学意义出发的,是单纯从服务教育教学目的的出发点展开的。学者们对学校、家庭、社会关系的理想构建,在实践中尚缺乏有效经验。在国内,尤其是在上海,各区十分重视学校、家庭、社会"三位一体"的育人机制建设,也形成了许多区域特色,如闵行区开展区域家庭教育现代化实践,成果累累;静安、长宁、虹口等区都进行了前瞻性的实践。但是家长参与学校发展方面,还停留在松散工作状态,没有形成系统性、创新性、可操作性的工作策略和机制。在项目实施过程中,上海创造性地提出"区域教育学院在家校合育格局中要发挥'枢纽'功能",为"家校社"形成教育合力提供了系统性的实施途径。

然而,来自教育视角的研究并不是家、校、社合力办学的全部。随着改革的全面深化,"完善和发展中国特色社会主义制度,推进国家治理体系和治理能力现代化"成为全面深化改革的总目标,学校与社会、家庭的关系跳出教育学范畴,成为建设现代学校制度,实现教育治理现代化的必要内涵。家长、社区对学校的参与不仅是教育性参与,更应是社会性和政治性参与。《全面推进依法治校实施纲要》提出,"中小学要健全校长负责制,建立有教师、学生及家长代表参加的校务委员会,完善民主决策程序",因此,家长参与决策是学校完善民主管理的重点。同时,该文件提出"建立中小学家长委员会制度","不断扩大家长对学校办学活动和管

---

① 李家成.家校社协同育人机制构建:深化教育体制机制改革的重要构成[J].新课程评论,2022(5):7—17.
② 杨雄,刘程.关于学校、家庭、社会"三位一体"教育合作的思考[J].社会科学,2013(1):92—101.
③ 洪明.合育论——学校家庭社会合作共育的理论与实践[M].合肥:安徽教育出版社,2017:1.

理行为的知情权、参与权和监督权"①。

徐建平在其博士学位论文和著作中对教育性参与和政治性参与做了区分。第一,参与的出发点不同,教育性参与是从孩子出发的,目的是孩子知识的获得和心理、人格的健全;政治性参与追求的是属于自身的基本权利,即教育权和基本人权。第二,参与的理念不同,教育性参与中"一切都是为了孩子"是参与的基本理念,与学校和教师有分歧时家长往往会退避三舍;政治性参与中往往会据理力争不轻易妥协。第三,参与内容和手段不同,教育性参与大多围绕孩子在校的教育进行,如课程、教材、作业辅导等,参与手段往往是直接和任课老师或班主任联系;政治性参与中处理的事务很多与自己孩子没有直接联系,如人事任免、费用收取等间接影响教育教学的事务,参与方式包括与年级长、校长甚至教育局长、新闻媒体的接触等。

另外,当前国内在谈到学校教育、家庭教育、社会教育三位一体时,社会教育往往拥有更广泛的社会资源,如图书馆、博物馆、景点名胜等,而不是学校所在的社区教育。广义的社会教育也是作为学校教育的补充内容或形式而出现的,这些教育行为的提供机构很少能参与到学校的管理实践中。同时,社区作为学校最直接的社会环境,作为学生生活其中的直接环境,有特定的历史、文化、制度、管理机构和服务设施,其参与学校教育事务的权利尚未受到足够重视,学校也鲜有对社区教育提出相关要求。总的来说,多数时候,社区仍然游离在学校的视野之外。此外,我国本土的家校合作理论还没有建立起来。当前国内对家校合作的主要研究还停留在对工作的简单经验总结上,停留在政策诠释上,停留在对国外经验的零散介绍上,停留在家长教育、家庭教育以及德育功能等单项研究上,尚不能对政策和实践中存在的问题进行有效的指导②。

协同育人并非中国教育独有的,当下全面推进协同育人已经成为世界性的教育课题。从国外的研究看,19世纪末,学校与家庭之间有效的联动合作教育在美

---

① 教育部.教育部关于印发《全面推进依法治校实施纲要》的通知[EB/OL].(2012-12-03)[2023-04-07].http://www.moe.gov.cn/srcsite/A02/s5913/s5933/201212/t20121203_146831.html.

② 吴重涵.从国际视野重新审视家校合作——《学校、家庭和社区合作伙伴:行动手册》中文版序[J].教育学术月刊,2013(1):108—111.

国、英国、法国、新加坡等国家进行实践并取得良效,而它进入学界视野受到各国政府和研究者的重视则肇始于20世纪中后期。尤其是美国学者爱波斯坦(Epstein)在提出的"大教育"概念上论及学校、家庭与社会合作体系的建立,为家校社协同育人提供了很好的参鉴①。事实上,最早的学校、家庭、社会协同育人的萌芽产生于美国,其典型事件是美国发生的"在家上学"运动。1893年,美国马萨诸塞州的最高法院在联邦诉罗伯特案(*Commonwealth v. Robert*)中强调所有的儿童都应该接受教育,但是不一定都接受学校教育。此后,美国开始了走向在家上学的合法化运动。到了1993年,在家上学在美国50多个州实现合法化,在家接受教育或者选择社会教育,成为儿童自身的权利。这预示着家校社协同育人已经在美国落地生根②。

2008年,美国陶森大学钱德勒·巴伯(Chandler Barbour)、马里兰大学尼塔·巴伯(Nita H. Barbour)和帕特丽夏·史高利(Patricia A. Scully)等人提出"家校社合作的三层次论",即最低层面参与的主要特征是学校向家庭以及社区告知、提出合作要求,家长和社区组织代表支持学校教育;联合层面参与的主要特征是家长在许多方面参与到学校运行之中,学校与社区在许多问题上都相互交流;决策层面的参与发端于密歇根州弗林特市的社区学校项目,家长和社区成员不仅要扮演儿童利益支持者这一角色,更重要的是他们需要和其他决策者共同承担起保障自己子女及其他孩子享受良好教育的责任③。

新加坡为了实现"重思考的学校,好学习的国民"(Thinking Schools, Learning Nation)的教育目标,始终致力于构建"学校—家庭—社区"三位一体的教育网络。比如,建立家长支援小组(Parent Support Group, PSG)、家长教师协会(Parent Teacher Association, PTA)、校友会(Alumni/Old Boys' Association)、导读妈妈/爸爸(Reading Mums and Dads)等④。可是,也要清醒地意识到,西方

---

① Epstein J L, et al. Prospects for change: preparing educators for school, family, and community partnerships [J]. *Peabody Journal of Education*, 2006, 81(2):81—120.
② 洪明. 合育论——学校家庭社会合作共育的理论与实践[M]. 合肥:安徽教育出版社,2017:6.
③ 张永. 美国家校社合作的两种层次理论及启示[J]. 全球教育展望,2021(3):106—117.
④ 杨雄,刘程. 关于学校、家庭、社会"三位一体"教育合作的思考[J]. 社会科学,2013(1):92—101.

国家对于"公权"与"私权"概念的关注,导致家校社协同育人在很多国家并没有形成有效的实践举措。

除此之外还要意识到的是,协同育人要处理好家庭、学校、社会的权力边界,三者易产生纠葛而破坏协同育人,且家庭和社会对学校的信任危机会导致学校无法聚融家庭和社会力量。当前,美国颁布法案关注学校,提出教师既要培养学生,又要承担密切联系家校、校社合作的责任;日本进行"学社融合",引入社区及家庭力量弥补学校短板[①],而协同育人是教育治理的重要议题;法国、挪威等国强调"权威主导型"协同育人治理;芬兰、英国等国家强调"专业驱动型"协同育人治理,其本质是通过分权赋能学校治理让学校育人规范。

基于上述研究论述可以得知,家校社教育合力研究是现如今一个有必要关注的课题。无论是从教育政策层面还是具体的教育实践层面来讲,家校社合力育人是中国教育改革的必然趋势,现如今的中国教育改革已经进入了教育综合改革的深水区,凝聚家校社教育合力是教育综合改革的重要议题之一,是在教育治理理念的指导下开展的一项基于多主体协同参与的教育改革,它以激发教育参与主体的活力和能力为基础,实现多主体协同育人。

理论上讲,当前家校社协同育人研究侧重于理论推演,缺少实证研究的路径构想,很难服务学校开展家校社协同育人的实践。从实践上看,当前缺少从上至下的协同教育组织格局,学校协同育人组织缺少科学有效的指导,很难完成协同育人的任务。现如今教育治理已经成为我国教育变革的大趋势,区域教育治理也在全国多个地区兴起,当涉及家庭、学校和社会三主体交互合作、凝聚教育合力之时,不能缺少教育治理的研究视角。纵观国内外研究可以发现,当前家校社合育是一项重要的研究议题,深受国内外诸多研究者关注,但是既有的研究侧重于理论探讨,更多的是基于理论分析的推演,实证研究较为短缺,这是未来研究有必要强化的领域与空间。

---

① Valli L, et al. Typologizing School — Community Partnerships: A Framework for Analysis and Action [J]. Urban Education, 2016, 51(7):719-747.

第二章　协同育人的时代背景与基础

内容提要

承续上一章的理论分析，这一章从协同育人的时代背景与基础两个角度，进一步探析协同育人的思想引领、制度建构与多元实践。

首先，协同育人的思想引领分为两个方面：一方面是新时代习近平总书记关于协同育人的代表性论说，比如"三个注重""四个第一""四有好教师"等；另一方面是陈鹤琴、顾明远、朱永新、刘彭芝等教育名家的协同育人论述。这两个方面的思想引领，为中国现当代推进家校社协同育人提供了厚实的思想及其行动路线。

其次，协同育人的制度建构包括政策引领和法治建设。在政策引领方面，代表性政策有《中共中央国务院关于深化教育改革全面推进素质教育的决定》《中小学德育工作指南》《关于深化教育体制机制改革的意见》《关于健全学校家庭社会协同育人机制的意见》，为开展家校社协同育人提供了坚实的政策依据。在法治建设方面，《中华人民共和国家庭教育促进法》及其出台之前的地方"软法"以及相关法治建设，为扎实推进家校社协同育人提供了法治基础。

再次，协同育人虽然是国家战略，但是当下国内已经开展了富有成效的区域探索。比如，苏州、南京、潍坊、成都、保定、弋阳等地方，都立足未来发展愿景，将区域教育发展需求与国家教育发展战略融通，因时制宜、因地制宜、因势制宜，采取凸显区域特色的协同育人实践办法，既将相关教育新思想转化落地，又将相关教育政策与法律转化成"区域行动"，让协同育人在中国落地生根、开花结果。

综观古今中外的学术研究与讨论，任何时代都有其凸显时代特色的重要主题，任何研究都有其深刻的时代背景，协同育人亦是如此。作为重要研究主题的协同育人研究的提出，最直接的动因是新时代协同育人思想的呼唤与驱动。党的十八大以来，习近平总书记"三个注重"建设和"四个第一"等系列论述充分凸显出新时代家庭教育的重要地位，而提升家校社教育合力，探索提升家校社教育合力的运行机制是对总书记号召强有力的回应。党的十九届五中全会提出"新阶段""新理念""新格局"要求，而落实到教育领域，提出建设"高质量教育体系"的政策导向，以及"健全学校家庭社会协同育人机制"的要求。党的二十大报告提出"健全学校家庭社会协同育人机制"，2023年1月《教育部等十三部门关于健全学校家庭社会协同育人机制的意见》出台，更加清晰地表明，家校社协同育人是办人民满意的教育的重要路径和方法。因此，如果将改革开放四十多年比作上半场，那么影响甚至决定着下半场的是协同育人水平，中国教育已经进入了协同育人时代。

第一节　协同育人的思想引领

"以人民为中心"是新时代我国各领域改革遵照的重要理念，核心是将"人"看成是发展的重心，也是关照的中心，让"人"成为检验发展质量与品质的重要标准。聚焦到教育领域，"生本立场"是践行"以人民为中心"的发展观的重要体现。现时期学生是教育的中心，以学生为本，践行生本导向的教育改革是我国教育改革的优良传统。其中，促进每一个学生身心健康发展，是教育的根本目标。生态学理论与协同学理论研究发现，人的发展是个体与生活环境之间相互交往和影响的结果。学生发展环境由家庭、学校、社会这三个同心圆系统组成，只有这三个系统相互协同，才能实现教育的一致性，形成教育合力，为学生构建良好的生态成长环境，共同促进学生健康发展。因此，家校社多主体协同是促进学生健康成长的重要保障。营造适应学生健康成长的教育环境与生态，迫切需要家庭、学校、社会贡献自己的教育力量和智慧，推动育人结构与体系转型升级、内涵发展。

一、新时代的教育思想引领

进入新时代,中国教育的目的是"培养德智体美全面发展的社会主义建设者和接班人"。2014年5月30日,习近平总书记指出,"让社会主义核心价值观在少年儿童中培育起来,家庭、学校、少先队组织和全社会都有责任"[①]。2018年9月10日,习近平总书记在全国教育大会上指出,"办好教育事业,家庭、学校、政府、社会都有责任"[②]。2023年1月,《教育部等十三部门关于健全学校家庭社会协同育人机制的意见》指出,新时代推进家校社协同育人的指导思想是"坚持以习近平新时代中国特色社会主义思想为指导,认真贯彻落实习近平总书记关于教育和注重家庭家教家风建设的重要论述,全面贯彻党的教育方针,落实立德树人根本任务,弘扬中华优秀传统文化,坚持科学教育观念,增强协同育人共识,积极构建学校家庭社会协同育人新格局,着力培养德智体美劳全面发展的社会主义建设者和接班人"[③]。这一系列重要论述为中国未来的教育变革指明了方向,提出了方案,确立了行动目标,奠定了实践基础。总书记的重要论述提醒我们,新时代优化教育治理体系及育人结构没有"局外人"和"旁观者",家庭与学校、社会相互协同、相互融合、相互促进,形成强大的教育合力,形成整体性、系统性、一体化的协同育人体系是新时代教育治理的必然走向和选择。此后,在多个重要时间节点和多个场合中,习近平总书记都反复强调推动家校社协同育人的重要性。可以说,"协同育人"是当下教育治理中必须关注和践行的方向。

(一)家庭教育"责"在家长

百年大计,教育为本。进入新时代,中国面临千年未有之大变局,教育事业同

---

① 习近平.习近平谈治国理政.第一卷[M].北京:外文出版社,2018:184.
② 新华社.习近平:坚持中国特色社会主义教育发展道路培养德智体美劳全面发展的社会主义建设者和接班人[EB/OL].(2018-09-10)[2022-05-28].http://www.cac.gov.cn/2018-09/10/c_1123408490.htm.
③ 教育部等十三部门.教育部等十三部门关于健全学校家庭社会协同育人机制的意见[EB/OL].(2023-01-17)[2023-01-21].www.moe.gov.cn/srcsite/A06/s3325/202301/t20230119_1039746.html.

样面临着前所未有的机遇和挑战。其中,家庭与学校是人的成长和教育最为重要的两个场域,二者从诞生之日起便是如影相伴、密不可分的教育范畴。尤其是十八大以来,以习近平总书记为核心的党和政府高度重视"家庭教育"在"培育时代新人"过程中的重要价值,且"家庭教育"的教育价值逐渐在社会中凸显。家庭是社会的基本细胞,是人生的第一所学校。家庭教育是人类教育的基石,是我国教育的光荣传统。

2015年2月,习近平总书记在春节团拜会上首次提出:"不论时代发生多大变化,不论生活格局发生多大变化,我们都要重视家庭建设,注重家庭、注重家教、注重家风。"①2016年12月,习近平总书记在会见第一届全国文明家庭代表时再次提出"三个注重"(注重家庭、注重家教、注重家风)的要求,随后,更是在多个场合强调"三个注重"的要求,这是总书记对于新时代家庭育人价值揭示的侧影,总书记的号召重新唤起社会对家庭教育重要性的认识和关注。2018年9月,习近平总书记在全国教育大会上又一次指出:"家庭是人生的第一所学校,家长是孩子的第一任老师,要给孩子讲好'人生第一课',帮助扣好人生第一粒扣子。""三个注重"和"四个第一"的提出,开启了新时代家庭教育的新征程,实现家庭教育育人的目标需要家校社三方合力。

2022年6月8日,习近平总书记到四川考察工作,专程来到眉山市三苏祠考察,缅怀"三苏"(苏洵、苏轼、苏辙)父子生平,深度探寻他们一家对于中华优秀传统文化的重大贡献和影响力,围绕弘扬中华优秀传统文化,重视家教家风和家庭建设,再次教育全党尤其是党的领导干部,引导全国人民重视和关注"三个注重"建设。从总书记平时和考察现场所作的重要论述可以看出,"三苏"父子是经典家庭家教家风的楷模,父母的教诲对人一生的影响深远。

正如习近平总书记所说:"家庭是孩子的第一个课堂,父母是孩子的第一个老师。家长要时时处处给孩子做榜样,用正确行动、正确思想、正确方法教育引导孩子。要善于从点滴小事中教会孩子欣赏真善美、远离假丑恶。要注意观察思想动

---

① 习近平.在2015年春节团拜会上的讲话[N].人民日报,2015-02-18(002).

态和行为变化,随时做好教育引导工作。"①现时代教育环境和教育生态已经发生显著改变,教育改革也已经步入深水区,亟待进一步认识教育场域内各参与者的教育职责范围和能力构成。

2023年4月,教育部公布普通高等学校本科专业备案和审批结果,并发布最新《普通高等学校本科专业目录》,新增21个本科专业,其中包括"家庭教育"专业,计划2023年开始招生。这预示着"家庭教育"不再停留在一般性的讨论,而正式上升为高等教育学科专业层面,该专业旨在进行专业人才培养,以"专业建设"的方式培育未来的"家庭教育者"。"家长"是家庭教育的主导者,是决定家庭教育品质的关键因素,"家长教育孩子"也是亘古不变的律条。然而,这只能确证家长教育孩子的"合法性",理解家庭教育不能回避家长并不是天生的教育家的基本事实与事理,其育人能力与实践智慧的"合理性"和"正当性"并不带有"确定性"。遵此逻辑,"谁来教育家长"就是有必要被破解抑或阐明的教育议题。

家长作为学校教育的有力支持者,在教育中的价值逐渐被社会认可和接受,相应地,培养家长的"家庭教育素养和能力"议题逐渐从教育的"幕后"推至"台前",成为亟待关注的教育议题。进入新时代,家庭教育与学校教育联合推进家校合作育人是中国教育改革的趋向,教师处在家庭与学校之间,担负二者交流"纽带"的责任,勾连家校合作,而家长在其中也要主动作为,提高自身的家庭教育胜任能力。

(二)学校教育"重"在教师

学校组织是由不同的职能部门、专业机构、专业人员所组成的结构化的系统。这些部门、机构、人员,承担不同的责任,发挥不同的功能,单一的组织机构和系统构成了全域性的学校组织。了解学校组织环境的内容,要先了解一下学校组织有哪些关系,比如,校长与教师、教师与教师、教师与学生、学生与学生、学生与校长、校长与家长、家长与教师、学校与社会等。其实一个学校内部和外部,充满了复杂的关系系统。由此,学校组织既有很多资源,也充满了复杂性。学校组织环境是由学校内部不同组织分支的局域性环境所构成的全域性环境。比如,校长与教师

---

① 习近平.习近平谈治国理政.第一卷[M].北京:外文出版社,2018:184.

之间的关系,校长与教育局之间的关系等,都会构成一个微观的环境气候。一个又一个环境气候,就构成了学校的组织环境:教研组、年级组、学科组、德育组、师资培训组、政教处、人事处等。简单讲,专业人员组成专业职能部门,从事专业的学校管理任务的组织。在这样的背景下,"教师"因素是探讨协同育人必须关注的力量。

教师队伍建设是关系到教育事业发展的关键,正如习近平总书记在北京八一学校考察时指出的那样,"党和国家事业发展需要一支宏大的师德高尚、业务精湛、结构合理、充满活力的高素质专业化教师队伍,需要一大批好老师[1]"。"教师肩负着推进建设教育强国的重任,新时代的教育信仰要求教师必须以培养担当民族复兴大任的时代新人为着眼点,牢固树立中国特色社会主义共同理想,带头践行社会主义核心价值观,不断将立德树人、教书育人的责任感与使命感内化于心、外化于行。"[2]其中,习近平总书记还提出"四有好老师"等高素质专业化教师建设的目标,为新时代教师队伍建设提供了标准依据、行动规范和行动指南。2014年9月9日,习近平总书记在北京师范大学与师生座谈时提出了做好老师的四条标准:有理想信念、有道德情操、有扎实学识、有仁爱之心。这"四有"好老师的标准是习总书记对整个国家所有教师提出的殷切希望和要求。

一是有理想信念。习近平总书记曾说:"正确理想信念是教书育人、播种未来的指路明灯。不能想象一个没有正确理想信念的人能够成为好老师。"[3]教师有信仰,教育才有力量;教师有理想,学生才有梦想。拥有正确坚定的理想信念,是教师传正"道"、传好"道"的基石。崇高的理想信念是教师教书育人的精神向导、播种未来的指路明灯。习近平总书记提出"广大教师要始终同党和人民站在一起,自觉做中国特色社会主义的坚定信仰者和忠实实践者,忠诚于党和人民的教育事业。要用好课堂讲坛,用好校园阵地,用自己的行动倡导社会主义核心价值观,用

---

[1] 邓凯. 帮孩子系好人生第一粒扣子[N]. 光明日报,2016-09-12(001).
[2] 中国共产党新闻网. 师德师风建设是落实立德树人根本任务的关键[EB/OL]. (2018-11-26)[2023-03-15]. http://theory.people.com.cn/n1/2018/1126/c40531-30420731.html.
[3] 习近平. 做党和人民满意的好老师——同北京师范大学师生代表座谈时的讲话[N]. 人民日报,2014-09-10(002).

自己的学识、阅历、经验点燃学生对真善美的向往"①。

　　二是有道德情操。习近平总书记提出,"老师对学生的影响,离不开老师的学识和能力,更离不开老师为人处世、于国于民、于公于私所持的道德观。老师是学生道德修养的镜子。好老师应该取法乎上、见贤思齐,不断提高道德修养,提升人格品质,并把正确的道德观传授给学生"②。教师不仅仅是向学生传授书本知识,更要成为塑造学生品格的"大先生"。广大教师必须率先垂范、以身作则,引导和帮助学生把握好人生方向,带头弘扬社会主义道德和中华传统美德,以自己的模范行为影响和带动学生,把正确的道德观传递给学生,培育和引导学生自觉践行社会主义核心价值观。

　　三是有扎实学识。习近平总书记指出,"扎实的知识功底、过硬的教学能力、勤勉的教学态度、科学的教学方法是老师的基本素质,其中知识是根本基础"③。作为知识的发现者、生产者、供给者和传播者,教师以知识创造价值,以知识教育学生,以知识获取力量。在互联网、人工智能等新兴技术快速发展的今天,科技交叉融合带来知识前所未有的膨胀和加速,科学研究和人才培养的需求与模式发生了颠覆性的变化。这些给教师提出了全新的、更高的要求,也赋予了各级各类教师思想政治工作新的挑战。习近平总书记曾指出:"要给学生一碗水,教师要有一桶水,现在看,应该是要有一潭水。"④学生往往会信服业务水平高、善于融会贯通的教师,从而产生崇拜,这种信服与崇拜可以转化为学生学习某一学科强大的内在动力。教师若知识储备不足、视野不够,教学中必然捉襟见肘,无法游刃有余,就更谈不上质量。优秀教师要术业有专攻,以学术造诣开启学生的智慧之门。扎实的知识功底、过硬的教学能力、勤勉的教学态度、科学的教学方法是成为一名好老师的基本素质。

---

① 习近平号召全国广大教师做党和人民满意的好老师[J]. 人民教育,2014(18):6—7.
② 习近平号召全国广大教师做党和人民满意的好老师[J]. 人民教育,2014(18):6—7.
③ 中国青年网. 习近平:做好老师要有仁爱之心　爱是教育的灵魂[EB/OL]. (2014-09-10)[2023-03-15]. http://news.youth.cn/jsxw/201409/t201409105725832.htm.
④ 人民网. 习近平给好老师提四标准　至今记得老师们的样子[EB/OL]. (2014-09-10)[2023-03-15]. http://bj.people.com.cn/n/2014/0910/c233086-22255390.html.

四是有仁爱之心。习近平总书记提出,"教育是一门'仁而爱人'的事业"[①]。所谓仁爱之心,就是教师必须基于爱去处理各种教育伦理关系。这些伦理关系"既包括爱岗位、爱学生,也包括爱一切美好的事物"[②]。爱是教育的前提,没有爱就没有教育。因此,"好老师应该是仁师,没有爱心的人不可能成为好老师""教育风格可以各显身手,但爱是永恒的主题""爱是教育的起点,爱心是学生打开知识之门、启迪心智的开始"[③]。任何一名教师只有用爱才能开启学生心扉、进入学生的心灵,并使教育成为可能之事。这就要求"好老师要用爱培育爱、激发爱、传播爱,通过真情、真心、真诚拉近同学生的距离,滋润学生的心田,使自己成为学生的好朋友和贴心人"[④]。教师是有感情、有温度、有担当的教育践行者。好老师应该把自己的温暖和情感倾注到每一个学生身上,用欣赏增强学生的信心,用信任树立学生的自尊,让每一个学生都能够健康成长,让每一个学生都享受成功的喜悦。教育场域内的"爱"是一条无形的纽带,能架起师生情感的桥梁;爱是一把金光闪闪的钥匙,能开启教育成功的奥秘。尊重、理解学生,以人为本,关心爱护学生,让学生在关爱中成长,是教师建立良好师生关系的基本原则。

随后,他又对教师提出了"四个引路人"的要求。2016年9月,习近平总书记在北京市八一学校与教师座谈时,提出了四个"引路人"的期许:"广大教师要做学生锤炼品格的引路人,做学生学习知识的引路人,做学生创新思维的引路人,做学生奉献祖国的引路人。"[⑤]总书记将教师比作学生的"引路人",是对教师职业价值的极大肯定,"四个引路人"更加明确了新时代好老师的角色,将"四有"好老师的评价标准与学生成长成才更紧密地联系起来。

总之,学校教育不是也不能是工业流水线,每一个学生都是个性不一、成长环境不同的人,开展协同育人需要教师依据学生的个性特点给予合适的教育。新时

---

① 习近平. 做党和人民满意的好老师[N]. 人民日报,2014-9-10(002).
② 习近平. 做党和人民满意的好老师[N]. 人民日报,2014-9-10(002).
③ 习近平. 做党和人民满意的好老师[N]. 人民日报,2014-9-10(002).
④ 习近平. 做党和人民满意的好老师[N]. 人民日报,2014-9-10(002).
⑤ 习近平. 全面贯彻落实党的教育方针 努力把我国基础教育越办越好[N]. 人民日报,2016-09-10(001).

代扎实有效开展协同育人,办好人民满意的教育,需要充满爱的教师为每个孩子提供个性化的教育,用师爱激发每一个孩子的内驱力,用欣赏增强学生的自信,用尊重增强学生的自尊,用包容坚定学生的自爱,让每个学生都享受成功的喜悦,实现个性化成长。唯其如此,才能凸显学校在协同育人中的主阵地地位,发挥学校参与协同育人的主导作用。

(三) 社会教育"贵"在参与

现代教育涉及与社会的一系列复杂关系,教育是复杂社会系统中的子系统,对教育与社会关系的考察取决于我们对两者关系的认识与理解[①]。20世纪80年代以来,社会组织开始在国际社会蓬勃发展,并且很快就成为大至全球治理、小到社区治理的重要推动力量,而在当代中国"强国家、弱社会"的格局中,国家不仅掌握社会组织的合法地位和生存资源的获得,而且塑造了其参与教育治理的话语、结构与规则[②]。进入新时代,社会组织、社会机构已经成为我国教育改革不能再被忽视的教育力量。尤其是十八届三中全会提出"推进国家治理体系和治理能力现代化"的战略决策,"教育治理"成为"时代热词",政府、学校、社会发挥各自主体的力量,实现三位一体的力量凝聚,助力教育改革与发展,成为一种社会风潮和教育趋势。这既是协同育人理念产生的缘起之一,也是实践中落实大教育治理观的具象展现。

事实上,早在1999年6月中共中央国务院颁布的《关于深化教育改革全面推进素质教育的决定》已经明确指出,素质教育应当贯穿于学校教育、家庭教育和社会教育等各个方面[③],提出社会力量作为一种非正式的教育类型参与教育改革、实践育人的重要意义与价值。而2022年1月正式施行的《中华人民共和国家庭教育

---

① 范国睿,托马斯·S.波普科维茨.变化世界中的教育政策与教育改革[J].现代教育论丛,2021(3):3—13,93.
② 杜明峰.转型期我国社会组织参与教育治理:逻辑、实践与优化策略[J].教育发展研究,2021(10):40—49.
③ 中共中央、国务院.中共中央国务院关于深化教育改革、全面推进素质教育的决定[EB/OL].(1999-06-13)[2021-05-24]. http://www.moe.gov.cn/jyb_sjzl/moe_177/tnull_2478.html.

促进法》明确强调,"建立健全家庭学校社会协同育人机制"①,从法治意义上申明社会力量参与教育的必要性。其间,中共中央、教育部以及一些地方省市相继颁布一系列教育政策点明社会组织与机构参与教育改革与实践育人的意义与价值。因此,社会力量参与教育已经成为一种不可忽视的教育趋向与选择。

正是在这样的背景下,社会组织和机构(包括社区等)参与教育改革与发展渐渐成为一种必要选择。这些社会组织与机构包括我们日常或直接或间接接触到的教育科技公司、办事处(机构)、社区组织、各类社会团体、各类公益基金组织(包括教育基金会)等。随着国家治理理念的深入推进,社会组织与机构已经在有限的规制下渗透到社会综合改革的方方面面。

2023年1月,《教育部等十三部门关于健全学校家庭社会协同育人机制的意见》明确指出引入社会资源开展家校社协同育人学校有"三要":一是要主动加强同社会有关单位的联系沟通,建立相对稳定的社会实践教育基地和资源目录清单,依据不同基地资源情况联合开发社会实践课程,有针对性地常态化开展共青团和少先队活动、劳动教育、实践教学、志愿服务、法治教育、安全教育和研学活动等;二是要积极邀请"五老"、劳动模范、道德模范、时代楷模、各类精神文明先进代表、德艺双馨的艺术家等到学校开展宣讲教育活动;三是要充分利用共青团和少先队、关工委、科协、体育、文化和旅游等方面资源,通过"请进来、走出去"的方式,有效丰富学校课堂和课后服务内容,更好满足学生多样化学习需求②。

除此之外,社区要面向中小学生积极开展各种公益性课外实践活动,促进学生身体健康,增强社会责任感。各类爱国主义教育基地、法治教育基地、研学实践基地、科普教育基地和图书馆、博物馆、文化馆、非遗馆、美术馆、纪念馆、科技馆、演出场馆、体育场馆、国家公园、青少年宫、儿童活动中心等,要面向中小学生及学龄前儿童免费或优惠开放;常态开展宣传教育、科学普及、文化传承、兴趣培养和

---

① 新华网. 中华人民共和国家庭教育促进法[EB/OL]. (2021-10-23)[2022-05-20]. http://www.news.cn/legal/2021-10/23/c_1127988845.htm.
② 教育部等十三部门. 教育部等十三部门关于健全学校家庭社会协同育人机制的意见[EB/OL]. (2023-01-17)[2023-01-21]. www.moe.gov.cn/srcsite/A06/s3325/202301/t20230119_1039746.html.

实践体验等活动,并通过设立绿色通道、线上预约、开放日等方式,为学校、幼儿园组织学生及幼儿或家长带领子女来开展活动提供便利①。

随着我国经济社会的发展,社会精神文明建设已经取得了重大进步,与之相关的各种活动场馆建设也不断涌现。这些机构多带有公益性质,是优质的教育资源,它能够弥补当下学校教育局限在"书本知识"的有限性,扩宽学生的认知视野和实践场域,让学生在亲近社会的过程中认识社会,从而更好地融入社会,过上幸福美好的教育生活。

当前,以上海为代表的教育改革的前沿地区,对于社会资源的利用非常重视,尤其是在推动家校社协同育人过程中,已经将社会资源视作与家庭教育资源同等重要的地位,采取"引进来"与"走出去"相结合的方法,不断引入优质社会资源与教育(主要是学校教育)融合,营造高质量的育人环境。但是,也不能回避,在我国广大的相对欠发达地区,优质社会资源"贫瘠"现象严重,在家校社协同育人过程中,社会资源引入教育才刚刚起步,且发展步调迟缓,逐渐成为开展家校社协同育人的"洼地"。建议从"扬长"和"避短"两个方面下功夫:一方面,对于欠发达地区的社会组织(机构)建设给予支持,以"新建"和"改扩建"的方式,重点帮扶本地区具有发展潜力和发展优势的社会力量,引导其参与家校社协同育人。另一方面,针对地区短板,采取"引进来"的方式,政府统筹通过购买服务,让发达地区的社会力量支持欠发达地区协同育人实践,尤其是在教育数字化转型大背景下,可以通过信息技术手段,通过优质社会资源的跨区域传输,促进区域间教育的优质均衡发展。

要申明的是,这不意味着相对发达地区的社会资源利用是"尽善尽美"的。虽然上海等发达地区社会资源优势显著,但是社会资源的教育转化利用率有待进一步提高,所以要引入专业研究团队,通过理论与实践相结合的方式,提高社会资源的利用率,同时还要提前布局对于欠发达地区的辐射效用。

(四) 协同育人"要"有儿童立场

儿童立场是推动协同育人落地的核心理念,只有具有儿童立场,才能让各方

---

① 教育部等十三部门. 教育部等十三部门关于健全学校家庭社会协同育人机制的意见[EB/OL].(2023-01-17)[2023-01-21]. www.moe.gov.cn/srcsite/A06/s3325/202301/t20230119_1039746.html.

利益诉求达到平衡一致。协同育人研究要有儿童立场,站在儿童身心一体化发展的角度,认识儿童、发展儿童、培养儿童,让儿童在协同育人的大趋势中全面发展自己。古今中外的教育家的儿童立场都清晰地表达了这一理念的精髓。卢梭(Jean-Jacques Rousseau)的《爱弥儿》、裴斯泰洛齐的《自然进程》强调追溯人的自然状态,探寻人的自然法则,从人类历史出发去理解人性的问题[①],蒙台梭利(Maria Montessori)《童年的秘密》、苏霍姆林斯基《给教师的一百条建议》等经典名著都有关于儿童立场的理论和实践。

中国的教育家们同样关注和践行儿童立场。《三字经》中的"人之初,性本善;性相近,习相远"是对于儿童天性的一种朴素理解;陶行知的"生活教育"、陈鹤琴的儿童天性论、成尚荣的儿童立场有关论述以及谢维和在《小学教育原理》、严开宏在《童年的价值》中对于儿童的本体性解析,无一不显示教育儿童的前提是要"理解儿童"。协同育人是直接面向人的一种特殊事项,扎实有效地开展协同育人要对儿童的生理、心理以及其他社会属性有全面的理解。比如,陈鹤琴先生讲道:"现在的儿童,就是未来的主人。社会的进化,国家的繁荣,要看这些未来主人的品格才智如何而定。培养这些主人的品格才智,端赖优良的儿童教育,那么儿童教育的重要,自然不用再说了。"[②]这种儿童观是推进协同育人必须要坚持和践行的,有效的协同育人离不开"儿童立场",这也是本研究的立场之一。

一般来讲,儿童具有内在的、生长的活力,通过各种破坏性或者建设性的活动来表现和表达出来。儿童与成人的区别在于,儿童更有活力,在自由的环境中,他不会像成人一样满足于已有的经验,而是会不断地去活动和探索,去获得新经验[③]。观察儿童的生活可以发现,成人对儿童的教育除了利用规训之外,还偏好通过约定来实现。比如,家长与儿童约定,若夜晚早点休息周末就可以去游乐园;教师与儿童约定,若听从安排,月末评比会得到一朵小红花,等等。类似场景在儿童生活中常见不鲜,这是一种儿童教育现象,也是凸显儿童立场的一种重要表现。

---

① 罗瑶.何谓遵循儿童天性的教育?——基于裴斯泰洛齐的儿童天性观解读[J].教育文化论坛,2023(1):27—36.
② 北京市教育科学研究所.陈鹤琴全集(第二卷)[M].南京:江苏教育出版社,1989:873.
③ 程红艳.儿童自由与学校变革[M].北京:人民教育出版社,2012:99.

通常，儿童在具备自知和自愿的前提下生成知识和理解力是成人对于儿童的"教"，这是"教育"的定性标准。由于对儿童的可塑性缺乏应有认识，出于对儿童的畸形保护以及家长和监护人的完美主义期待，原本由儿童有兴趣或有能力承担的社会责任，家长或监护人替代儿童承担，进而产生对于儿童的责任侵犯，这种责任侵犯现象在当前我国儿童教育中很普遍。怀特海（Alfred North Whitehead）曾经说过："教育的成就取决于对诸多可变因素的精妙的调整，因为我们是在与人的思想打交道，而不是与没有生命的物质打交道。"[①]理性地讲，儿童并不是简单的不懂事的人，而是混沌的综合体，在不断与人交往中增长知识、丰盈内心、培育品格，是一种成长中、发展中的关系性存在。制度化的教育强调通过对于儿童的规训来达到特定的教育目的，功利主义倾向显著，是一种关注结果而疏于对过程和结果的关怀性考虑。这些是推进协同育人、坚持儿童立场有必要理解的"儿童知识"。

总之，教育作为最大的民生工程，自然是社会力量攻坚克难的重点领域与方向。协同育人的达成与成效取得，离不开社会组织与机构的参与，而具体到家校社协同育人的场域环境，则"社会教育重在参与"，它更多地起到的是一种辅助作用。我们要发挥社会力量的专业优势与特征，助力教育体系与结构优化，建立一种与协同育人时代趋势匹配、耦合的教育生态。

二、教育家的教育思想引领

2021年11月，联合国教科文组织（UNESCO）发布题为《一起重新构想我们的未来：为教育打造新的社会契约》（*Reimagining our future together: A new social contract for education*）的报告，报告的重点之一就是强调不同教育主体间用契约精神，协作践行并优化作为共同利益的教育，"合作"要成为教育实践的重要方法路径[②]。教育不是单一主体能够完成的育人任务，它需要多主体参与，以一种协同的方式实现多主体教育力量的凝聚，从而实现对于既有教育体系的优化重

---

① ［英］怀特海.教育的目的[M].庄莲平，王立中，译.上海：文汇出版社，2012：9.
② UNESCO. Reimagining our future together: A new social contract for education [EB/OL].
　（2021－11－10）[2022－11－16]. https://unesdoc.unesco.org/ark:/48223/pf0000379707.

整。家庭、学校、社会等教育参与主体对于教育的提质增效、内涵发展都负有不可回避的重要责任,推进家校社协同育人是新时代中国教育改革的重要命题,是提升新时代教育治理体系和治理水平现代化的重要力量。其中,新时代教育改革需要教育家精深教育思想的引领,而这些思想与构想,是推动教育改革与实践朝向纵深发展的关键力量。正是在这样的背景下,当聚焦与回溯陶行知、陈鹤琴、朱永新、于漪、刘彭芝等教育名家的思想,能够清晰地发现,协同育人已经成为这个时代必须要践行的教育思想。

"千教万教教人求真,千学万学学做真人"是陶行知的教育追求,"生活即教育""社会即学校"以及"教学做合一"是陶行知协同育人思想的构成要件。在陶行知看来,"不能解决问题的,不是真教育""逃避现实的不是真教育""真教育是心心相印的活动,唯独从心里发出来,才能打到心灵的深处"。

在《教育的新生》中陶行知强调:"不运用社会的力量,便是无能的教育;不了解社会的需要,便是盲目的教育。"想达到"真教育"的育人目标,家庭、学校和社会就不能各自为政,学校不能只做"考什么学什么"的应试教育;家庭不能只狭隘地望子成龙、望女成凤;社会组织更不能只考虑自身利益而忘记社会责任①。陶行知的学生陈鹤琴,在毕生的教育生涯中,不仅继承了陶行知的生活实践教育理想,更是身体力行,从自己的孩子的观察和养育开始,开创了现代中国家庭教育的先河,他在《家庭教育》中对于家庭教育和学校家庭社会协同育人进行了深入的实践论述,历经近一个世纪,该专著经久不衰,足可见其教育思想的力量。

朱永新认为:"在教育中,学校是专业机构,家庭和社区则是非专业单位。但是,学校、家庭和社区不是相互孤立的教育'孤岛',而是彼此联系、互相补充的'环岛'。在政府的引导下,家庭、学校、社区合作共育,将会达到最佳的教育状态。"②"家校社合作共育,能形成一个强大的教育磁场,让所有参与者实现精神共振,产生潜移默化的'不教之教'的良好效果,更有着辐射社会并提升全民素养的重要功效。激活这样的教育磁场,有利于家庭增强教育功能,促进家庭、家教和家

---

① 殷飞.学陶行知,做家校社协同真教育[N].中国教育报,2021-11-07(004).
② 朱永新.家校社合作激活教育磁场[N].人民日报,2019-06-05(004).

风建设;有利于学校建立现代学校制度,拓展教育教学资源,提升教育教学质量;也有利于师生、亲子和相关参与者共同成长。"①他自 2000 年起发起了新教育实验,并在全国进行了推广,一大批一线教师从中受益。福建省福州市闽清县东桥镇中心小学教师张秀明,扎根乡村 20 年,参与"新教育实验",创设了"跟着绘本学做妈"的家庭教育课程,通过专业阅读打通了家校联系,成为一线教师开展协同育人的示范。

2022 年 4 月 16 日,"中国家校社共育三十人论坛"在重庆召开,于漪在致大会的信件中讲道:"教育是国之大计、党之大计,为党育人、为国育才,是学校、家庭、社会共同肩负的使命。……家庭、学校、社会各司其职、形成合力、协同育人,就能创造良好的教育生态……呵护未成年人身心健康发展,幸福成长。"她还叮嘱每位教育人,"教育……既是科学,又是艺术,更要有正确的教育理念,博大的情怀和锲而不舍的毅力"②。

刘彭芝也指出,家庭教育具有不可替代的作用,对孩子的影响贯穿始终。家庭教育从教育家长开始,合格的、优秀的家长不是天然形成的,也需要为他们提供合适的教育。学校、政府、社会应形成合力,为每一个家庭提供家庭教育的相关知识和技能,这对当今的中国社会尤为重要③。

2022 年 10 月,党的二十大报告提出,"健全学校家庭社会育人机制""加强家庭家教家风建设"。家校社协同育人、家庭教育的时代重要性再次彰显,推进协同育人成为迈向教育新征程的重要一环。贯彻落实党的二十大精神,离不开对于"协同育人"主题的理论创生与实践转化。

顾明远先生讲道,"教育部门和学校应该进一步承担起引导和指导家庭家教家风建设的责任""每一个家庭成员特别是家长应该进一步承担起加强家庭家教家风建设的直接责任""家长要把爱孩子与严格要求结合起来,形成好的家风"④。

---

① 朱永新.家校社合作激活教育磁场[N].人民日报,2019-06-05(004).
② 《教育家》杂志社.中国家校社共育三十人论坛开幕,全国教育名家共话协同育人新机制[EB/OL].(2022-04-19)[2022-06-24].https://jyj.gmw.cn/2022-04/19/content_35669468.htm.
③ 刘彭芝.教书育人 100 句[M].北京:人民出版社,2020:159.
④ 顾明远.共同加强家庭家教家风建设[N].中国教育报,2022-10-30(004).

张志勇教授提出:"学习贯彻党的二十大精神,落实'健全学校家庭社会育人机制''加强家庭家教家风建设'的战略部署,各级党委政府必须统筹学校教育、家庭教育、社会教育协调发展。"①

孙云晓讲道:"强调健全学校家庭社会育人机制,就是各方面要完善各自的本质属性建设,并且形成知识教育、生活教育和实践教育协同育人的格局,建立一种相辅相成的合作关系。"②

刘华蓉也讲道:"今天成长在家庭中的孩子,就是党和国家未来的建设者和接班人,家庭、学校、社会都有责任教育、培养好他们。"③

上述教育领域的名家,已经对于家庭、学校、社会开展协同育人的意义、价值、必要性与可能性作了精辟论断。这些论断为家校社协同育人奠定了坚实的理论基础、指明了理性的实践方向。

"协同育人"的"人"指的是"学生",协同育人理论建构与实践展开以及制度建设,以促进学生全面发展为中心,连接家庭、学校和社会等育人参与主体,凝聚各类主体的教育力量,共同推进高质量育人。推进家校社合力育人没有旁观者和局外人,传统意义上学校是育人的主要场所,是联结家庭与社会、凝聚家校社教育合力的"中间枢纽",唯有学校教育有所作为方才可能实现家校社合力育人。

第二节　协同育人的制度建构

根本上讲,制度是关于社会利益分配的普适性规则体系,它的存在是以调节利益分配为目的的,社会制度的善德在于公正,公正是制度的首要德性④,制度公正是好社会的基本要求、底线要求,是"制度规范"是否"有理"的重要检验标准之一。遵此逻辑,协同育人的完成需要制度建构保障协同育人实践有序且有效地推进。从当下协同育人的学术研究与具体实践可以发现,协同育人主要是在政策引

---

① 张志勇.统筹学校、家庭、社会教育协同育人[N].中国教育报,2022-10-30(004).
② 孙云晓.让家庭教育回归与创造美好生活[N].中国教育报,2022-10-30(004).
③ 刘华蓉.站在国事的高度办好家庭教育[N].中国教育报,2022-10-30(004).
④ 李志江.制度公正与社会和谐[J].道德与文明,2006(1):51—55.

导下、法律规约下展开的,"政策引导"与"法治依据"构成协同育人的制度建构的"双翼"。为此,这一节主要围绕"协同育人的政策引导"与"协同育人的法治依据"展开论证。

一、协同育人的政策引导

教育政策的"内容"是教育政策研究"主题"的重要来源,现时期重大的教育政策理论或实践创新多源起于教育政策实践转化的需求与驱动。家校社协同育人是我国教育综合改革一直持续关注的重要议题,也是教育政策制定、颁布与实施着重强调的关键内容。协同育人相关研究的展开、实践、推进很大程度上是在政策引导下完成的。因此,理解协同育人的制度架构,要首先澄明协同育人的政策引导。

1999 年 6 月,《中共中央国务院关于深化教育改革全面推进素质教育的决定》强调,"素质教育应当贯穿于学校教育、家庭教育和社会教育等各个方面""学校、家庭和社会要互相沟通、积极配合,共同开创素质教育工作的新局面"[①]。这可以看作我国学校、家庭和社会协同育人政策的开端。这里有必要明示,素质教育不是学校一家之事,从它本身的教育类别划分与属性特征来看,素质教育是一种人的全面发展的教育,它指向的是人在各个领域都能适应和满足对于人的发展性的期待和需求。因此,开展素质教育,培养学生的素质全面发展,是家校社协同育人的价值所指与根本归属。

以"德"立身、以"德"为本是新时代我国教育的典型性特征,而其在中小学教育领域尤为明显和显著。2017 年 8 月,教育部印发《中小学德育工作指南》进一步明确指出:"坚持协同配合。发挥学校主导作用,引导家庭、社会增强育人责任意识,提高对学生道德发展、成长成人的重视程度和参与度,形成学校、家庭、社会协

---

① 中共中央、国务院. 中共中央国务院关于深化教育改革,全面推进素质教育的决定[EB/OL].(1999-06-13)[2021-05-24]. http://www.moe.gov.cn/jyb_sjzl/moe_177/tnull_2478.html.

调一致的育人合力。"①

2017年9月,中共中央办公厅、国务院办公厅联合印发的《关于深化教育体制机制改革的意见》强调:"加强学校教育、家庭教育、社会教育的有机结合,构建各级党政机关、社会团体、企事业单位及街道、社区、镇村、家庭共同育人的格局。"②这里强调的是教育改革与发展没有局外人和旁观者,学校教育、家庭教育、社会教育是内在相通勾连的统一体,三者之间的统合是协同育人的基本要求与实践归属。

2023年8月,教育部、国家发展改革委、财政部联合印发的《关于实施新时代基础教育扩优提质行动计划的意见》明确提出:"全面推进协同育人。推动形成政府统筹协调、学校积极主导、家庭主动尽责、社会有效支持的协同育人格局,落实各方相应责任及沟通机制。推广使用家庭教育指导手册,开展家庭教育主题宣传周活动,研发家庭教育指导课程,提升教师家庭教育指导能力,加强社区家庭教育指导服务站点建设。"③这一政策的出台,再次确证在这个时代强化协同育人的意义,凸显凝聚学校、家庭、社会教育资源,构建家校社协同育人的新格局在这时代的必要性与可能性。

当下的教育正在遭遇越来越多的教育政策的规限。曾经,有学者在《光明日报》上发文指出,进入新时代,教育政策的频繁出台,已经成为一种新的教育政策现象④。而最近也有学者发文指出,过去十年,从学前教育、义务教育、高中教育等学段,中共中央、国务院的教育文件,已经完成了基础教育全域性的顶层设计⑤。

---

① 教育部. 教育部关于印发《中小学德育工作指南》的通知[EB/OL]. (2017-08-22)[2021-05-24]. http://www.moe.gov.cn/srcsite/A06/s3325/201709/t20170904_313128.html.
② 新华社. 中共中央办公厅 国务院办公厅印发《关于深化教育体制机制改革的意见》[EB/OL]. (2017-09-24)[2021-05-24]. http://www.gov.cn/xinwen/2017-09/24/content_5227267.htm.
③ 教育部,国家发展改革委,财政部. 教育部 国家发展改革委 财政部关于实施新时代基础教育扩优提质行动计划的意见[EB/OL]. (2023-08-16)[2023-09-24]. http://www.moe.gov.cn/srcsite/A06/s3321/202308/t20230830_1076888.html.
④ 刘博超. 教育政策密集出台成研究新热点[N]. 光明日报,2019-07-03(010).
⑤ 郅庭瑾. 新时代基础教育治理的中国经验[J]. 中国教育学刊,2022(9):58—64.

因此,现在的教育政策,已经在教育领域全面渗透。这里不评价这种现象的好与不好,但是我们要意识到,新的政策、新的指示,甚至新的行政命令,都会对我们的教育组织变革及其环境建构产生深刻影响。

建设高质量教育体系是"十四五"期间我国教育综合改革的战略目标与行动路向。健全学校家庭社会协同育人机制,扎实推进家校社协同育人机制建设是建设高质量教育体系的关键一环。进入新时代,教育真正进入了家校社协同育人时代,强调家庭、学校与社会三位一体协同育人具有十分重要的战略意义。家庭、学校、社会关涉的教育参与主体对于教育的提质增效、内涵发展都负有不可回避的重要责任,推进家校社协同育人是新时代中国教育改革和社会和谐发展的重要命题。

二、协同育人的法治依据

"依法治国"是我国社会治理的基本遵循,法律是规范公民社会生存行为、打造社会主体交往秩序的根本性法则,任何人都不能以任何理由逾越"法纪",超越任何法纪的任何行为都要受到合法的惩戒[①]。在依法治国、依法治校的背景下,只有在尊重法理的基础上处理师生冲突的方案才能让冲突各方信服。其中,凝聚家校社育人合力的前提是了解家庭、学校和社会等关涉主体对于教育的满意程度,而这种满意度直接关系到家校社育人合力的生成。

2014年全国妇联率先向全国政协提出立法规划后,2017年时任全国人大常委会委员、前全国妇联副主席陈秀榕联合胡季强、郭新志等92位代表再次提出制定家庭教育法的议案,并以全国妇联的名义向全国人大提交《关于将家庭教育立法纳入全国人大立法计划的建议》[②]。

2016年5月,重庆市人大发布《重庆市家庭教育促进条例》。截至2022年2月,全国共有10部家庭教育地方立法,分别由湖北、湖南、安徽、福建、浙江、江苏、

[①] 胡旭晟.守法论纲——法理学与伦理学的考察[J].比较法研究,1994(1):1—12.
[②] 刘大伟,周洪宇.《中华人民共和国家庭教育促进法》的政策议程分析——基于多源流模型的视角[J].教育学术月刊,2022(1):3—10.

江西、山西、贵州和重庆市人大发布,均为省级地方性法规,而不能回避的是,现行家庭教育地方立法存在同质化现象严重、地方特色不足,职责关系、监督和责任机制不明确,倡导性、模糊性条款过多,针对性和问题导向性不足,立法修订、清理不及时等问题①。

2021年9月,国务院印发《中国儿童发展纲要(2021—2030年)》,提出要完善家庭生育养育教育的法律法规政策体系,推进家庭教育立法。2021年10月23日,十三届全国人大常委会第三十一次会议通过了《中华人民共和国家庭教育促进法》,明确强调"各级人民政府指导家庭教育工作,建立健全家庭学校社会协同育人机制"。② 要注意的是:协同育人不仅是教育政策的要求,也受到相应的法律规范的限制,《中华人民共和国家庭教育促进法》的出台,给家校社协同育人提供了法律依据和实践指引,是从法制的角度赋予协同育人以法律基础。至此,探索家校社协同育人治理具有更坚实的法治依据与法治基础。这样的背景下,立足区域实践基础,探索家校社协同育人的治理可谓是恰逢其时。

正如朱永新所说:"《中华人民共和国家庭教育促进法》不仅是一部具有约束力的法律文本,也是一部生活化的家庭教育普及读本,值得广大父母认真学习。"③要强调的是,这部法律明确了中国家长身上肩负的重担,即"承担对未成年人实施家庭教育的主体责任"。

2021年11月,四川省泸州市叙永县设立全国首个涉诉的未成年人家庭教育指导工作站,这预示着家庭教育指导已经上升为法治层面,家庭教育已经不再是"一家私事"。要注意的是,尽管现在已是"依法带娃,家事变国事"的时代,但家庭教育始终由家长自己承担,家庭教育令主要针对"生而不养、养而不教、教而不当"的现象,上述情况恰恰体现家长不能履行家庭教育的主体责任。《中华人民共和国家庭教育促进法》对破解家长给孩子过度施加学习压力、留守儿童等问题也都

---

① 张健,陈琳.家庭教育地方立法的质量评估与完善路径研究[J].上海教育科研,2022(12):19—24.
② 新华网.中华人民共和国家庭教育促进法[EB/OL].(2021-10-23)[2022-05-20]. http://www.news.cn/legal/2021-10/23/c_1127988845.htm.
③ 朱永新.家庭教育促进法是生活化的家教读本[N].中国教育报,2022-05-22(004).

有重要意义①。2022年1月1日,《中华人民共和国家庭教育促进法》正式实施当日,一名未成年罪犯的父亲收到江苏省盱眙县人民法院的"指导令",被要求到法院接受家庭教育指导,内容包括"如何帮助未成年子女重新认识自我并尽快改正错误"②。2022年1月6日,湖南长沙市天心区人民法院审理了一起抚养权变更纠纷,并针对监护人监护失职的情况,发出了《中华人民共和国家庭教育促进法》生效后的全国首份家庭教育令③。

这一系列的事关家庭教育的法治事件,其间传递出的信息是,家庭教育不能局限在"私权"领域进行讨论。《中华人民共和国家庭教育促进法》的出台初心是引导全社会注重家庭、家教、家风,家长打骂儿童的行为将被视为家庭暴力,对未成年人实施家庭暴力,将依照《中华人民共和国未成年人保护法》《中华人民共和国反家庭暴力法》等法律的规定被追究法律责任。家长违反法律规定,构成违反治安管理条例行为的,由公安机关依法予以治安管理处罚;构成犯罪的,依法追究刑事责任④。

事实上,《家庭教育促进法》是国家有关家庭教育事务的法律规范,是处理家庭教育事务的基本要求、最高准则,它的出台,一方面为家庭学校社会协同育人提供了法律依据,另一方面让"家庭教育"由传统"家事"上升为新时代"国事"⑤。2020年,笔者在参加《中华人民共和国家庭教育促进法》起草座谈时了解到,其出台的过程并不平静,其中也有一些争议的焦点,比如,关于"父母不履行教育责任时如何担责"的条款就有不少争议和周折,至少与其他部门法相比强制性就显得

---

① 南方周末.家庭教育促进法处罚了家长,然后呢?[EB/OL].(2022-05-19)[2022-05-22].https://mp.weixin.qq.com/s/QcueFhz2sNwY6WJ0V81GAw.
② 南方周末.依法带娃照进现实:家教没做好,国家要管的[EB/OL].(2022-01-14)[2022-05-06].https://static.nfapp.southcn.com/content/202201/14/c6133841.html.
③ 南方周末.依法带娃照进现实:家教没做好,国家要管的[EB/OL].(2022-01-14)[2022-05-06].https://static.nfapp.southcn.com/content/202201/14/c6133841.html.
④ 上游新闻.《家庭教育促进法》正式实施,重庆一年前已有家长被发禁令[EB/OL].(2022-01-05)[2022-05-06].https://baijiahao.baidu.com/s?id=1721088231282605394&wfr=spider&for=pc.
⑤ 骆风,王连森.由传统"家事"上升为新时代"国事"——《中华人民共和国家庭教育促进法》解读[J].社会治理,2022(2):76—78.

要柔和很多,这是由"家庭"和"父母"这个特殊对象所决定的。

2022年4月,《义务教育课程标准(2022版)》正式印发,"新课标"的诞生预示着新一轮的教育改革即将开始。再加上"新教材"运用的全面铺开,单靠学校教育的力量已经无法适应时代发展对于教育的需要与期待。"双减"遇上"双新",为建设高质量教育体系提供了抓手,指明了前进路向,亟待家庭、学校、社会发挥自身专业优势,贡献自身专业智慧,形成教育合力以实现协同育人的时代目标。

总的来讲,"双减"连同"双新"与《中华人民共和国家庭教育促进法》都在强调家校社协同育人的时代诉求与现实意义,无论是从政策层面还是从法律层面,都可以说:家校社协同育人是新时代我国教育改革的必要选择和未来路向。

第三节　协同育人的多元实践

"协同育人"是一项重要的教育发展战略,既具有深厚的历史传统,也兼具贴合未来的教育智慧。当下,随着协同育人相关法律与政策的下达,各地区都在探索具有地方特色的协同育人实践,至今已经呈现百花齐放的多元景象。同时,2023年1月印发的《教育部等十三部门关于健全学校家庭社会协同育人机制的意见》明确指出,"近年来,各地积极探索推进学校家庭社会协同育人,取得了明显成效,但还存在职责定位不够清晰、协同机制不够健全、条件保障不够到位等突出问题"[1]。因此,理解协同育人的实践本意与价值意义,必须要明晰协同育人的多元实践。2023年3月13日,李强总理在新一届政府首次记者会上直言:"我长期在地方工作,有一个很深的感受,坐在办公室碰到的都是问题,下去调研看到的全是办法,高手在民间。"这一节无法全景式地展现我国天南海北各个地区的协同育人探索,仅以苏州、南京、潍坊、成都、保定、弋阳等地区为例,概要式呈现各地协同育人的多元实践。

---

[1] 教育部等十三部门. 教育部等十三部门关于健全学校家庭社会协同育人机制的意见[EB/OL]. (2023-01-17)[2023-01-21]. www.moe.gov.cn/srcsite/A06/s3325/202301/t20230119_1039746.html.

一、协同育人的苏州实践

古语有云:"上有天堂,下有苏杭。"苏州作为历史文化名城,有着深厚的历史及文化基础,丰厚的文化底蕴孕育出独具苏式风格的协同育人区域探索与实践,呈现出协同育人的"苏式智慧"①。

2022 年 5 月 10 日,苏州市教育局发布了苏州市委教育工委书记、市教育局局长周志芳撰写的一篇题为《高品质构建家校社协同育人共同体打造新时代苏式家庭教育金字招牌》的文章,具体展现了苏州市开展家校社协同育人的主要实践行动。文章指出,苏州具有深厚的重视家庭教育的优良传统,进入新时代,苏州市秉持"共筑意识、家园意识、实践意识、生态意识"理念,推行中小学家庭教育课程项目,创造出三条引领全国之先的"三大行动",构建出苏式家庭教育新样板、新示范。②

一是家庭教育课程体系建设行动。加快修订完善《苏州中小学家庭教育指导大纲》《苏州中小学家庭教育家长读本》,充实"家庭教育视频资源库",拓展家庭教育线上学习平台课程内容,构建和完善"规范性学科课程、生成性跨界课程、浸润式体验课程"三类课程,打造具有苏州样态的家庭教育新课程体系③。

二是家校合作共同体建设行动。以全面构建"线上线下互联、教师全员参与、妇联干部联合、覆盖所有家庭、关注特殊群体"的家访工作新机制为导向,加强"一张家访清单、一次访前培训、一份家访档案、一项跟进指导"的"四个一"标准化、规

---

① 要申明的是,下文"苏州""南京""成都"和"弋阳"的基础性材料转引自四个地区相关领导报告、新闻报道或者政策文本。为了尽可能贴近这四个地区的真实场景与情境,本文的相关内容尽可能保留了原初文稿的表述及本意。
② 苏州市教育局.高品质构建家校社协同育人共同体打造新时代苏式家庭教育金字招牌[EB/OL].(2022-05-10)[2022-09-14]. http://jyj.suzhou.gov.cn/szjyj/jyyw/202205/17593a6daa174fae98a03e93d912f759.shtml.
③ 苏州市教育局.高品质构建家校社协同育人共同体打造新时代苏式家庭教育金字招牌[EB/OL].(2022-05-10)[2022-09-14]. http://jyj.suzhou.gov.cn/szjyj/jyyw/202205/17593a6daa174fae98a03e93d912f759.shtml.

范化建设,推动联合家访驶入"快车道"①。

三是家庭教育保障和服务体系建设行动。大力推动将家庭教育指导服务纳入城乡公共服务体系和政府购买服务目录,将相关经费列入财政预算,鼓励和支持以政府购买服务的方式提供家庭教育指导②。

周志芳的论述,从宏观的角度呈现了苏州市在推进家校社协同育人方面的宏观布局、顶层设计,让我们看到了苏州市对于协同育人的重视程度以及发展重心。同时,要意识到,宏观的布局离不开具象的实践支持,苏州科技城实验小学校的家校社协同育人实践展示了在一所微观学校场域内,学校如何将协同育人落实到具体的学校行动之内。

2015年,苏州科技城实验小学校作为苏州市首批开展家庭教育的项目学校,开始了家庭教育指导的探索③。

一是设置家庭教育陪育师。家长是孩子成长最亲密的"伙伴"跟"朋友",为了让家长能够全身心地"陪伴"孩子的健康成长,学校主张"陪运动、陪阅读、陪做家务"的家庭教育生活化指导,奉行"好好生活就是教育"的育人理念,凝结亲子之间"爱的力量",提高家长对于家校合作、协同育人的参与度,密切亲子关系的同时增进家校之间的互动与关联。

二是设置自助式学习生态圈。事实上,学校不可能兼顾到对每一位家长的家庭教育指导服务而设置课程,让家长之间"切磋、琢磨",相互学习就成为家长专业学习家庭教育的重要路径。因此,学校创设"陪育师"课程生发的家庭教育互助社群,家长之间可以进行一些家庭教育经验的交流。其间,"家庭教育名师工作室"

---

① 苏州市教育局.高品质构建家校社协同育人共同体打造新时代苏式家庭教育金字招牌[EB/OL].(2022-05-10)[2022-09-14].http://jyj.suzhou.gov.cn/szjyj/jyyw/202205/17593a6daa174fae98a03e93d912f759.shtml.
② 苏州市教育局.高品质构建家校社协同育人共同体打造新时代苏式家庭教育金字招牌[EB/OL].(2022-05-10)[2022-09-14].http://jyj.suzhou.gov.cn/szjyj/jyyw/202205/17593a6daa174fae98a03e93d912f759.shtml.
③ 中国网教育.与家长同行的家庭教育指导探路者——苏州科技城实验小学校[EB/OL].(2022-03-21)[2022-09-14].https://view.inews.qq.com/k/20220321A07PRO00?web_channel=wap&openApp=false.

的老师们参加了大量家庭教育指导研讨,让家长帮助家长。

三是设置"心灵驿站研修班"课堂。2020年,学校和首期陪育师课程家长共创的成果《家庭教育陪育师:父母成长新课堂》一书出版后,陪育师家长们还利用学校搭建的平台,自发组织了读书会、聊天吧和公益课堂等。陪育师课程帮众多家长解决了困惑,也让探讨家庭教育经验成为家长们的爱好和交往方式,形成了自然生长的学习生态圈。

苏州科技城实验小学校一直坚持认为,温暖空间由家庭与学校携手共建,唯有如此才能让儿童有一个完整而幸福的童年。因此,推动家庭教育、学校教育的协同,并引入社会力量参与育人实践,构建协同育人的良好生态,是为孩子营造良好的成长环境不可或缺的重要一环。

二、协同育人的南京实践

六朝古都"南京"具有丰富的文化积淀,南京市开展协同育人的历史悠久、底蕴丰厚,陈鹤琴、陶行知等历史名家都曾在南京推行其育人理念与实践,其间就包含着"协同育人"的构想。正是在这些文化名家的引导下,南京市开展了一系列关于协同育人的具象探索。

为了不断提高鼓楼区家庭教育指导服务水平,凝聚不同教育主体的教育合力推动《中华人民共和国家庭教育促进法》落地见效,南京市鼓楼区人民政府成立"鼓楼区家庭教育指导委员会"。该指导委员会按照《中华人民共和国家庭教育促进法》中规定的职责,完善了政府主导,区教育局、区妇联具体实施,其他各职能部门依法履职的鼓楼区家庭教育指导架构。指导委员会设立家庭教育指导专家智库,聘请了一批在省、市有影响力的家庭教育专家担任智库首批专家①。

---

① 鼓楼教育在线.有思考有行动!鼓楼这场推进会,开启家校社协同育人新征程![EB/OL].(2022-05-15)[2022-09-14]. https://mp.weixin.qq.com/s?__biz=MzUxMzY4NzYyOQ==&mid=2247524125&idx=1&sn=bfb51bddd23a10dc25048ab827843300&chksm=f953b63fce243f2965675155173e835e852e74dbcdaeac03aa15d5d52379bfebe9862dda7c0c&scene=27.

鼓楼区通过"一间教室＋一个行动"为家长赋能,借助专家智库的力量成立"教育系统家庭教育指导中心"和"家校协同"工作室,形成"一个家长总校＋百分百家长分校"的区域家长学校网络。在区家长学校总校引领下,全区各中小学积极搭建校级家长学校平台,开展了丰富多彩和颇具校本特色的家庭教育指导活动。打造"一支指导师队伍＋一批学校指导员"的专业化队伍,由区内具备国家级家庭教育指导师资质的教师担任区域家庭教育指导师,具体指导和培训学校家庭教育工作,全区2000余名班主任将成为家庭指导员①。

南京市栖霞区妇联在省"父母成长计划"试点工作的基础上,通过实施"三全"社区家庭教育支持行动,有力提升了家庭教育指导服务示范社区建设水平,构建完善了线上线下相结合、全渠道、全阶段、全领域的具备专业指导能力和专业咨询水平的家庭教育指导服务体系,探索了一条以妇联为主体、多方资源共建推进社区家庭教育工作落地做实的特色路径②。

紧扣父母与孩子共成长理念,栖霞区妇联选取燕子矶街道幕府山庄、太平村、化纤新村三个社区作为试点,开展家庭教育指导服务,通过社区氛围营造、建立家庭档案、绘制家教地图、招募家教志愿者、组织主题活动,形成了一套以社区为中心的"三全"家教工作推进模式。其中,栖霞区妇联十分关注特殊儿童的成长。在南京市妇联支持下,开展"同在阳光下——栖霞区特殊儿童心理关爱"公益项目,选派专业心理教师团队对栖霞区特殊教育学校残疾儿童进行精准心理测评分析和个性化心理辅导,让他们重建自信自尊③。

---

① 中国新闻网. 南京试点家校社合力打造协同育人第三间教室[EB/OL]. (2022-05-17)[2022-09-14]. http://js.ifeng.com/c/8G3trgbL0D4.
② 江苏妇联. 南京市栖霞区妇联:家校社共育,推动三全家庭教育落地开花[EB/OL]. (2022-05-10)[2022-09-14]. https://baijiahao.baidu.com/s?id=1732452438140024762&wfr=spider&for=pc.
③ 江苏妇联. 南京市栖霞区妇联:家校社共育,推动三全家庭教育落地开花[EB/OL]. (2022-05-10)[2022-09-14]. https://baijiahao.baidu.com/s?id=1732452438140024762&wfr=spider&for=pc.

三、协同育人的潍坊实践

地处山东半岛、具有浓郁的齐鲁文化底蕴的山东省潍坊市,在 2002 年就启动了"亲子共成长"工程。20 多年来,逐步形成了区域一体化推进家庭教育工作和协同育人工作的模式和经验。其最经典的行动有"四个首创",设立首个家庭教育科的地方教育局、首个家庭教育综合服务平台、首个在民政部门注册成立的中小学家长联合会、首个国家标准委认证的家庭教育指导师团体标准。潍坊市形成了以"政府主导、专业引领、课程推进、主体联动"为核心内容的"学校家庭社会协同育人城市模型"。综合相关信息和实地考察调研,研究者提出了协同育人潍坊"三部曲"。[①]

潍坊经验之一:让家长从"跟随者"变为"同行者"。唤醒和引导父母作为教育主体的意识,为家长设计成长课程,让家长从教育的"跟随者"成为"同行者"。潍坊市从市到县(区),持续高频地开展家庭教育专家报告会,将家长课程开课机制常态化,不断对家长进行唤醒启蒙,推广普及家庭教育理念。诸城市立足社区落实家庭教育服务,积极开展家庭教育理念的传播;寿光市教体局遴选优秀家庭教育教师组成校家社共育巡讲团,让学校通过订单式预约宣讲团成员到校宣讲;青州市多所学校校长亲自带领做家庭教育项目;奎文区针对家庭教育涉及范围广、涉及面丰富,学校虽然把家庭教育指导服务纳入了工作计划,但由于各自条件有限,往往存在各自为战、资源不均衡、课程设置不科学、家长参与度不高等问题,按照"全区统筹管理、学校均衡发展"思路,建设了拥有专门办公场所的奎文区家长学校,并以此为基础,建立"区家长学校总校—各中小学、幼儿园家长学校分校—各年级—各班级"四级管理层级,统一组织活动、统一编制课程、统一调配教师,打破学校界限,实现区域内资源统管、人才统筹、课程统一。奎文区的这些举措推动了"单校作战"向"区校一体"转变,实现了各类资源的整合和使用效益最大化。

如今在潍坊,孩子未入学、家长先入校,逐渐成为特色教育景观。开展普及性

[①] "潍坊经验"是笔者根据近两年《中国教育报》以及其他媒体,对于潍坊市开展家校社协同育人的相关新闻报道材料提炼、汇编而成。

课程、针对性课程、社会性课程和线上课程,实现校内校外、线上线下、城市乡村、0—18岁全覆盖。在开发普及性课程方面,潍坊实施家长全员培训,在全市中小学、幼儿园设立家长学校,提出一年四次八课时的课程标准,同时制定《潍坊市家长课程标准》,研发《牵手两代——幸福路上》家长课程资料。

潍坊经验之二:让家长从"门外汉"成为"专业户"。潍坊在普及性课程基础上,针对家长个性化的"需求侧",持续优化课程"供给侧"。抓住关键时间节点,开设"寒假陪伴与成长""传统文化与春节""开学季"等专题课程,解决在校家共育和孩子成长过程中家长的困扰。研发集家庭教育"课程、咨询、测评、家校沟通和数据管理"功能于一体的家长课程平台,免费开放线上课程,实现了全市家长人人有账号、人人可参与、人人能享受的"订单式"学习。

帮助家长有针对性地提升家庭教育素养,全市已成立3批共55个市级家庭教育名师工作室和57个县级名师工作室。中小学、幼儿园校内设立家庭教育指导师岗位,按照1∶500的师生比配备。如今,家庭教育名师工作室在潍坊遍地开花。

潍坊经验之三:让教育的"满天星"聚成"一团火"。潍坊在顶层设计上,打出组合拳,让支持教育的校家社力量汇聚起来,从"满天星"聚成"一团火"。市县层面,2017年,潍坊市政府批准市教育局内设家庭教育科,负责全市家庭教育工作;2022年,成立潍坊市校家社共育工作委员会,由潍坊市教育局牵头,宣传部、政法委等30个部门群策群力,提升教育公共服务的覆盖面、精准度和时效性。学校层面,校校成立家长学校,建立家庭教育工作校级、年级、班级三级家长委员会制度。同时,全市中小学、幼儿园设立家庭教育总协调员。社会层面,社区成立社区家长学校;2014年,成立潍坊市中小学家长联合会,指导各级中小学(幼儿园)家长委员会建设和家校共育活动开展;设立社区教育服务岗,聘任社区教育协调员,处理教育在社区的大小事宜。

与此同时,潍坊建立起立体综合的家庭教育评价体系,建立督导评价、家长满意度调查、政策激励、示范引领和家长课程巡课视导等制度。

四、协同育人的成都实践

"火热"的四川有独具特色的"川式"教育,对于协同育人也有着自身独特的探索与实践。作为"天府之国"的成都,展开协同育人已经有多年的历史,尤其是天府新区与青羊区,既具有宏观的顶层设计,又具有具体的教育实践,从理论与实践的双重维度,呈现了协同育人的"成都样本"。

为兼顾不同层次、不同家庭的家长需求,2021年,四川天府新区社区治理和社事局面向新区各中小学幼儿园家长开展家庭教育专项问卷调查。针对问卷调查中暴露出的家庭结构复杂化、家庭问题多元化、家长需求专业化等问题,天府区制定《关于加强四川天府新区家校社协同育人三年行动计划(2022—2024)》,旨在通过开展家校社协同育人工作,进一步提升新区家庭教育水平,营造良好的家校社共育场景;提高社区居民综合素养和育人能力,树立终身学习意识,培养学习型家庭,构建学习型社区;广泛动员学校和社会力量,加强家庭教育指导服务阵地建设,搭建家校社联动网络,到2024年初步形成政府主导、家庭尽责、学校支持、社会参与的家校社协同育人机制,为学生全面发展提供科学的全域成长场景,从而实现科学育人、健康育人、协同育人[1]。

青羊区多年耕耘,探索出全域推进家校社协同共育的"青羊模式"[2]。为解决家庭教育指导服务内容要素不系统、缺乏专业支持的问题,青羊区家庭教育指导中心集结了教育学、管理学、心理学、法学、医学、社会学等多领域的专家,打造出一支"跨界专家团队",协同四川省委宣传部、四川省社科联青少年性教育普及基地、西南民族大学等多家专业机构的力量,共同开发相关课程,实现了家校社共育的专业化建设。同时,青羊区家庭教育指导中心在全国首创了家庭教育星级评价标准,独创了"家长+家委会+学校"的家庭教育星级机制,充分发挥评价的导向作用。

---

[1] 网易新闻.如何做好家庭教育?天府新区积极构建家校社协同育人模式[EB/OL].(2022-07-22)[2022-09-14]. https://www.163.com/dy/article/HCSGMV0D05366AT6.html.
[2] 中国网.1+1+1>3 成都市青羊区:全域推进家校社协同共育的青羊模式[EB/OL].(2022-03-16)[2022-09-14]. http://edu.china.com.cn/2022-03/16/content_78111595.htm.

五、协同育人的保定实践

河北省保定市是历史上直隶所在地,在建国后很长一段时间是河北省省会,白洋淀的故乡,具有丰富的教育文化底蕴。在推进教育事业高质量发展过程中,形成了家校社协同育人的好传统。

基础教育系列中,不可忽视也是给予太多期待的是高中教育,而更多的证据表明,恰恰是高中阶段的家庭教育缺失比较严重。更为现实的情况是,河北省普通高中,基本上全部采取寄宿制、封闭式办学,即便学生家住校园周边也不能走读,阻断了传统的家校合作。随着新高考强调探究式学习、自主性培养、综合素质养成等,普通高中需要更加灵活的学生培养环境,这与"封闭式""缺少家庭参与"的办学存在偏差,再加上现如今青少年学生处在应对高考的重要人生阶段,心理问题容易滋生。因此,一直关注高中家校协同育人的保定三中,借力人大附中对口联建,引入人大附中领导专家团队合作,保定市委市政府给予保定三中较大的办学自主权和资源支持的契机,因势利导,提出"家园陪伴式学校"建设构想。以新建成的保定三中竞秀校区为基地,以完善家园陪伴中心建设为契机,开展了家园陪伴式学校建设的探索。

保定三中提倡的"陪伴"是开展协同育人的内核,"陪"是手段,"伴"才是目的,"陪伴"是一种双向的情感输出与互动,是一种指向师生情感的共生、共成长的教育新探索,要提炼具有保定特色、三中特色的"方法"与"模式"。其中,陪伴不一定在固定场所,还可以在教室、校园,陪伴发生在学生生活的各个方面,课堂要有,课后的休息娱乐等也需要陪伴。由各个学科的科任教师(班主任)联合,可以经常开设一些主题班会,让学生讲讲心里话。

五、协同育人的弋阳实践

江西是一个人口大省,也是一个教育大省,对于协同育人,拥有丰富的县域实践探索和经验。江西在全国较早地开展了家校合作教育改革的区域性试验。作为江西省家校合作两个区域试点县之一,从 2013 年开始,弋阳县率先开展制度化家校合作的专业研究与实践探索,立足县域的教育基础,创造性地提出了"以良好的校风影响家风改变民风"的新思路,引导弋阳县社会各界人士,参与、支持县域协同育人教育改革与发展工作,较好地构建完成家校社"三位一体"的共育体系与结构[①]。

协同育人的弋阳实践,得到了《中国教育报》《人民政协报》的重点关注,教育部官网重点推介了弋阳立足县域教育传统与发展基础。弋阳开展的贴合县域教育实践需求的协同育人实践,在国内产生了较为广泛的教育影响和社会影响,具有一定的标杆作用。通过对于相关报道的资料研习发现,江西弋阳开展家校社协同育人的教育实践主要包括三个方面的主要内容,分述如下。

首先,重建家校信任。早在 2016 年,为了响应江西省教育厅"万师访万家"的号召,弋阳县中小学教师通过主题家访、假期家访、特殊家访和夜间家访,全县所有学校 93.2% 的老师参加了家访,92.27% 的学生至少被家访过一次[②]。在弋阳,师生之间、家校之间和睦相处,家长已经成了学校的常客,参与学校食堂卫生检查、运动会保卫、考试监考、文艺汇演、颁奖典礼等管理工作,老百姓对教育的信任重新回归了[③]。

其次,把家长变成学校合伙人。家长和学校应该是合伙人的关系,不少中小学都为家长提供了志愿服务岗位,鼓励家长积极参与到学校工作中来,参与讨论学校制度、制定学校考评方案,对学校领导班子和教师进行考核评价。同时,为给留守儿童打造健康的成长环境,弋阳还开创了校外互助小组模式,一张由学校、家

---

① 教育部. 江西行:校风影响家风 教育改变民风——江西弋阳家校社会协同育人模式探访[EB/OL]. (2017 - 07 - 08)[2022 - 12 - 08]. http://www.moe.gov.cn/jyb_xwfb/xw_zt/moe_357/jyzt_2017nztzl/2017_zt03/2017_zt03_jx/17zt03_mtbd/201707/t20170710_308982.html.
② 教育部. 江西行:校风影响家风 教育改变民风——江西弋阳家校社会协同育人模式探访[EB/OL]. (2017 - 07 - 08)[2022 - 12 - 08]. http://www.moe.gov.cn/jyb_xwfb/xw_zt/moe_357/jyzt_2017nztzl/2017_zt03/2017_zt03_jx/17zt03_mtbd/201707/t20170710_308982.html.
③ 教育部. 唤醒所有教育人——江西省打造家校社协同育人 3.0 版本[EB/OL]. (2017 - 06 - 28)[2022 - 12 - 07]. http://www.moe.gov.cn/jyb_xwfb/xw_zt/moe_357/jyzt_2017nztzl/2017_zt03/2017_zt03_jx/17zt03_mtbd/201706/t20170628_308176.html.

长、社区共同编织的教育和关爱之网覆盖了全县留守儿童①。

再次,让学校成为乡村精神高地。弋阳县开展了"小手牵大手,洁净我家乡"环保系列活动。在葛溪乡,活动以全乡中小学校为主体,以自然村为据点,教师利用周末同村委会、村小组一道组织该村学生和家长进行环保宣传与实践。通过"集中动员、共同清扫、安全教育、进户家访、共做家务、共进便餐"等活动,各个村庄的卫生环境有了较大改观②。

除此之外,各地一些学校的协同育人探索也值得关注。

2023年5月28日,《中国教育报》以《亲子共成长,才是家庭教育最美好的样子》为题,报告了浙江省象山县"石浦家长学校"的40年的实践探索与经验。报道显示③,浙江省宁波市象山县石浦镇石浦小学的家长学校于1983年创办,这里的家长从被动来家长学校"受教育"到主动参与学校教育、协同社会热心人士等自愿成立教育议事会支持学校,塑造了家校社协同育人的良好生态。主要措施有三个:第一,从家长学校到教育议事会,家校合作不断迭代升级。1982年石浦小学成立了校、班两级家长委员会;1983年2月,正式创办了业余家长学校。以家长委员会为组织保证,以家长学校为培训基地,以评选"好家长"为激励机制,在当地逐渐形成了争当好家长的社会风气。2014年,学校引进乡贤、社区代表、人大代表等,成立了教育议事会,为学校"议大事、谋实事"。教育议事会成了学校外部环境建设的"主力军"、学校课程建设的"同盟军",在学校、家庭和社区之间搭建桥梁,破解办学难题。第二,从"家庭教育引导团"到"家长资源团",与时俱进赋能家长成长。为加强对家庭教育的指导,石浦小学盘活内部资源,充分发挥班主任的引导作用,建立家庭教育引导团。同时,发动热心家长成立家长资源团,优秀家长分享

---

① 教育部. 江西行:校风影响家风 教育改变民风——江西弋阳家校社会协同育人模式探访[EB/OL]. (2017-07-08)[2022-12-08]. http://www.moe.gov.cn/jyb_xwfb/xw_zt/moe_357/jyzt_2017nztzl/2017_zt03/2017_zt03_jx/17zt03_mtbd/201707/t20170710_308982.html.

② 教育部. 江西行:校风影响家风 教育改变民风——江西弋阳家校社会协同育人模式探访[EB/OL]. (2017-07-08)[2022-12-08]. http://www.moe.gov.cn/jyb_xwfb/xw_zt/moe_357/jyzt_2017nztzl/2017_zt03/2017_zt03_jx/17zt03_mtbd/201707/t20170710_308982.html.

③ 刘华蓉. 亲子共成长,才是家庭教育最美好的样子——浙江省象山县"石浦家长学校"的40年[N]. 中国教育报,2023-05-28(004).

经验,实现赋能家长成长与利用家长资源的协同发展。第三,构建儿童生长圈回到育人初心,带动家校社风气转变。在教育议事会基础上,学校成立儿童议事会,学生们在校内为课间文明、课业负担、食堂管理等积极发声,校外参与社区微治理。同时,学校和社区协作,通过挖掘学校周边的社会育人资源,构建儿童"生长圈",为儿童参与提供保障。

引入社会资源做好教育托管也是探索协同育人实践的一项重要工程。2023年7月24日,新华网以《三评家长"暑期焦虑"》为题发表重要评论,文章将进入暑期的"家长焦虑"归纳为三大类,提到"别漠视'孩子放在哪'的痛点";放在家里怕孩子们打游戏,出去玩没人管怕危险,带到单位怕影响工作……要求各地开展暑期托管托育服务,提出了用好"政府+市场"的机制,探索普惠的托管托育服务,让"安娃之所"变成"安心之所"。作为国家通讯社,在暑期进入中期,提出这样的话题,足以表明这项工作已经是千家万户重点关注的;看似是家事,实则为国事,是党和国家关心的重大民生问题,是"国家考题"。既然是国家考题,就需要各级各地各部门和有识之士用心用行动去答题。

事实上,举办各类暑托班不是一件新鲜事。改革开放尤其是进入新世纪以来,各地已经关注到暑期中小幼儿孩子的看护问题,以学校、妇联、团组织和社区等以各种形式开设暑托班,还吸引了社会公益组织参与,在实践中一些城市、中心镇和社区有了一定的成效,成为志愿者尤其是大学生志愿服务的一个重要内容,有的地方还成为社会服务品牌。但必然清醒地看到,现有的托管、托育班普及面远远不够,规范化和规模化双重不足的问题仍然存在,甚至在很大程度上这些问题有愈加严峻的态势。在办好学校和相关部门为主导的托管托育班的同时,倡导和引导爱心企业、爱心人士和公益组织开办"靠谱"的托管托育服务班十分重要和必要。

上海农之梦青年公益服务社是一家致力于服务全国各地来沪务工青年的非营利性公益组织。为适应形势发展,更好地服务国家乡村振兴战略,上海农之梦青年公益服务社延伸服务链,以外出务工人员大镇、留守儿童多的湖北省武穴市四望镇为试点,依托具有乡村振兴实践经验的湖北申望生态农业发展有限公司投资建立的"江南忆·武穴溪"智慧园区为基地,以外出务工人员最关切的事项之一"留守孩子的假期看护"为切入点,在2023年7月3日—13日和8月3日—13日开展两期

"爱心暑托班"公益关爱活动。其中,师资队伍主要由承办方从上海、杭州和南京等地选聘的优秀志愿者教师团队组成,为学生提供高质量的教育服务和相关指导。

一是课程设置上聚焦立德树人,育人育心相结合。发挥"一师多特长"的优势,关注留守儿童身心健康发展,注重学生综合素养提升,开设丰富多彩的课程,从课程比例、师资配备、时段安排和教学形式上下功夫。针对暑假里学生都有一定的学科假期作业,督促学生完成当日作业,及时为学生提供辅导,联系实际讲解,让学生在实践中学习知识,提高解决问题的能力。

二是多措并举,彰显仪式教育的魅力。首先,注重培养孩子们的团队精神和合作能力。孩子们参与各种团队活动,如户外拓展、小组讨论和手工制作等。通过这些活动,能够学会倾听他人意见、表达自我观点,以及与他人合作完成任务。其次,通过个人成长仪式来帮助孩子们认识自己的进步和成长。每个孩子都会在课程进行期间收到一份个人活动报告,其中包含了他们在"爱心暑托班"中参加各项活动中的表现、进步和成就。

三是活动安排上呈现丰富多彩,将有效学习贯穿活动始终。在团建活动中,为确保每位孩子都能参与其中,活动以分组的方式进行,确保大小搭配。每个小组都穿插着不同的活动内容,这不仅让孩子们在团建活动中得到了充分的锻炼和互动,也帮助他们更好地认识新朋友,适应新环境。

四是关注身心健康教育,助力学生幸福成长。针对当地的农村和集镇生活生产条件,注重引导孩子们养成良好的卫生习惯,从集体用餐、上下课、午睡等行为上进行纠正养成。此外,还注重培养孩子们的自我认知和情绪管理能力,引导他们学习如何正确表达自己的情感,并学会与他人建立良好的沟通。

五是聚焦家庭教育新模式,构建家校共育新生态。对留守儿童而言,普遍存在家庭教育缺失和隔代教养失当等问题,教师主动与家长沟通,耐心地引导家长。在每天的接送过程中,教师充分利用空隙时间,与家长主动交流,让家长准确了解孩子的学习情况和成长需要。与此同时,对于个别家长溺爱孩子或盲目顺从孩子的倾向,比如,放任孩子带碳酸饮料或快餐面等食品饮料进入暑托班,班主任老师及时给予引导和纠正,要求家长将这些饮料和食品带回,以帮助孩子们养成良好的生活习惯,培养他们形成正确的饮食观念。

六是深入细致做好服务保障工作，提供贴心优质服务。为确保"爱心暑托班"项目顺利进行，始终坚持将安全放在首位，并努力构建一个全面的"安全矩阵"。比如，当地派出所、食监所、镇中心学校多个部门联合进行了场地硬件设施巡检，对工作人员和志愿者进行了安全培训。同时，非常重视场地用电用水、设施安全、消防设施和逃生通道的设置，在营养餐从原料、加工、保鲜和配送等各个环节做了精心安排，确保营养餐的供给既满足孩子们的营养，又不造成浪费。

事实上，在全国各地尤其是近年来有许多丰富的创新做法。受调研广度和深度以及信息量的局限，还有很多丰富多彩的样本没有得到显现。要说明的是，协同育人已经有着相当丰富的实践土壤，或者说，协同育人的时代真正到来了。协同育人是新时代教育发展的新战略，其合理性、合法性与时代性无须赘述。与此同时，需要明确的是，这并不意味着"协同育人"的实践是道路平坦、一帆风顺的。要清醒地意识到，虽然当下关于协同育人的政策制定、法律颁布以及相应的制度建设都比较贴合时代的所想所需，可是我们不能对于既有的协同育人阶段性成绩"沾沾自喜"抑或"孤芳自赏"，转而要有一种"危机"意识。

这种"危机"来源于在完整、完善的顶层设计背后，实践与其目标要求相去甚远的实践结果。在中国教育语境中，受限于多种多样的因素，教育者与受教育者开展教育实践互动，远远没有形成真正一体化的教育合力，彼此之间各行其是、各走其道的现象屡见不鲜。尤其是在一个充满竞争的社会，一定程度上，家长与家长是竞争关系、教师与教师是竞争关系、学生与学生是竞争关系，而不同主体协同参与育人实践，又何尝不是一种竞争关系，有竞争势必就会有差异，有差异就会存在或潜在、或显在的博弈交互，直接干扰协同育人卓越成效的取得。正如杨雄所讲，"家校社协同育人具体要解决四个问题：第一，解决功能及定位问题；第二，解决权责划分问题；第三，解决政策工具和分析工具；第四，解决如何共享机制"[①]。

面向未来，我们要有一种危机意识，站在既有的"成绩"之上，检视当下协同育人的理念、布局与实践究竟还存在哪些局限和不足，在总结经验的基础上探寻新的发展道路，是走好教育发展新时代"长征路"的必由选择。

---

① 杨雄.巨变中的中国教育[M].上海：上海人民出版社，2021：9.

协同育人
能力篇

词源上讲,"力"是一种"力量",也是一种"能力",最初产生于人类对自然界难以名状、无法表达事物的一种玄想。现代社会提及"力"这个语汇,表达的更多的是"能力",指向个体在人生处在生活领域之内具有的一种"能力"或者"素养",这种"能力"或者"素养"是人在特定场域内安身立命的根基①。"协同育人"的任务完成重心在于"协同",是由多主体协作共同完成的育人事项。其间,参与协作的主体本身要有"能力",只有"有能力"的协同参与主体才能达成协同育人的教育成效。

2023年1月,教育部等十三部门印发的《关于健全学校家庭社会协同育人机制的意见》明确指出:"坚持协同共育。明确学校家庭社会协同育人责任,完善工作机制,促进各展优势、密切配合、相互支持,切实增强育人合力,共同担负起学生成长成才的重要责任。"②协同育人的参与主体是复杂的,既存在制度化教育体系范围内的教育参与者,也有非制度化教育领域的非正式参与者。其中,"家庭教育"的主导者"家长"、"学校教育"的落实者"教师"、"社会组织"的管理者"行政部门"(包括社会组织)是最主要的构成主体,三者参与协同育人要具备的能力要素是不同的,各有特点、各有特色。分述如下:

第一,家长参与协同育人必须要具备"家庭教育胜任力"。这种能力是家长胜任家庭教育工作的一种基本能力。主要有四种能力构成,分别是儿童身心认知能力、家校沟通互动能力、家庭情感培养能力、亲子言行管理能力,这四种能力既包括家长认知层面的能力培养,也包括实践层面的能力塑造,是塑造与时代需求匹配的新时代家长能力素养的关键。

第二,教师参与协同育人必须要具备"家庭教育指导力"。让教师成为家庭教育的指导者,指导家长开展家庭教育,成为这个时代教师专业能力建设的必要组成部分。协同育人的任务完成,需要教师培养家庭教育指导能力。这种能力由五种能力构成,分别是认知能力、沟通能力、情感能力、协作能力和管理能力,这五种

---

① 张竹林. 教师家庭教育指导能力建设论[M]. 上海:华东师范大学出版社,2021:27.
② 教育部等十三部门. 教育部等十三部门关于健全学校家庭社会协同育人机制的意见[EB/OL]. (2023-01-17)[2023-01-21]. www.moe.gov.cn/srcsite/A06/s3325/202301/t20230119_1039746.html.

能力的内部融通让教师更加有序地参与协同育人。

第三，教育行政部门参与协同育人必须具备"协同育人决策推动能力"。我国教育语境中，政府既是教育资源的供给源头，也是教育管理的关键力量，对于教育怎么改、改什么具有较大的话语权，可以决定教育改革的节律与步调。因此，教育行政部门必须发挥其统筹协调的功能优势，在参与协同育人过程中，培养自身的行政决策能力、容错纠错能力、综合实践能力和科学评价能力，让这四种能力作为教育行政部门参与协同育人的基本能力基础，助力教育行政部门适应协同育人环境、满足协同育人需要。

整体讲，协同育人作为一种国家教育战略工程，宏观层面的政策需要基层教育各主体贯彻落实，而其关键是参与协同育人的各个主体"有能力"在其中扮演好自身所承载的角色，能够发挥自身的作用。因此，家长、教师与教育行政部门的能力建设是推动协同育人落地转化、提质增效、创新发展的关键一环。

第三章　家长参与协同育人的家庭教育胜任能力

内容提要

家长是协同育人的主要参与主体之一,家长的育人能力和素养直接影响甚至决定对于家校社协同育人的参与度和参与水平。这就非常自然地导出了一个关键词,家庭教育胜任能力(简称"胜任力")。任友群、李锋在《聚焦数字化胜任力》一书中是这样描述"胜任力"的:"'胜任力'可解释为将某一工作中有卓越成就者与普通者区分开来的个人的深层次特征,它可以是动机、特质、自我形象、态度或价值观、某领域知识、认知或行为技能等任何可以被可靠测量或计数的并且能显著区分优秀与一般绩效的个体特征。"当前,随着家庭教育在整个教育体系中地位的不断提高,家长参与协同育人的家庭教育胜任能力成为家长必须具备的一种核心素养和关键能力。这种能力主要由四种能力构成:

一是儿童身心认知能力。这种能力是全面认知和了解儿童身心发展特征以及儿童接受家庭教育需求与限度的能力。培养家长的儿童身心认知能力有"五步":第一步是相信儿童的能力;第二步是主动提高自己;第三步是建立亲子互信;第四步是引导儿童表达自己;第五步是全面了解儿童的存在。

二是家校沟通互动能力。这种能力是家长与学校、与教师沟通的能力,是连接家庭教育与学校教育,推动协同育人有效实现的家长育人专业素养体现。家校沟通需要家长的沟通互动能力,这种能力可以让家庭教育与学校教育之间形成教育合力,进而对学生实施"整全"的教育,以促进学生全方面发展。

三是家庭情感培养能力。家庭是孕育情感最基础的场所,家庭情感是家庭教育的内核,因此,为了更好地开展家庭教育,家长需要具备家庭情感培养能力。一方面,家长要注重"道德"在家庭教育中的存在价值;另一方面,家长必须重视在家庭教育中融入情感。

四是亲子言行管理能力。家长是与学生最为贴近的教育力量,是直接影响学生成长的"关键他人",作为家庭教育的主导者,家长必须要在管理好自身言行的基础上开展好对于孩子的言行管理,培养亲子言行管理能力。培养这种能力,家长需要搭建亲子沟通平台,言传身教垂范,丰富业余活动,主动参与学校活动。

家长是家庭教育的"主导者"和"教育者",是决定家庭教育质量与品质的关键因素,"家长教育孩子"也是亘古不变的传统。面对百年未有之大变局,我国社会环境已经发生重大变化,教育发展的环境也随之发生改变,传统的学校教育"单线行动"、教师"一言堂"的教育情境已经不能适应现代教育发展的形势与要求,家长的家庭教育胜任能力成为区域协同育人治理能力不能忽视的重要能力。无数的事实证明,家长不恰当的关爱、过度的关注、过度的焦虑会给孩子的身心发展带来危害。家长要切实依法担负起家庭教育的主体责任,主动学习家庭教育知识,系统掌握家庭教育的科学理念和方法。扎根中国传统家庭结构以及家庭教育形态,结合研究者承担、参与家庭教育工作的经历与经验,以《中华人民共和国家庭教育促进法》和《全国家庭教育指导大纲》中对家庭教育主体责任的界定为基础,从应知应会、育儿本质、自我成长的视角将家长的家庭教育胜任力分为四个主要能力要素,分别是:儿童身心认知能力、家校沟通互动能力、家庭情感培养能力、亲子言行管理能力。这四个能力既包括家长认知层面的能力培养,也包括实践层面的能力塑造,相互联系、相互影响,是培养与时代需求匹配的新时代家长能力素养的关键。

第一节 儿童身心认知能力

在传统的中国家庭里,儿童是家庭的"中心",受到父辈、祖辈的关爱,尤其是少子化时代的到来,"4+2+1"家庭的普遍存在,对于儿童的家庭教育成为教育系统性建构的重要一环。尤其是在家校社协同育人成为新时代教育改革重要组成部分的大背景下,对于儿童的家庭教育是助力协同育人实现的重要步骤。其中,教育儿童的前提是"认识儿童",家长认识儿童之后才能有针对性地施加有效的家庭教育。因此,家长参与家校社协同育人的第一步是认识儿童,参与家校社协同育人的家庭教育胜任力的首要能力是儿童身心认知能力。

儿童身心认知能力是每一位家长都应该具备的基础能力,它的内核是家长能够对于儿童生理性身体发育、心理舒展、有意识的后天行为、无意识的天性表现等进行整体识别的能力。

一、认识儿童身心的家庭教育价值

人类文明的进化有三个重要阶段:第一个阶段是发现了人,将人从神的笼罩下解放出来;第二个阶段是发现了女性,将女性从男性的统治下解放出来;第三个阶段是发现了儿童,将儿童从对成人的依附中独立出来。但我们不得不承认,孩子的很多神奇之处、伟大之处我们还没有认识到,或者说,认识得还不够完整,甚至某些论述儿童的观点是错误的。

2018年,边玉芳负责了一个涉及全国31个省份、近20万学生的调研。边玉芳询问学生家长最关心孩子的什么方面,调研结果显示,家长"最关心学习情况、人身安全,对于习惯、情绪、交友等方面不太重视"。家庭教育最重要的是"做人的教育"[1]。经济合作与发展组织教育与技术部部长安德烈亚斯·施莱歇(Andreas·Schleicher)强调:"认知技能(cognitive skills)是一组运用语言、数字、推理和所学知识的思维策略,包括言语和非言语技能、高阶思维技能、有效使用执行功能(特别是工作记忆)和解决问题的能力,也离不开元认知技能(meta-cognitive skills),即对自身知识、技能、态度和价值的认知能力。"[2]因此,认知能力

---

[1] 南方周末. 依法带娃照进现实:家教没做好,国家要管的[EB/OL]. (2022 - 01 - 14)[2022 - 05 - 06]. https://static.nfapp.southcn.com/content/202201/14/c6133841.html.

[2] [德]安德烈亚斯·施莱歇. 教育要面向学生的未来,而不是我们的过去[J]. 王涛,等,译. 全球教育展望,2018(2):3—18.

是教育者正确、有效施教的关键能力基础,对于教育对象的认知是展开教育实践的关键构成。对于家庭教育来讲,这种认知就是对于儿童身心的认知。

儿童天生就是哲学家,喜欢追问各式各样古怪而又稀奇的问题。赫尔巴特(Johann Friedrich Herbart)在《普通教育学》的第一章开篇即展开讨论教育情境中儿童的管理。理性地观察儿童的日常行为,关注儿童非理性行为的矫正是教师的基本职责。通常,儿童与教师交往主要集中在课堂教学参与和课后生活,兼有学业的交流,教师通过言语、身体抑或他者规训顽皮儿童的日常行为。顽皮是孩子的天性,从心理学的角度分析,顽皮的孩子是动力气质的孩子,好奇心盛,表现力强,偏好以自我为中心,做事有主见,也比较善于坚持。美国儿童社会学家威廉·A. 科萨罗(William A. Corsaro)认为:"儿童总是积极地参与并置身于儿童自己的文化和成人世界的文化之中,并且这两种文化总是内在地交织在一起。"[①]儿童的成长是依赖于成人的,同时,儿童清纯朴素的天性又对成人的心灵和文化具有反哺功能。因此,培养家长的儿童身心认知能力,要首先明确生活中的儿童具备的基本天性、表现的基本特征:

其一,儿童具有天真童趣。生活中不难发现,儿童具有天真烂漫的想象、貌似稀奇古怪的动作,常常做出超出成人一般思维的行为选择。正如严开宏教授在《童年的价值》一书中的论断:单纯是童年的首要美德。诺贝尔文学奖获得者彼得·汉德克写过一首诗《儿童之歌》,他写道:当孩子还是孩子时/走起路来,摇摇晃晃/幻想小溪是河流/河流是大川/而水坑就是大海/当孩子还是孩子时,不知道自己是孩子/以为万物皆有灵魂/没有高低上下之分……从诗中,我们可以窥见所有儿童天真烂漫的一面。家长是否认识到"天真童趣"在儿童生活中的重要意义。当孩子为落在地上的树叶哭泣时,我们是感同身受还是嘲笑打击?当我们打算把孩子视为朋友的螃蟹煮了吃时,有没有想过这种行为对他产生的影响?父母维护孩子天真单纯的美德,唯一恰当的做法便是低下身来,看看孩子眼中的世界,像孩子一样地对待孩子。从儿童学的角度讲,认识儿童的身心发展特点是理解儿童的

---

① [美]威廉·A. 科萨罗. 童年社会学(第二版)[M]. 程福财,等,译. 上海:上海社会科学院出版社,2014:28.

第一步,不理解儿童的身心发展特点,很难教育好儿童。同样,具备儿童教育能力的家长,一定具备认识儿童身心特点的知识基础。

其二,儿童充满好奇心。日常生活中,我们经常可以看到儿童向父母问各种稀奇古怪的问题:"为什么飞机可以飞上天?""为什么长颈鹿的脖子那么长?""奥特曼什么时候来我们城市?"……即婴幼儿对于新的东西大多都十分好奇,本能地想要去把玩体验,这些经验的积累也有助于其知识和能力的发展。伟大的科学家爱因斯坦(Einstein)说:"我不是什么天才,我之所以能够有一点贡献,就是因为我对这个世界始终保持了强烈的好奇心。"其实,好奇心是所有孩子的特质,聪明的家长将其视作是一种宝贵的教育儿童的时机。比如小时候的达尔文爱幻想,热爱大自然,尤其喜欢打猎、采集矿物和动植物标本。他的父母没有将其视作孩童的"瞎胡闹",总是千方百计地支持孩子的兴趣和爱好,鼓励他去努力探索,为达尔文能写出《物种起源》这一巨著打下了坚实的家庭教育基础。在常人世界中,这样的案例同样不胜枚举。家长珍视儿童的好奇心,对于好奇心的回应,是家长教育儿童的良好契机。

其三,儿童内心单纯。洛克(John Locke)提出"白板说",将儿童视作一张白纸,对所处的环境尚未了解,接受教育是儿童褪去物性,生成人性,形成社会性必要的条件,没有受过教育的儿童难以立身于世。因此,儿童内心单纯得犹如一张白纸,纯真无瑕,这种特点滋养了儿童内心的善良。由古至今,少有学者撰文或著说讨论儿童内心的"邪恶",反而多有人强调儿童的单纯与善良。这种特性是儿童在日常生活中"招人喜欢"的性格基础。

其四,儿童性格敏感。"敏感"是人的一种性格,无论年长者还是年幼的儿童,都有一颗敏感的心。这里强调儿童的敏感特性,是为了揭示与解释儿童的天性特点。敏感的儿童能够对成人的言语与行为产生较为深刻的印象,能够深化对于成人的教育的认知与理解。不敏感的儿童其实是很难教育的,家长遇到敏感儿童,要正视这种儿童天性,主动调整儿童行为,发挥其行为可塑性强的特点,矫正、培育良好的儿童。

其五,儿童行为好动。陈鹤琴先生以自己的孩子为对象,从出生之日起,对其身心发展作了连续的观察和文字、摄影记录,在长期的实践中,陈先生得出结论:

"好动"即孩子尚不具备完善的自我控制能力,因而行为往往受到一时的冲动或是情绪的影响。我们常常觉得小孩子好像有用不完的力气,总是动个不停,从几个月大开始,看见东西就要抓,抓了还要往嘴里放。"孩子是生来好动的,以游戏为生命的。"通常,儿童好动的天性不是一件不好的现象,反过来,教育要珍视儿童自身存在的这种好动天性。幼儿时期通过游戏正确引导,孩子的身体机能、语言表达能力、社交能力、自制力、手眼脑协调能力、想象力、创造力、自信心等都能够得到发展。

二、培养家长的儿童身心认知能力

父母要教育好儿童,首先要学会怎样做父母。家庭教育必须以儿童生理与心理发展规律为依据才能取得成效。家长首先要认识儿童不同阶段应发展形成的"品性"与"言行",这是培养家长的儿童身心认知能力的前提。

蒙台梭利曾讲过,"在跟儿童打交道中,成人会变得不是自私自利就是以自我为中心。他们从自己的角度出发看待跟儿童心灵有关的一切,结果误解日积月累",而且"一个成人如此行动,即使可以确信他是充满激情、爱和对儿童的牺牲精神,他也会无意识地压抑儿童个性的发展"。[①] 根本上讲,"教育应该有儿童的立场或意识,应该面向儿童的成长,或者至少应该从儿童出发"[②]。家长的家庭教育胜任能力最重要的基础能力是儿童身心认知能力,最需要关注的是对于儿童情感的认知能力培养,必须把握的基本环节要点有三个方面:

一是应知应会。主要是掌握儿童身心发展特点,增强发展心理学等基础知识,提高认知能力,能够针对孩子不同时期的成长需要,提供相应的关怀、指导,让爱恰到好处。《中华人民共和国家庭教育促进法》《全国家庭教育指导大纲》《上海市家庭教育指导大纲》以及儿童发展心理学都对家长关于儿童身心全面认知提出了要求与规范,应该成为无论是教师开展家庭教育指导还是家长家庭教育必备的

---

① [意]玛丽亚·蒙台梭利.童年的秘密[M].马荣根,译.北京:人民教育出版社,2005:31.
② 程亮.儿童何以成为"问题"[J].基础教育,2021(4):1.

案头宝典。如《全国家庭教育指导大纲》详细指出了 0—18 岁儿童的身心发展特点和家庭教育指导内容要点,以及特殊儿童、特殊家庭及灾害背景下的家庭教育指导。遵循孩子身心发展规律,贯穿始终的是"呵护""陪伴""尊重""放手"这四个关键词,涵盖了孩子从婴幼儿到高中生(含中职生)成长过程中最需要的家庭教育要义,家长要因人而异,因时而变,使其成为家庭教育、家校共育的基本理念和行动原则。

二是熟悉开展家庭教育的基本途径,掌握诸如亲子活动、家校沟通、心理陪护和生涯指导等途径和方式。为了使家长与学校、教师达成一致的育人目标,形成教育合力,学校会搭建集体指导和个别指导的多种途径,家长要利用好这类资源,通过家长会、家长开放日、家长接待日、亲子活动、家长学校和家访等途径,尽可能多地学习掌握家庭教育相关知识技能,实现科学育儿。

三是掌握一些重要的策略方法,尤其是要针对关键成长节点、特殊个性问题能够有科学有效的应对方法。例如,孩子沉迷网络游戏的问题,无论是家长还是教师都要掌握必要的策略方法。首先,对于孩子玩游戏的态度不应该是禁止,而是要引导孩子怎么玩和不要让孩子毫无限制地随便玩。家长要在判断游戏内容的基础上,遵循不同年龄段孩子玩游戏的基本原则:1—3 岁,不接触任何电子游戏;4—11 岁,可以少量接触单机版益智类、体育类游戏,但应控制时间,作为多种活动中的一种,广泛扩展孩子的课余爱好;12 岁以上,以单机版益智类、体育类游戏为主,逐渐接触一些较好的策略类游戏,但要控制游戏时间,尽量发展多种课余爱好。其次,仔细观察孩子玩游戏的动机。另外,家长也要不断跟上时代的步伐,提高游戏素养,正确引导孩子。

这样的背景下,培养家长的儿童身心认知能力,要学会这"五步"。第一步:相信儿童的能力。家长要相信每一个儿童都是独一无二的客观存在,要相信自己的孩子都能够在看似"稀奇古怪"的言行中成长起来。培养家长的儿童身心认知能力,首先要相信儿童的能力,把儿童当成是一个独立的存在主体,相信作为儿童的未成熟主体,具有自己的思想,有自己的行为,有自己期待成长的样子,能够为自己的言行提供理性的"约束",不是所有的孩子都是"小坏蛋"。作为家长,只有相信儿童才能去认识儿童,也只有去认识儿童,才能培养自身的儿童身心认知能力。

第二步：主动提高自己。不是所有的家长都能依靠自身的经验摸索生发出对于儿童开展家庭教育的能力，专业的能力培养与提高，要靠家长的不断学习，在专业学习和实践结合中提高自己。培养儿童身心认知能力，家长要学会学习，主动学习与儿童身心发展、儿童的家庭教育相关的生理学、心理学、教育学、社会学知识。无论是"高知"家长，还是学历不高、"为生计而奔波"的家长，都必须明白"教育孩子就是投资未来"。家庭教育指导者们更要有意识地引导家长们树立终身学习的理念，关注眼前利益和长远利益相结合，必须明白掌握"应知应会"，这对于孩子成长和家庭的未来价值不可低估。

第三步：建立亲子互信。事实上，无论是父亲还是母亲，对于儿童来讲，他们都是自己最亲密的伙伴、最友好的朋友、最值得信赖的亲人。家长想要全面认识儿童、理解儿童，就必须先成为儿童的亲密朋友和伙伴，建立亲子互信，相信自己孩子的同时，让孩子信任自己。这里的"相信"是双方建立在情感基础上的互相信任、互相依赖，从而将自己最真实的一面呈现给对象。只有当儿童敞开自己的心扉，能够做到主动向父母、长辈吐露心迹，父母才能真正认识儿童，相应地才有可能培养出自身的儿童身心认知能力。

第四步：引导儿童表达自己。"人人都说小孩小，小孩人小心不小，你若以为小孩小，你比小孩还要小。"这句有趣的绕口令是出自伟大的教育家陶行知先生之口。生活中，我们经常可以听见一些家长抱怨，"我都不知道这孩子心里到底是怎么想的""他也不说，我也不知道该咋办"。显然，这是孩子们不愿意表达自己的结果使然。原因并不复杂。设想一下，当孩子表达伤心和恐惧时，如果我们否认他们的感受，说："小孩子有什么好伤心的，一会儿就好了。"或者说："怕什么怕，只是一只小狗而已。"这将导致孩子怀疑自己的感受，甚至觉得自己的情绪是不应该的，是令人感到羞耻的。逐渐地，孩子会养成自卑的性格，也不敢或者不会去主动向家长表达自己的诉求或者要求。当我们以大人的权威制止孩子发表自己的言论时，也错过了提升孩子自信的机会。因为当孩子表达自己观点的时候，不仅能锻炼口才，更能激发创造性思维。而且，一旦孩子的想法得到大人的认可，将极大地促进他们对自己的肯定。引导儿童表达自己不仅能帮助他们培养健全的人格，也能通过孩子的视角更加清晰而全面地看待这个世界。

第五步:全面了解儿童。全面了解儿童的存在意味着我们要观察儿童,理解并解读他们的行为、言语、动作、表情、作品等,为他们身心和谐全面发展而努力。全面了解儿童意味着看见儿童、倾听儿童、理解儿童,之后才能支持儿童。作为家长,由于生活中各种琐事牵绊,无法在生活中察觉到孩子的点滴情绪变化,也无法保证自己能够真正懂得孩子年幼的心思。因此,提高家长的家庭教育胜任力必须要求家长全面了解孩子,这是首要的要求。培养家长的儿童身心认知能力,要求家长在相信儿童的能力、主动提高自己、建立亲子互信、引导儿童表达自己的基础上,要学会以一种发展性的眼光全面审视生活中、家庭中的儿童,用一种辩证的思维去审视儿童在生活中的点滴习惯和习性。尤其是对孩子"犯错"的事件处理中,不偏激、不逾矩、不矫枉过正,在亲近儿童的过程中认识儿童,在走进儿童心里的过程中读懂儿童。"读懂孩子,感受孩子的感受"应该成为家长的育儿理念和口头禅;"跟孩子交朋友,主动走入孩子的世界"要成为家长掌握家庭教育指导能力的必备动作。

当然,以上"五步骤"并不一定能囊括家长的儿童认知能力培养的要素要求。这些能力在当前不断发生变化的环境中,不可能无师自通,也不可能一蹴而就,需要家长内在动力和外力共育,在实践和学习中不断掌握育儿真经;同样,对于家庭教育指导者也是如此。

第二节 家校沟通互动能力

家庭教育与学校教育对于教育的发展及育人质量的提高均发挥着无可替代的作用。无数事实证明,家校合作是助力学生整全性培养的重要环节和方法,家校之间有序且有效的沟通互动,是凝聚家校智慧、联合家校力量,形成教育合力的重要方法。苏霍姆林斯基在《给教师的建议》中生动地表示,教育的效果取决于学校和家庭的教育影响的一致性。如果没有这种一致性,那么学校的教学和教育过程就会像纸糊的房子一样容易倒塌。因此,在主张协同育人的新时代,家校之间沟通互动形成教育合力是引入家庭教育力量,助力协同育人有效实现的关键。

有效的家庭教育离不开与学校教育的协同,家长胜任家庭教育以及参与家校社协同育人,必须以有能力进行有序有效的家校沟通互动为基础。家长的家校沟通互动能力是家长参与家校社协同育人过程中,与学校中的校长、教师以及其他教育关涉主体进行直接或间接沟通互动的能力素养。其中,沟通是家长与学校协同育人的基础,互动是沟通的结果,沟通互动能力是有序且有效协同育人的重点诉求与要求。无论是家长参与,还是教师指导,必须具备家校沟通互动能力。

一、家校合作需要家校沟通关系的建立

教育从来都不是由学校独立完成的任务。尤其是进入新世纪,社会环境发生剧烈变化,社会对于教育的需求不断产生结构性改变,导致学校面对社会的教育需求,显露出明显的"力不从心",但是学校教育又不能不回应社会(尤其是家庭、家长)对于学校教育发展的迫切需求与期待。因此,将家庭资源引入学校,借助社会的优质教育力量,系统开展家校合作育人是教育改革与发展的必由之路。然而必须承认的是,家校合作并不是轻易能够建立起来的,有效的家校合作第一步是家校之间开展有效的沟通。如果家校缺少沟通,根本无法完成合力育人的重要任务。

自 2022 年起,上海市奉贤区与河北保定、贵州遵义、云南大理联合开展协同育人专题调研。本无空间关联的"三地"惊人地出现了一致性趋向:70%以上的教师重视学生的家庭教育,60%以上的教师认为家校合作沟通较紧密;80%以上的家长最希望得到学校或教师关于学习方法的帮助与指导,并且近 50%的家长希望每周与老师进行沟通交流;而学生也希望家长得到学校或教师关于亲子沟通方式和生涯规划的帮助与指导。分析发现,整体上,家校共育主体的教师和家长对家校合作的重要性有着清晰的认知。但是,在家校共育实践中多以学生问题的出现为导向,尤其是集中在学习方面,家长、教师和学生之间存在需求偏差,缺乏交流沟通的积极性、及时性、有效性。

再负责任的老师,也需要家长的配合;再优秀的老师,也替代不了家长的作

用。最好的教育,就是家长与老师肩并肩。每个孩子都有其特殊性。父母只需要教育自己的孩子,尚且累死累活,头疼不已,而老师要教好这么多学生,难度可想而知。只有通过家长的配合,才有可能实现因材施教。配合学校育人任务与职责的有效践履与落实,需要家校之间建成持续、有效的家校沟通体系与结构。

二、家校沟通需要家长的沟通互动能力

家校互动是家庭教育与学校教育联合形成教育合力,进而对学生实施"整全"的教育,以促进学生全方面发展。家庭参与学校教育,这对于学校而言是一种隐性的监督与勉励,从而使学校教育理论付诸实践,产生实际有效的教育效果。

在现实中,对于中西部农村地区,留守孩子的家校合作是一个十分棘手的问题,也是很长一段时间制约这些地区教育发展和儿童健康成长的焦点问题,也可以说至今没有得到完全解决。而事实上,就算是留守儿童,有效的家校沟通至关重要,也是能够做到的。湖南留守女孩钟芳蓉就是一个典型。这位2020年考入北大的留守孩子与所有的留守孩子一样,但不同的是,这位曾经的"留守儿童"身上表现出了至少几个幸运的协同育人"闪光点":一是她的父母愿意也听得见老师的建议,老师认为"芳蓉有学习天赋,最好到城区好一点的寄宿学校学习",父母愿意听取老师的意见;二是有效的陪伴,每当小芳蓉生日、春节和学业紧张时,父母总会轮流想办法回家陪伴孩子一段时间,并且创造良好的亲子氛围;三是充分尊重孩子的学习意愿,尤其是当芳蓉达到北大的分数后,父母没有听"好心人"的规劝,而是支持芳蓉报考北大考古专业的决定。一句"孩子长大了,我们支持她的选择",让孩子从内心感受到父母爱的力量。优秀的孩子成长的要素是有多种,单从家校沟通的角度看,家校沟通是如此重要,沟通的力量是如此强大,钟芳容的成长就是一个有效家校沟通的经典案例。

上海市奉贤区在推动协同育人建设的过程中,格外关注引导家长和教师有效沟通。自2022年起,奉贤区开始着力创建全区中小学幼儿园全覆盖的数字家长学校。"答疑解惑"板块作为数字家长学校的若干个板块之一,旨在通过线上即时提问,了解家长在育儿过程中的所需所思所盼所虑。作为承担答疑解惑工作的教

育学院德育团队,在梳理家长提问时发现,部分家长一面为孩子的学习情况焦头烂额,一面却从来没有想过与教师沟通。例如,有小学家长提出:孩子回家一问会不会,就说会,问有没有上课听不懂的,也说没有,一考试就不会。幼儿园家长担心孩子零基础上小学后,小学老师会因为大部分学生都提前学习了小学知识,就认为所有的学生已经掌握了,快速教下一阶段的知识。

这些案例可以看出:家校沟通互动中,家长要有一种主动的态度,主动配合教师(学校)的专业育人工作,让教师明确家长对于孩子的教育是重视的,是愿意投入时间和精力的,只有这样教师才愿意接纳家长的"主动行为"。家校沟通中,家长要保持一种"大度",对于家校沟通互动持一种开放的态度,主动表达自身的教育立场,主动表明自身的教育意愿,主动贡献自身的教育智慧。家校沟通中,家长要有一定的"底线意识",配合教师育人工作的同时,对于自身的家庭教育选择,要保持一定的"定力",不能"朝令夕改",要在凝聚家校沟通互动中下功夫,借助教师的专业力量,提高自身家庭教育能力与素养。因此,培养家长的家校沟通互动能力,家长的"主动意识""担当意识"和"责任意识"是非常关键的教育要素和内容。

第三节 家庭情感培养能力

家庭教育以血缘关系为纽带,以情感为动力,以亲子之间的信任为基础,具有其他教育无可比拟的先天优势。父母与孩子之间的亲情是影响个人身心健康发展、认知能力发展、情绪情感发展的最早、最大的因素。延续传统的家庭规矩、培养家庭内部的人际情感,是家长开展家庭教育的前提和基础。因此,家长开展好家庭教育进而有效参与家校社协同育人,迫切需要提升其家庭情感培养能力。

一、家庭情感是家庭教育的内核

情感是人的宝贵特质,也是人之为人的独特属性,没有情感的人不能称得上是一个完整的人。情感既是教育的内核,也是家庭教育的内核。日常生活中,我们经常能够听到有人说×××比较"冷血",其内在的深意是这个人在别人眼中缺少"温暖的情感",而其实际上欠缺的是对于人情与人性的理解与濡染,再往深处说,其很大可能是缺少来自身边人的情感的"感化"。家庭是孕育情感最基础的场所,亲子之间、夫妻之间、长幼之间的情感交互,勾画出温馨、美满的家庭教育情感景观。家庭教育的基础是亲子之间美好情感的建立,亲子情感是家庭教育最宝贵的资源。亲子情感建立的前提是家庭情感的存在与持续。

社会学家巴兰坦(Frederick Nathaniel Ballantyne)指出:"儿童在学校和社会的位置主要取决于家庭。"[①]家庭教育是学生心理、精神成长的起点,建立在亲子情感基础之上能够对学生教育施予聚合性、生活化的影响,为学生善良品性的养成与良好行为的塑造创造优越的条件。传统中国文化语境中,"家"是人的成长的基本单位,是每一个人从"出生"到"坟墓",人生全过程生活与生长最主要的场所。人人都可以享受来自家人的关爱与体贴,年长者能体验到年幼者带来的"天伦之乐",年幼者回应年长者的照顾产生"爱"的体验。这种双向的情感交互,让家成为一个充满情感的场所。这在传统中国人的生活世界里,是一种常态化的身心体验。与之对应,西方国家对于"家"的概念也很重视,诸如卢梭、蒙台梭利等一大批教育家都对儿童在"家"接受父母情感教化的重要意义进行过重要阐释和解读。其间,"爱"的给予与"爱"的索取,是人的教育不可或缺的关键要素,对于家庭内部情感的培养是濡染人心善性长成的构成要件。

"情感"是道德教育的内核,道德情感是人对于周遭事物理解、认识、行动所秉持的道德理解与道德判断。家庭是道德教育的重要场域,家庭教育强调人向善德性与德行培养的导引,教师家庭教育指导能力指向家长对学生道德品质培育目标实现的观照。家长是孩子的首任德育老师,其往往利用言传身教让孩子从懵懂开始习得为人处世的言行规范,"讲文明""懂礼貌""知荣辱""明是非"等是家长为孩子开设的"人生第一课"的主要内容,"做好事""成好人"是家长育儿的重要目标。这些指向孩子善好的德性与德行培养[②]。其中,家长是教师育德能力显现的"中

---

① [美]巴兰坦.教育社会学:一种系统分析法(第五版)[M].朱志勇,范晓慧,译.南京:江苏教育出版社,2005:185.
② 赵冬冬,张竹林,李陈哲.教师家庭教育指导能力:新时代教师育德的新智慧[J].中国德育,2021(20):15—21.

介"之一,指导家长为学生提供理性、善性的家庭教育是教师育德工作的主题。教师以指导家长优化家庭德育实现对学生道德教育的改进,决定了育德能力蕴藏在教师家庭教育指导能力之内,其立足家校合作的育人系统与结构,指向家校共育中家庭德育体系的建构与优化,培养学生崇真、向善、尚美的道德人格与美善情怀①。

然而,"人是生而自由的,但却无往不在枷锁之中"②,制度化的教育生活中的各种规范会对儿童的行为产生诸多的限制,甚至家长或者教师的"长辈意志"会将自身的教育期待或者教育理念附随于儿童教育,从而出现儿童因强制对学习的兴趣降低,逐渐生发厌学情绪的焦虑。2021年浙江省基础教育质量检测项目对四年级学生学习和家长教育的实际情况开展调查研究,根据数据分析发现,高教育焦虑家长的孩子学习动力更低、学习方式和学习习惯更差,且他们在数学学科学习上差得更加显著。越焦虑的家长越难以注意维持良好的教养方式和实施合理有效的教养卷入。教养方式对促进孩子取得更高的学业水平与提升学习体验有关键性作用。家长的教育行为与处事模式极易影响孩子的身心健康,并对他们形成不良的示范效应。

作为家庭教育指导者,先要明白家长的教育焦虑对孩子的学习品质、学习体验有着严重的影响,然后引导家长们理解这一点,引导家长在情感上尝试接纳自己,避免传递过高的教育焦虑情绪,对孩子产生不良影响。在行动上,家长要维持良好的教养方式,积极推进家校协同育人,增强自身家庭教育的能力,让家庭真正地成为提升孩子知识、技能的重要基地。③

当下对孩子心理问题的忽视在中国的大部分家庭中都不同程度地存在,而且往往是家庭教育失当的源头之一。据国家卫生健康委员会、中国卫生健康统计(内部数据)2020至2022年连续三年的调查统计显示,全国5—19岁城市居民心

---

① 赵冬冬,张竹林,李陈哲.教师家庭教育指导能力:新时代教师育德的新智慧[J].中国德育,2021(20):15—21.
② [法]卢梭.社会契约论[M].何兆武,译.北京:商务印书馆,2003:4.
③ 周孟秋,周鸿.家长教育焦虑对小学生学习品质和学习体验的影响——基于浙江省综合评价监测数据的分析[J].上海教育科研,2023(10):66—72.

理危机和极端行为比例持续上升。疫情引发了全球 25% 的焦虑和抑郁增量,对儿童和青少年的持续影响显著;开学前后、考试前后是中小学生心理危机和极端行为最为多发的易感时间段;学校、家庭、社会等外部环境叠加的不利因素是学生身心健康发展主要诱因。①

家长情感支持是家庭教育的重要组成部分,对青少年的认知与心理发展均有深远影响。研究显示,家长注重为子女提供情感支持,但支持效果有待提升,应多方协同提高情感支持的质量;家长情感支持的效果存在学段与阶层差异,应尊重学生成长规律与个体差异,提供适合的情感支持②。无论家的形态在社会变迁中如何改变,但是"家庭情感"作为家庭教育内核的地位一直牢固存在。

顾明远先生说:"没有爱就没有教育。"③2019 年,云南考生林万东以全省第一的成绩考进清华大学,通知书送到时他却正在工地搬砖。孩子搬砖,看似是一种经济行为,是一种生活所迫,但同时也是贫困家庭中一种最高的家庭情感传递。林同学不仅是感受父母的感受,为父母分担压力,也是为自己千里之外的大学生活积累资源,无论是物质层面分担,还是精神层面共情,都传递着情感的力量。这种情感力量可以克服贫困和落后的现实条件,成为他日后成长成才的精神源头。而这种情感,多来自于家长的家庭教育"情感供给"。一个生活在充满爱的环境中的孩子,才会去爱别人。同理,家长营造充满情感的家庭,提供富有情感的家庭环境,才能实施有情感的家庭教育,进而才能培养有情感的孩子。

二、家长需要家庭情感培养能力

教育是一种"情感劳动",任意一种教育活动的发生与发展,无一不融入教育参与者真实的情感体验和真切的情感感受。一方面,家长要注重"道德"在家庭教

---

① 资料来源:世界卫生组织 WHO,2022;中科院心理所,中国国民心理健康发展报告,2020—2021;王枫、朱仲敏等,本市中小学生极端行为复盘分析报告,内部专限,2020—2023
② 吴雨晴. 中国四省市家长的情感支持现状——基于 PISA2018 数据的分析[J]. 上海教育科研,2022(12):56—61.
③ 顾明远. 中国教育路在何方——教育漫谈[J]. 中国教育科学,2014(3):3—69,2,237.

育中的存在价值。"道德"是"情感教育"的关键词,儿童道德情感的形成与发展对儿童道德品质的发展具有重要意义,而家庭教育在儿童道德情感培养上具有学校和社会所没有的优势①。因此,家庭教育的家庭情感培养是家长开展家庭教育,培养孩子善好德行与德性的重要抓手,只有通过家庭情感的交互,形成"心心相连""意意相映"的家庭情感,才能更好地实现家庭教育的目标达成。情感是家庭主体聚合的"中心点",培养家庭情感以更好地培养孩子的善好长成,离不开家长的家庭情感培养能力的塑成。

家庭是社会的缩影,家庭教育与社会走势往往同频共振,传统家庭德育从"明人伦"起步,培育孩子"温""良""恭""俭""让"等德性,重视对孝亲敬老、睦邻友好、勤俭持家、诚信友善、勤奋上进等品质的培养。"言传身教"是中国家庭德育的传统方式,"欲求子孝必先慈,欲责弟悌务先友"(《宋书·颜延之传》),由古至今诸多先贤强调父母的示范行为对于培养子女道德品质的重要价值,同时要意识到,受所处环境以及受教育程度影响,家长开展家庭德育的理念超越抑或滞后于现实需要,理念愿景与实践选择背离以及重智轻德理念根深蒂固等是家庭德育的传统短板。为此,家长要将提高道德素养作为开展家庭教育的任务内核,以扬长避短、注重实效为导向,延续传统家庭德育理念、方式优势的同时着重弥补家庭德育缺陷②。

另一方面,家长必须重视在家庭教育中融入情感。情感是学生成长不可或缺的重要一维,而从一定程度上讲,当前的儿童教育更多的是一种基于情感主义的教育。情感的培育需要文化滋养,而书籍的阅读是濡养人的情感的关键资源。我国素以礼仪之邦著称于世,在浩如烟海的国学世界里,道德教育类书籍更是无以累计。书籍在教育教育中占据重要地位,教师和父母都应该多读书、多思考③。在上海市奉贤区教育学院附属实验小学,有这样一对父女,父亲身处抗疫一线,62天没有回家。他们云视频的时候还会分享阅读心得,谈读书体会,介绍最近看的书

---

① 孙丽华. 论家庭教育中儿童道德情感的培养[J]. 江苏社会科学,2012(5):241—245.
② 赵冬冬,张竹林,李陈哲. 教师家庭教育指导能力:新时代教师育德的新智慧[J]. 中国德育,2021(20):15—21.
③ 朱永新. 中国新教育(第四版)[M]. 北京:中国人民大学出版社,2012:68—76.

籍,也会读一读书本精彩片段。这个过程中,亲子阅读搭建起亲子沟通交流的桥梁。情感的传递流动不受地域、空间和时间的限制,关键是家长要真正意识到情感对于孩子成长的价值和存在意义。新教育的倡导者朱永新在全社会极力倡导培养孩子、家长的阅读意识,"亲子阅读"即为其重要的教育主张。社会的发展使学生内心思想活跃,家长要有阅读的意识以应对孩子多样化的思维。家长要主动阅读道德教育书籍,与德育教师共同阅读,主动参与学校组织的各项读书交流会、阅读沙龙、写读书心得等活动,为阅读意识的培养创造条件与氛围。基于此,让家长在阅读中参阅生活,读懂家庭教育人生。

现代脑科学证明,已经成为父母的壮年尤其是中年父母,对于知识和信息的把握正处于巅峰时期。研究发现,人类大脑的认知能力在40岁左右达到顶峰,且在之后的20年内不会有变化,直到老年时才开始下滑。对中年甚至是进入老年的父母而言,信息的处理,经验的积累,情感的交流支撑起"家"的味道,是家庭教育中无言的精华。无数人回忆起童年时,最多的是妈妈的菜,父亲的玩具和背影。对家的留恋是那一方厨房的味道,正如有作家写道:"小小的厨房是一年四季的日子,是清贫时代的朴素与现实,食物的香气和家人的笑语让它充满沉静而从容的辉光。"这也在提醒我们,家庭教育和家庭教育指导的场景设置,不只有高大上的创意,事实上,最温暖的记忆和纽带是在那看似简单而直白的家长里短和人间烟火中。

一个充满情感的社会,无论是对于家庭教育的价值开掘,还是引导家庭教育参与学校教育且与社会教育力量并融,都需要情感作为中间力量,调节三者之间的共存关系,引导三者进行共生,从而实现协同育人。家长的家庭情感培养能力主要发挥作用的场域是家庭,是家长创造了一个充满情感的温暖家庭。家庭情感培养能力是让家长扮演好家庭教育者角色最主要的能力构成。

第四节 亲子言行管理能力

孩子的言行是家长素养的"镜子",是家长开展家庭教育水平的"另一种表象"。亲子言行管理能力主要指向家长开展家庭教育以及参与家校社协同育人过程中管理好自身言行、管理好孩子的言行以及亲子互动中引导自身与孩子言行得体的专业能力。培养和提升家长参与协同育人的家庭教育胜任能力必须要关注家长的亲子言行管理能力。无数的事实证明，一个不能管理好孩子言行的家长，不可能对孩子进行有效的家庭教育。这似乎是一种常识，但是却没有引起足够的重视。一般来讲，当我们讨论家长的家庭教育胜任能力建设的时候，多是将视角定格在对于孩子的言行管理，但是若家长不能管理自身言行，又何谈去管理好自己的孩子呢？这要成为一种引起关注的"共识"。作为家庭教育的主导者，家长必须要在管理好自身言行的基础上开展好对于孩子的言行管理，即培养好亲子言行管理能力。

一、亲子言行是家庭教育的表征

家长是孩子成长的道德榜样，孩子对于家长行为有着天生的模仿与信从，尤其是低龄段孩子的家长的"当下行为"很大程度上是孩子"未来行为"的预演。家长的行为在一定程度上成为孩子学习的"样板"，即"家长做的就是对的"，孩子会原样模仿家长的言行举止。

顾明远先生讲过："良好家风的形成需要有好的家教，更需要一代一代地传承和积累。家长的一言一行，无不深刻烙印在孩子的脑海里。家长的好思想、好品德、好习惯潜移默化地传给孩子；家长的坏思想、坏品德、坏习惯也会不知不觉地影响孩子。因此，家长在言行上要做孩子的榜样。"[1]事实上，以孟禄（Monroe）为代表的心理起源说的支持者认为，教育起源于儿童对成人无意识地模仿，班杜拉（Bandura）经过实证研究也提出人类的大量行为是通过对榜样的观察和模仿习得的，即教育的发生源自人与人之间（大多是幼者对长者）无意识地模仿，"非专业者"对于"专业者"行为的模仿促进教育事实的发生。在这种意义上，"榜样示范"即是教育活动的重要构成，成为育人的重要手段。

家长是与学生最为贴近的教育力量，是直接影响学生成长的"关键他人"。家

---

[1] 顾明远.共同加强家庭家教家风建设.[N].中国教育报，2022-10-30(004).

长的言行举止无时无刻不在影响着自己的孩子,孩子与家长朝夕相处的过程,是孩子接受家庭教育的另一种展现和形式。现如今屡见不鲜的"熊孩子"事件不断见诸网络各大平台,反映出孩子的家庭教养。正所谓"每一个熊孩子的背后都至少有一个熊家长",这话虽然没有经过实证考察,但是其背后存在一定的合理性。毕竟,家长是孩子的第一任老师,是孩子成长最早的榜样,孩子是家长的影子,孩子的言行一定程度上反映家长的言行。

陈鹤琴先生曾讲述过这样的事例:有一次,有一位母亲要外出,对小孩说:"妈妈到外边去去就来,买糖给你吃,你好好在家不要哭,不要吵。"过了半天,这位母亲才回来,但没有带糖,小孩向她讨糖,她说:"忘记了,下次买给你吃。"后来孩子邀邻居家的小孩来同他玩,就对邻居家的小孩子说:"你到这里来玩,我这里有糖。"他母亲听见了就责问他说:"你没有糖怎么说有糖呢?你要他来就叫他来,何必要骗他?"小孩子回答说:"这个不要紧,他来了就说我吃完了!"这个小孩子之所以说谎,就是受他母亲的影响。他母亲不要孩子说谎,是很好的,但是她自己却说了谎,怎能要她孩子不说谎呢?①

亲子关系是发展心理学的一个重要研究课题,它是以血缘和共同生活为基础,以抚养、教养、赡养为基本内容的自然关系和社会关系的统一体②。亲子交往即父母和子女之间的交往,包括父亲和子女的交往、母亲和子女的交往。亲子关系具有不可替代性、持久性、强迫性、不平等性和变化性③。一个家庭,最具有教育权限的是父亲和母亲,父母对于孩子的言行规范既凸显其本身的教育观,也映现出其自身对于言行的实践形态。孩子的成长与发展,离不开父母对于孩子言行的规限,也离不开对于自身言行的要求。

二、培养家长的亲子言行管理能力

根本上讲,人有思想、有思维且有认知、理解和言辩能力,这些与一般动物的

---

① 北京市教育科学研究所.陈鹤琴全集(第一卷)[M].南京:江苏教育出版社,1987:470—471.
② 刘晓梅,李康.亲子关系研究浅识[J].贵州师范大学学报(社会科学版),1996(3):74—76.
③ 郑希付.良性亲子关系创立模式[J].湖南师范大学社会科学学报,1998(1):73—77.

差别使人具有可塑性。"教育要塑造的对象是而且仅仅是人,人的塑造和成为人是活生生的整体性的塑造和'成人'",历经教育过程,人可以蜕去自然无序的"盲动性",走向理性有序的"社会性"①。家长参与家校社协同育人,不仅要管理孩子的言行,更要管理自己的言行,通过自身的言行举止凸显自身家庭教育能力的同时让家庭作为重要力量参与家校社协同育人。因此,家长的家庭教育胜任力培养的关键能力维度之一即亲子言行管理能力,也可以看作家长的育儿资源管理能力,既包含家庭中对孩子言行的管理,也包括对学校、社会中育儿资源的整合。

培养家长亲子言行管理能力要注意关注到家长"管理"的两个方面要素:一方面,管理自己及环境。包括了解自己的教养风格,了解孩子生长环境的优缺点,营造阅读环境、谈心环境,营造温馨和谐的家庭氛围,以及管理陪伴孩子的时间(如何高质量陪伴)、管理资源(包括学校资源、社会资源、身边的资源)。所谓"知人者智,自知者明",家长只有了解了自己,才能在养育孩子的过程中摒弃"我都是为了你好"这样"只有爱的艺术,却没有爱的技巧"的育儿方式,不会把问题都归结到孩子身上,并且能够主动发现问题、思考问题、寻求合作解决问题。另一方面,管理孩子。包括学习管理、时间管理、行为习惯管理、情绪管理、安全管理(有效看护)等,具体体现在管理孩子的不良行为,如何让孩子在逆境中逆势成长,帮助孩子树立正确的"三观";管理孩子的情绪;管理时间(高效学习、闲暇时间的运用);注意力培养;五项管理(作业、睡眠、手机、读物、体质管理);合理看待和正确使用新兴事物,如网络游戏,能够挖掘其中有益于孩子成长的部分等。

2023年10月国庆期间,上海南汇新城海滩上一名4岁半的小女孩在游玩中失踪,最终遇难。悲剧的背后给广大家长敲了个警钟,孩子需要呵护,安全教育刻不容缓。家庭教育是对孩子的安全、健康、成长的全方位关心。家庭教育的基础是发自内心关心和呵护孩子,让他们在一个安全、健康、温馨的环境中成长。安全教育是每个家长的必修课,无论强调多少遍都不为过。

陈鹤琴言道,"普通的小孩子,在家不知道外边的人,当然以父母及亲戚为模

---

① 赵冬冬,朱益明.培养受过教育的人:"培养什么人"的教育学之维[J].教育学术月刊,2021(6):3—9+18.

范人物,进了学校,就要模仿教员了"①"儿童善恶的观念很薄弱,所以他不能选择事物去模仿的""成人在家里和在学校里,皆要以身作则,切不可以不谨慎出之"②。美国精神分析学家埃里克森(Erikson)提出,在个体发展的早期,人格发展主要的课题是建立对世界的最初的信任感③。因此,家长管理自身的言行,规范和约束自身的言语举止,既是在完善自己,也是在教育孩子,这是培养自身亲子言行管理能力的重要维度。

第一,言传身教垂范,家长既要言教又要身教。"从儿童社会化成长的过程来看,儿童对世界的信赖和满意来自于最初母亲对孩子的关怀和保护"④,父母对孩子有品行认知选择的启蒙影响。父母言行举止、处世为人的特质对子女的熏陶会成为其品行塑造的原初动力。父母首先应严于律己,注重生活中的言行并不断提高自身的学识修养,为子女做出表率。因此,家庭注重优构己身,从家庭实际出发,创造学生家庭教育的有利条件很有必要。

第二,完善教育理念。父母愿子女有健康的心理和健全的人格,首先要把孩子看成独立的个体,充分尊重和理解孩子,做到文道结合,坚持德智平衡的教育原则,将知识与道德置于同等重要的位置,使孩子在家校共同教育下得到全面发展。同时,家长要主动了解学生身心发展特点和教育规律,亲子之间搭建平等、和谐、友爱、民主的家庭关系,明晰学生成长的实质意蕴,尊重学生成长自由,从而改压迫式、紧逼式的教育方法为宽松式、包容式的教育方法,尤其是让心存"重智轻德"理念转变成为"德智平衡"的观念。

第三,丰富家庭业余活动。社会生存危机影响人们对于社会物质追求的价值取向,疲于奔走于社会之间的人们往往忽视家庭业余生活对子女教育的重要性。丰富的家庭业余生活,开阔孩子视野,接触积极的影响因子,使孩子在体验中感悟,在感悟中提高自身修养,例如,家长可以指导子女收看具有审美价值的网络节目,带领子女观光旅游、聆听音乐、观赏摄影、画展等。同时,开展亲子活动,为家

---

① 北京市教育科学研究所.陈鹤琴全集(第一卷)[M].南京:江苏教育出版社,1987:462.
② 北京市教育科学研究所.陈鹤琴全集(第一卷)[M].南京:江苏教育出版社,1987:186.
③ 时蓉华.社会心理学辞典[M].成都:四川人民出版社,1988:88.
④ 宋晔.教育关怀:现代教育的道德向度[J].教育理论与实践,2007(19):39—42.

长与孩子创造互动交流空间,和谐亲子关系。例如家长在课余时间与学生一起游戏、学习,一起参观博物馆、烈士陵园等,在密切亲子关系的同时对学生进行道德人格教育。

第四,主动参与学校活动。"家长参与学校教学在教育发达国家是一种成熟的模式;美国的学校教育计划号召家长积极参与学校教学与管理,很多学区甚至把学校的管理权委托给家校委员会"[1],针对学校重智轻德倾向、师德垂范迷失、德育课程衰减、学生思想品行异化等,家长委员会代表及时与学校沟通并讨论教学研究改革举措。家长委员会可以以集体的名义向学校提出建议和要求,促进学校教育有关德育措施的落实和发展,使学校思想政治教育不断深化,取得更好的效果。在此基础上,家长与学校之间形成关于孩子教育的共情与共识愿景,彼此间搭建合作桥梁,让家长能够借助学校的专业力量,更新自己的家庭教育理念与方法,进而管理好自身的言行与孩子的言行,达成理性且良好的家庭教育目标。

总之,每一个时代都有富有时代感的教育主题和教育观点,这些主题或观点,是时代的倒影、后世的镜子,能够通过对于时代关键教育问题的反思和论述,呈现一个时代最真实教育景观的一个侧面。进入新时代,协同育人成为各级各地教育部门关注的教育课题,代表了、指出了未来中国教育发展的路向之一。尤其是随着教育发展环境不确定性的增加,寻找一定可能的确定性的实践方略成为教育改革必要的选择和构想。其中,几乎没有家长不爱自己的孩子,但爱与会爱却有极大的区别。人的复杂性和家庭教育的长期性、"慢生长"和外界评价的功利性等带来的问题,使得教育包括家庭教育的"长期主义"特点,让处于生存的压力环境、自身的能力要素、社会分层和重大事件影响等多种叠加情形下的家长,常常处于一种无助无力甚至焦虑状态,短期还相对好点,时间长了,演变为放任,甚至走向反面。这些让"爱"与"会爱"、"想教"与"能教""善教"、单纯的"家事"成了"国事"等成为新时代家庭教育的重大变迁背景,也让家长的家庭教育胜任力建设成为协同育人的重要支点。

---

[1] 李明,完颜华.家校联动的青少年道德教育机制探究[J].教学与管理,2014(21):77—79.

第四章 教师参与协同育人的家庭教育指导能力

内容提要

新时代推进家校社协同育人,学校必须担当重任,要发挥教师专业优势助力协同育人落地转化、细化实施。《关于深化教育教学改革全面提高义务教育质量的意见》提出"强化教师家庭教育指导能力建设",让教师参与协同育人的家庭教育指导能力成为必须关注的教师专业能力。这种能力主要由五种能力要素构成。

一是认知能力。认知能力是教师家庭教育指导能力结构中最基础的能力,既包括对家长的认识,也包括对家庭亲子关系的认识,还包括对不同结构家庭的教育认识。当前这种能力并没有受到重视,可以基于教师需求与认知方式的研修、扎根实践的反思性研究、参与团队研讨的合作性分享等方法进行培养。

二是沟通能力。教师的沟通能力是指教师所具有的构建师生间和家校间相互信任、相互理解和相互尊重的融洽、和谐关系的能力。沟通能力作为教师都应该具备的一种基本能力,是教师家庭教育指导的专业能力"基点",是体现一个教师的教育智慧的关键能力之一。

三是情感能力。情感能力是一种源起于人心灵美好德性的能力,教师是做"人"的工作、育"人"的工作,情感能力是教师家教指导能力的重要组成部分,离开了情感和情感能力,教师育人基本无从谈起。教师情感能力的功用发挥强调以"有情的教师"指导"有情的家长"来培养"有情的学生",注重激发家校"双主体"的育人能力与潜力。

四是协作能力。协同育人的过程中,教师与家长、教师与学生、教师与教师、教师与学校、教师与社会育人机构等良好互动关系的建立与维护,需要教师具备"协作能力"。运用"六步协作策略"可以培养这种能力:

搭建载体——找准话题——设计方案——引导参与——突出成效——反思提炼。

五是管理能力。管理能力是教师家庭教育指导能力的高阶能力,是指在协同育人过程中,作为管理者的教师以提升家校社教育合力促进儿童成长为基本的价值取向,确定开展指导的目标、任务,制定行动计划,统筹安排,把各种资源有效地组合起来,协调一致地保证顺利实施的能力。

"家庭教育指导服务"是新时代教育政策与法规的"关键词",中共中央、国务院等部门发布的教育改革意见和方案凸显时代对于"家庭教育指导"的战略期待。2015年10月,教育部颁发《关于加强家庭教育工作的指导意见》强调要充分发挥学校在家庭教育指导中的重要作用,强化学校家庭教育工作指导。2019年10月,十九届四中全会更是强调新时代"要构建覆盖城乡的家庭教育指导服务体系",史无前例地突出家庭教育指导工作的价值。2020年10月,全国人大常委会审议通过的《中华人民共和国未成年人保护法》六次提到"家庭教育指导";2021年10月,十三届全国人大常委会第三十一次会议通过《中华人民共和国家庭教育促进法》,在法制层面二十次强调"家庭教育指导服务"。

2023年1月,《教育部等十三部门关于健全学校家庭社会协同育人机制的意见》明确指出:推进协同育人"学校教育主阵地作用进一步强化,家庭教育指导服务更加专业"[1]。由此可见,家庭教育指导服务的任务要由学校承担,而教师是学校育人的主体,教师作为学校育人的主体,是学校教育实践的主要参与者和权威,发挥学校在家校社合力育人过程中的价值功用实际上需要让教师在其中有所作为且有所担当。无数事实证明,家长是参与协同育人的关键力量,家长教育素养的高低是决定协同育人成效的关键因素。《中共中央国务院关于深化教育教学改革全面提高义务教育质量的意见》首次提出强化教师"家庭教育指导"能力建设,

---

[1] 教育部等十三部门. 教育部等十三部门关于健全学校家庭社会协同育人机制的意见[EB/OL]. (2023-01-17)[2023-01-21]. www.moe.gov.cn/srcsite/A06/s3325/202301/t20230119_1039746.html.

从宏观政策的角度将指导家长开展家庭教育的责任赋予教师,这让"教师家庭教育指导能力"应时而生。

"能当家长"不等于"会当家长",新时代的教师除了提高教育教学能力,还要具备家庭教育指导能力。教师应该在参与协同育人过程中,承担为家长提供家庭教育指导服务的责任,这不仅不是为教师增加工作负担,反而是通过教师引导家长激发家庭教育的能量与潜力,助力协同育人提质增效,以此为教师"减负"。因此,教师参与协同育人要培养的一种重要能力就是家庭教育指导能力。这种"能力"主要由五种能力要素构成[①]:

第一节 认知能力

一、认知能力的要素

认知能力是教师家庭教育指导能力结构中最基础的能力,是一种融心理学、生理学、伦理学、行为学等学科知识,在教育教学实践观察和经验积累中形成的能力,是需要广大教师包括有志于成为教师的青年学子尽力掌握的基础能力。家庭教育指导的主要任务是围绕儿童的身心发育规律和教育发展需求,帮助家长树立正确的教育观念,掌握正确的教育方法。所以,教师要掌握儿童身心发展规律、家庭教育、家庭教育指导等基本知识与基本理论,这是教师形成家庭教育指导认知能力的基础。

教师具有儿童身心发展特点与教育的相关知识,加之其教育实践知识与经验,这些是家庭教育指导者的重要优势。家庭教育指导的过程就是教师运用所掌握的儿童身心发展的相关知识和教育实践中积累的关于促进儿童身心发展的策略性知识,引导家长科学地认识孩子,有效开展家庭教育,使家庭、学校合力为儿童的发展助力的过程。在家庭教育指导的过程中,教师要引导家长关注孩子发展

[①] 教师家庭教育指导能力的五种能力要素的详细论述见笔者 2021 年 12 月于华东师范大学出版社出版的专著《教师家庭教育指导能力建设论》,本章内容主要摘编改写自这本书的核心观点。(详见:张竹林.教师家庭教育指导能力建设论[M].上海:华东师范大学出版社,2021.)

的多种因素,而不能"顾此失彼"或是"片面地用力过猛"。引导家长了解孩子的遗传(表现为个性)特点,帮助家长发现孩子可能的优势和不足,在生活、教育中注意扬长补短。提倡教师掌握系统的心理学尤其是发展心理学,脑科学、神经科学和行为科学知识。因此,如果说具备关于儿童的相关知识是教师开展家庭教育指导的第一重要之维的话,那么具备关于家庭教育的相关知识则是第二重要之维。

一是对家长的认识。家长是一个复杂、多元的群体,在年龄、性别、性格、职业和文化背景等方面存在着差异,这些差异使家长形成了对儿童、教育、家庭教育不同的认识、理念和行为。教师作为家庭教育指导工作者既需要了解家长的整体特征,有对"家长群像"的认知,又要了解家长的个体特征,有对"家长个像"的认知,从共性与个性的辩证关系来把握,开展有针对性的指导。

二是对家庭亲子关系的认识。良好的亲子关系是家庭教育的基础,只有在关系和谐的状态下,儿童才会尊重父母,接受父母的教育。在家庭教育指导中,要让家长明确家庭教育是在亲子互动中实现的,家庭教育的问题、孩子发展的问题很大程度都是因为不良亲子关系导致的。教师要引导家长确定自身在亲子关系建立中的主导地位,为家长主动地通过具体的行动来构建和谐的亲子关系提供可行的策略。

三是对不同结构家庭的教育认识。随着社会的发展,家庭结构越来越多样和复杂。教师在开展家庭教育指导时应了解到儿童生活的家庭的结构和这类结构家庭教育的共性特点,了解不同结构家庭教育对儿童发展的优势和可能出现的问题,实施有针对性的指导。但值得注意的是,虽然同一结构类型的家庭中,其家庭成员关系、家庭教育呈现出一定的共性特点,但也有着不同的个性,因此,教师在开展家庭教育指导的过程中,不能机械地仅仅根据家庭的外在结构就"先在"地给家庭、家长和儿童贴上标签,不经全面了解和仔细分析就"归类处理"。

二、认知能力的现状

探讨教师家庭教育指导认知能力,主要围绕两个纬度来进行:一是教师个体的认知能力,二是教师群体对家庭教育指导的认知。前者是"主体向内"型的研究,后者是"主体向外"型的研究。笔者曾带领课题组进行了多次专题调研,基本上探明教师对家庭教育指导的认知,一定程度上反映了教师认知能力的现状。

其一,教师对家庭教育指导的认识和态度。首先,教师开展家庭教育指导的自觉意识较强,对通过自己指导改善家长教育行为充满信心。其次,形成家校育人合力是教师从事家庭教育指导工作的主要目的,但教师倾向于从学校和教师需求视角看待家校合作。再则,教师认为家庭教育指导一定程度上会妨碍教学工作。最后,"学生母亲"是教师家庭指导的主要对象,父亲"缺位"现象仍然较普遍。

其二,教师家庭教育指导关涉的主要内容。首先,在家长教育观念指导方面,排在首位的是教师对家长"孩子的全面发展观念"的指导。其次,在家长的家庭教育方法方面,指导最多的两个方面依次为"言教、身教与环境教育的关系"。再次,心理健康与品行发展是教师在家庭教育指导中较为注重的内容。

其三,个别化指导是教师较为热衷的指导方式。当问及"您在开展家庭教育指导时,主要采用哪一种方式"时,近七成的教师选择"个别指导",而在个别化指导中教师倾向于借助现代信息化媒介,面对面的沟通交流相对不足。近六成受访教师选择"电话、QQ、微信与家长进行交流沟通"。选择"家长个别接待"的教师占有效问卷总数的比例为26.0%;选择"上门家访"的教师占有效问卷总数的比例为12.6%。

其四,教师开展家庭教育指导的知识获得。"在实践中学"是教师获得和积累家庭教育知识的主要途径。当被问及"您现阶段掌握的'如何正确教育孩子'的家庭教育知识,最主要来源是什么"时,选择"在自己教育孩子过程中的积累"的教师最多,占比为43.3%;选择"从书籍、报刊和网络上自学"的教师居其次,占比为22.4%。从职后培训或职前教育中习得相关知识的教师占比合计不到25%,尤其是在职前教育中习得相关知识的教师人数,甚至少于从父母身上习得相关知识的教师人数。

其五,教师家庭教育指导素养提升的需求。首先,在培训内容方面,教师希望通过培训获得与家长有效沟通的知识、方法、儿童发展,以及与教育、家庭教育的相关知识。其次,在培训方式方面,教师更期待"基于实践的、参与式"的培训方式。教师对培训内容与方式的需求选择,可能存在多种原因,一方面是因为家庭教育较为复杂,不同家长有不同的需求,家庭教育指导是一项实践性强的工作,教师已有相关的知识和经验多是通过实践积累所获得;另一方面,已有的关于家庭教育指导的相关培训课程不能满足教师的实践工作需要,或者说教师认为"不太有用"。

三、认知能力的提升

(一)基于调研数据的宏观思考

科学的调研,全面而真实地了解教师对家庭教育指导的认识、态度以及开展此项工作的现状、困惑、需求,因"需"制"策",因"人"施"策",着力改善和提升教师家庭教育指导能力,为实现家校合作育人目标打下了坚实基础。首先,需要为教师创设"减负"环境,引导教师自觉践行"久久为功""厚积薄发"的家庭教育指导行动。其次,教师迫切需要专业支撑,要通过顶层设计、梯次推进,从培训的机会、方式和内容等方面系统有效供给。再次,多数教师主要采用个别指导的方式开展工作,比较依赖信息技术助力,需要关注集体指导,引导信息化与传统手段的相互融合与优势互补。最后,需厘清学校、教师在整个家庭教育指导服务系统中的作用和责任边界,引导激励家长和社会参与,发挥不同主体的教育功能。

(二)基于实践需求的具体策略

首先,基于教师需求与认知方式的研修。教师的家庭教育指导能力具有差异性,影响教师家庭教育认知能力的因素也多种多样,提升教师家庭教育指导认知力的培训,应改变"单一"的培训内容和培训方式。应该以教师主体和工作实际为出发点采取多样且有效的培训模式。比如可以采取"需求式"培训模式,即建立完善的需求调研和过程信息反馈系统,并不断根据这些信息,调整培训的内容与方式,尽量"培"教师所缺的、"训"教师所需的。

其次,扎根实践的反思性研究。教师在自身的家庭教育,在家庭教育指导中,通过知识与经验的积累来建构自己关于家庭教育的认知图式或心理表象,并将认知图式或心理表象以经验的形式储存在起来,成为教师认知结构的主要成分。教师在建构个体实践知识,包括家庭教育及指导知识的过程中,一方面,通过反省和检查自己的观念、行为减少主观性,不能一味地迎合社会、家长的不正确认识;另一方面,经过长期知识和经验的积累,建构精确、高效的教育信息加工图式,能较为敏感地从儿童、家长的言行捕捉到家庭教育的信息,自动生成对问题的分析和行动的策略指导,以提高指导的针对性和有效性。

最后,参与团队研讨的合作性分享。对教师专业发展而言,尽管教师个体的自我反思、自我学习与自我成长是必要的,但是积极地投入到专业群体中,与其他教师进行交流与合作对提高教师自身的专业水平同样重要。因此,教师要有这样一种共同的认识,即教师集体是一个合作互助的专业共同体,教师间的同伴互助、相互支持与合作能够使共同体中的每一个成员分享彼此的观点和经验,促进各自的发展①。教师家庭教育指导能力的提升也是在个体反思性实践和团队合作的方式中获得的。

第二节 沟通能力

一、沟通能力的内涵

沟通是人们分享信息、思想和情感的过程。沟通过程的要素包括沟通主体、沟通客体、沟通介体、沟通环境和沟通渠道。这种过程不仅包含口头语言和书面语言,也包含肢体语言、物质环境等赋予信息含义的任何东西。沟通能力则是指一个人与他人有效地进行沟通信息的能力,包含着表达能力、倾听能力和设计能力。教师的沟通能力是指教师所具有的构建师生间相互信任、相互理解和相互尊重的融洽、和谐关系的能力②。教师的沟通能力是教师专业能力建设的必要构成。

教师开展家庭教育指导,始于对家长、学生及其相关教育主体或事件的认知,对于这些家庭教育涉及要素形成的基本的教育理解;在"理解"的基础上,教师需要与家长或学生等教育对象展开沟通,沟通的过程不一定指向单一对象,还可能

---

① 周坤亮.指向教师专业发展的学校组织变革[J].教育理论与实践,2013(19):28—31.
② 陈丽萍.谈教师沟通能力的培养[J].新课程(小学版),2009(11):52.

涉及教师工作所在学校的领导和同事,有时还可能涉及相关社区人员,与他们协商共同探讨更好地开展家庭教育的方案。因此,沟通能力是教师的基本专业能力。

教师在日常工作中需要经常与学生沟通,与相关教师沟通,与家长沟通,与学校领导沟通,甚至是与社会相关部门沟通等,沟通是教师工作中的重要内容。沟通能力作为教师应该具备的一种基本能力,是教师家庭教育指导专业能力的"基点",是体现一个教师教育智慧和教育素养的关键能力之一。

2016年9月,笔者对区域40所"十三五"家庭教育基地校的家长进行调研发现,不少年轻教师害怕与家长交流,更害怕家访。提升沟通能力,已经成为教师专业提升的内需。在2017年—2020年连续四年开展的奉贤区中小学生"七彩成长"满意度调研中,特别问到学生对"老师经常通过家访、电话或微信等联系我父母亲等家长,反映和了解我的学习情况,我喜欢老师这样做"(简称家校联系沟通情况)的满意度。调查数据显示,学生对家校联系沟通情况的满意度为8.59分,在24个与满意度相关问题中居后,为21位。学生对家校联系沟通情况不甚满意的状况,从另一个方面反映出,当前家校联系沟通存在较大问题,亟须重新审思和调整改善。

2022年11月,北京市委教育工作委员会等十部门关于印发《北京市新时代基础教育强师计划实施方案》的通知强调:"落实中小学教师家访制度,将家校联系情况纳入教师考核。"[①]2023年1月,《教育部等十三部门关于健全学校家庭社会协同育人机制的意见》中指出:"学校领导要带头开展家访,班主任每学年对每名学生至少开展1次家访,鼓励科任教师有针对性开展家访。""家访"是传统家校协同育人的主要方式之一,在家校社协同育人成为教育发展战略的背景下,"家访制度化"已经成为教师专业建设的核心任务之一,而"沟通"即是家访有效推进的"密钥"。

---

① 中共北京市委教育工作委员会,等. 中共北京市委教育工作委员会等十部门关于印发《北京市新时代基础教育强师计划实施方案》的通知[EB/OL]. (2022 - 11 - 22)[2023 - 03 - 18]. http://www.beijing.gov.cn/zhengce/zhengcefagui/202212/t20221203_2870774.html.

二、沟通能力的培养

沟通能力的培养需要在实践中训练和提升。教师可以充分利用家访、家长会、接待来访、在线沟通、书面沟通等多种途径密切与家长的联系与沟通,在与形形色色的家长交往中不断培养沟通的能力。

首先,家访中增进情感交流。家访是教师进行具体的、有针对性的学生个别教育的常用方式,能够密切教师与学生、教师与家长之间的联系,增进彼此情感的交流,拉近彼此的心理距离。教师在家访中,首先从情感上走近学生及家长,让家长感受老师的诚意,打开家长的心门。其次,在家访前一定要做好充分的准备,从家访内容的确定、家访提纲的制定、家访时机的选择及与家长沟通的艺术等方面多多学习、多多思考。

其次,家长会上激发思想碰撞。通过召开家长会,班主任可以把学校的先进管理理念和管理措施展示给家长,以取得家长对学校各项管理工作的理解和支持,并提升学校在社会上的影响力;老师们也可以展示自身的风采、教育的理念、班级管理的措施等,赢得家长对教师、对班级工作的理解和支持;还可以向家长传播先进的教育理念和信息等,在沟通中激发思想的碰撞,达成教育方向的共识。

再次,接待来访中探讨教育方法。在学校接待家长来访已成为教师密切家校沟通、开展家庭教育个别指导的重要途径之一。其中,接待家长来访时,教师要选好谈话地点,可以选择环境优美、氛围幽静、不被打扰的功能教室,或校园长廊、景观亭等;接待家长来访时,教师要保持良好的态度,热情欢迎,以礼相待;教师在和家长交流中要多表扬孩子的进步,肯定孩子的闪光点,对学生要进行客观的评价,不得一味批评指责,针对存在的问题要听听家长的想法,共同商量对策,拟定实施计划等,给家长指导建议,让家长看到问题,更要看到希望。

然后,线上沟通中提升媒介素养。在"互联网+"时代,家校沟通的途径和方式越来越多,及时便捷的在线个别指导如短信、微信、QQ等正成为教师与家长交流指导的重要工具。教师也可以利用网络优势多转发专业的家庭教育指导文章,向家长传播先进的教育理念。同时,教师应加强自身的新媒体素养,建立网络平台前一定要和家长商量好相应的公约,明确好相应的规矩,守护好相应的底线,并身体力行严格执行,让这些网络沟通平台成为探讨教育方法、传递正能量的平台。

最后,书面沟通中传递温暖信息。教师用便条及时向家长汇报学生的进步,不仅可以密切教师、学生和家长之间的关系,通过学生转交给家长还可以增加仪式感,便于收藏保存,特别是能增强学生的信心。便条的内容一定要自然真诚,富有意义,生动的文字加上卡通的表情符号可以让便条拉近与学生及家长的距离。家校联系簿也是一种常用的沟通方式。

三、沟通能力的提升

(一)做好沟通的准备

与家长沟通前,教师必须充分了解学生,研究学生家庭,全面掌握信息,才能在沟通中有的放矢。要做好沟通的准备,教师首先要把学生装在心中,充分了解学生,心中要有一本学生的"明细账",对学生做到了如指掌,这样才能在沟通时有条不紊地与家长拉拉家常、交换意见。对学生的充分了解也会让家长感受到老师对孩子的关注,在沟通中形成积极的情感传递,从而让沟通有成效。同时,教师还要研究学生家庭,只有正确聚焦家庭教育中的困惑、难点及家长的需求,家庭教育指导才能真正走进家长的心灵。教师要充分掌握学生的家庭情况,把握家庭对学生的影响,才能有针对性地与家长沟通,并做好家庭教育指导。

(二)丰富沟通的内容

家庭教育指向的是孩子真正素质素养的教育,主要不是知识领域,而重在人格、习惯、习俗等。教师与家长的沟通应更多地关注学生的习惯、品行等,包括学生的学习表现,如喜欢课堂的程度、对课程的兴趣、参与活动的表现、听讲及作业的习惯等,而不是一味关注成绩;学生的品德行为,如行为规范、道德品质、与同学的相处情况、与老师之间的感情、情绪的表达等;以及学生兴趣爱好、身心健康情况等。同时,积极了解学生在家的表现,如对父母家人的情感态度、家务劳动的表现、家庭学习的氛围等,在沟通中要肯定学生的进步和成长,并将沟通的重点放在对孩子教育方法的交流上,从而建立和谐、密切的联系,在沟通中统一教育理念。同时,教师还要积极宣传学校办学理念、办学特色以及教师在班级管理中的理念、想法及举措等,听取家长意见建议,赢得家长对学校及教师工作的理解和支持,让家长对学校、对教师充满信心。

(三) 遵守沟通的礼仪

其一,要有时间观念,与家长提前约好就一定要守时,沟通也要把握时间,不要拖拉和冗长,以免影响家长正常的工作。登门家访一定要预约时间,不要早到以免让家长措手不及,也不要让家长久等。其二,要热情有礼,着装要整洁得体,举止要文明大方,主动微笑,多用文明用语,不要当着家长的面吸烟、说粗话、脏话等。教师不得以任何理由接受家长宴请或馈赠的任何礼物。与异性家长接触时,还要注意沟通的方式方法和分寸,不能有"越界"行为产生。其三,要营造宽松氛围。赞美的话最好是有旁人在的公众场合讲,因此对学生的表扬就选择人多的场合对家长讲,如家长会,批评的话不要在公众场合讲,而私人的话题最好在较私人的空间交流。

(四) 用好沟通的媒介

智能手机越来越普及,动动手指即可实现随时、即时、共识的沟通,可以节约家校沟通的时间和精力成本,甚至能使家长对孩子的在校状况了如指掌。但值得警惕的是,家校沟通中的技术优势也可能造成教师和家长双方的过度参与,成为学生发展、学校运行和亲子关系建构的障碍。便捷的家校沟通方式有可能使教师、家长在学生学业问题上双双越位而形成"无缝对接",使学生这一成长主体自主成长的空间被过度压缩,错失自主发展的机会,导致自理能力、自制能力和责任感等发展的缺失。便捷造成的家长对学校工作的过度干预,成为学校顺利开展工作的障碍,不利于形成健康的教育生态。事实上,人是情感的人,冷冰冰的器物是无法代替那种和谐的面对面沟通的,一个会心的笑容,一个理解的肢体语言,一杯清茶的举动,都会让许多的误解和埋怨瞬间冰雪消融。

(五) 探索沟通的机制

教师与家长的沟通要讲究方法,无论是教师个体,还是学校集体,在参与和引导教师家教指导过程中,要积极探索沟通的有效机制,营造形成一种个人气质和学校文化气质的家校沟通文化。事实上,家校关系的发展不可能是一帆风顺的,由于利益诉求的不一致和信息不对称,产生家校矛盾是常有的事。关键是教师如何通过与家长的有效沟通及时化解。在此基础上,要做到有效预防、有理有据、顺畅沟通、借助外力、掌控舆情、积极善后。

第三节 情感能力

一、情感能力的内涵

"情感能力"是人的一种源起于个体心灵美好德性的能力,情感能力的存在推进人与人之间的关系性存在,让关系中的人更具情感和情怀。情感的动力功能指一个人的情绪情感对人的行为活动具有增力或减力的作用。情感能力是教师家教指导能力的重要组成部分。教师的专业工作是做"人"的工作、育"人"的工作,离开了情感和情感能力,教师育人基本无从谈起;教师只有具备了对家长的情谊、对学生的情爱、对教育的情怀,才能走进家长和学生的内心世界,家庭教育的指导才会真正产生效果。引导教师深入理解、掌握情感教育和培养情感能力在教师开展家庭教育指导中十分重要,是教师育人实践必须关注的重点。

朱小蔓讲过,"教育的核心和灵魂是德育,教育的根本目的是育德",而"育德是教育的灵魂,动情是德育的关键"[①]。作为教师情感能力依托的教师家庭教育指导能力将情感教育理论视作其存在的理论基础,强调育人过程中教师情感的融入带动教师与家长、教师与学生之间的情感交互。尤其是在家长会活动中,教师情感能力的功用发挥强调以"有情的教师"指导"有情的家长"来培养"有情的学生",注重激发家校"双主体"的育人能力与潜力。

梅仲孙认为:"教师的情感能力既有受纳爱的能力,又有创造爱的爱力,如给予学生成长以积极反应的能力、富于表情达意的能力、亲切交往的能力等。这种情感能力的基础在于教师有强烈的自爱能力。他爱自己的职业选择,爱自己的人

---

① 朱小蔓.育德是教育的灵魂 动情是德育的关键[J].教育研究,2000(4):7—8.

生追求,爱自己的智慧才能,爱自己的情感品位,爱自己的文明举止,爱自己的高雅生活,爱自己的生命历程和对社会的贡献。"[①]同时,"爱作为积极的社会性情感,能使教师以赤子之心去面对世界,面对人生,保持自身善良、真诚的爱心,不虚伪、不做作、不埋怨、不气馁,始终不忘初心,永葆教育激情"[②]。

"情感"对于教师专业发展、人际交往和自身幸福感有重要意义。20 世纪 70 年代以来,学界开始了对教师情感的研究,大致经历了三个发展阶段,从关注教师个体内心体验阶段、关注情感对教育教学的价值阶段,到如今学者开始关注教师情感与学校管理及课程改革等关系。教师不仅具有一定的情绪情感,而且也能接受外界的情感刺激,并对周围学生施予情感上的影响。同时,由于教师是教育教学活动的组织者和主导者,其主导地位决定了教师这个情绪源头对整个教育教学活动具有巨大的能动作用。此外,教师作为成熟的个体,有着相对稳定的个人情绪情感,也将对教育教学活动产生积极作用。因此,新时代教师的专业能力结构中不能缺少教师家庭教育指导能力,而情感能力是教师家教指导力中能力要素的"分水岭"。

二、情感能力的表象

教育不仅仅是针对未成年人的教育,更是对家长的启迪,只有当双方产生了情感共鸣,教师的情感投入真切地传达给家长与学生,触动他们的心弦,才能充分发挥教育的内在张力,最大限度地激发其正面情感,促进其在自省、感悟中获得成长。这是理解教师情感能力的第一步。

(一)家长会活动中的教师情感能力

教师要意识到,人是一种关系性存在,情感是维系人际关系的核心力量。道德情感是人对于周遭事物理解、认识、行动所秉持的道德理解与道德判断。教师

---

① 梅仲孙. 教育中的情和爱——儿童、青少年情感发展与教育研究 40 年[M]. 上海:上海教育出版社,2018:258.
② 梅仲孙. 教育中的情和爱——儿童、青少年情感发展与教育研究 40 年[M]. 上海:上海教育出版社,2018:260.

作为道德实践者,在家长会中指导家长开展家庭教育,这是教师与家长立足学生成长需要进行合力育人的教育举措,二者"指导性合作"的达成离不开教师情感的融入和指引。其中,家校合作育人成为新时代育人改革的必然趋势,家长会已经成为家校共育不可分割的育人主体活动。家长会活动中教师是与家长密切关联的教育主体,"在专业的家庭教育指导者缺乏的当前条件下,教师对家庭教育进行指导是最直接也是最有效的方式"[①],教师能够借助家长会活动创造的与家长沟通的时机,表达对于完善家庭教育的情感意愿,传递教师对于学生的真诚关爱与关怀。

(二)家委会协作中的教师情感能力

家委会是学校日常专业活动中的一项重要活动,教师在其中担当重要责任。教师的师德师风是表达教师情感能力的重要标识。教师只有在日常的家委会实践活动中表现出为人师者对于学生、对于家长的尊重、理解与关怀,呈现为人师者良好的精神风貌,才能够在培养自身情感能力的同时发挥情感能力对于家长群体的教育熏染,使其逐渐理解爱与关怀在家庭教育中的重要价值。为此,教师家庭教育指导能力培养要关注教师的师德师风,尤其是家委会活动中教师在其中协调、沟通以及管理的具体实践活动,要体现出教师情感所包含的师德师风表现。建设教师的情感能力要让师德师风建设成为教师专业能力培养的优先事项;培养教师的情感能力要从不同领域的视角出发,以恰当管理自己的情绪情感为主轴,采用多元化的培养策略。

(三)常态化家访中的教师情感能力

家访是教师与家长直接对话的重要契机,"家访现场"是教师情感能力发挥的"微观场域"。教师在家访中的言谈举止、音容笑貌、待人接物的众多表现,既显露出作为教师的师者情怀,又传递出教师对于家长的情感态度,二者是展现教师的情感能力的"媒介",是展现教师情感能力水平的关键时刻。对于教师来说,到学生的家里进行访问,是开展个别家庭教育指导一种常用的有效方式。它能密切教

[①] 胡白云.让教师成为家庭教育的指导者——家校共育的突破口[J].中国德育,2018(23):21—25.

师与学生、家长间的联系,是强化学校教育与家庭教育结合的重要渠道。同时,教师也能向家长传递学校的办学理念、特色项目、班集体建设目标等信息。显然,这些微观场景展现出教师对于家庭教育的关注、对于学生教育的关爱、对于让家长理解孩子在校成长的重视,表达出教师作为师者原初的教育情感与教育情怀。

(四) 特殊时期显现的教师情感能力

后疫情时代,建设家校社共育新格局,要在变化中坚守爱,在家校关系的"失重"中找到新的平衡。这个新的平衡点存在于"情感教育"中,贯穿在教育的全部过程中,充满的情感的教育也将促进教师、家长、学生三方的共同成长。与此同时,随着社会的发展,家庭结构日渐复杂,出现了越来越庞大的单亲儿童、留守儿童、身体残缺学生等群体,这类学生由于无法得到正常的家庭教育和情感关怀,在学习、生活、品德和行为养成等方面都出现问题,这些问题不仅影响了他们的学业,更为严重的是影响了孩子的心理健康。此时,教师要对其进行有针对性的教育关照和情感关怀,凸显教师情感能力的功用与存在。

三、情感能力的培养

(一) 教师要正确认识、培养和悦纳自身情绪情感

情绪是个体因自身需要是否得到满足而产生的心理体验,如同一个坐标,需要我们正确认识和把握。教师首先要学会体察自己的情绪状态,接纳自己的情绪。一般讲,有两大类情绪情感经验对于教育工作者特别重要:一是积累正面的情绪情感经验,二是澄清负面的情绪情感经验。积极的情绪情感经验多多益善,且不断分化与复杂化。如何有效澄清负面情感? 要考察、观察、求证原因。失调的情绪需要经历情感澄清。[1]

对于教师而言,悦纳自己的第一个重要方面就是悦纳自己的教师角色,有身为教师的自豪感,全面客观地了解教师职业,如它的使命、素质要求、现实地位和

---

[1] 朱小蔓,丁锦宏.情感教育的理论与发展—朱小蔓教授专访[J].苏州大学学报(教育科学版),2015(4):70—80.

工作特点等,既要了解其神圣的一面,也要接受它可能存在一些不尽如人意的方面。悦纳自己的第二个点是设定适度的目标,很多教师胸怀抱负,然而抱负过高或过低都不利于自我悦纳。

无数的案例告诉我们,育人过程中出现问题,无一不是缺少情感。缺少情感的教师无心为教育事业付出,缺少情感的家长对孩子和家庭缺少责任,缺少情感的学生无法成为有用的人才。情感能够调动教师的职业本源,调动教师个体的内在的情感驱动力,通过自身情感能力培养去影响家长。由此,情感能力也就成了教师家教指导能力的重要组成要素。

(二)教师要培养管理自身情绪情感的能力

情绪能够以一种与生理性动机或社会性动机相同的方式激发和引导行为。从情绪的动力性特征看,分为积极增力的情绪和消极减力的情绪。快乐、热爱、自信等积极增力的情绪会提高人们的活动能力,而恐惧、痛苦、自卑等消极减力的情绪则会降低人们活动的积极性。有些情绪同时兼具增力与减力两种动力性质,如悲痛可以使人消沉,也可以使人化悲痛为力量。其中,情绪管理能力是一种能对自己情绪认知、监控和驱动的能力以及对周围情境的识别与适应反应的能力,是个体在遇到与自身发展不利的情绪时,积极寻找策略,以有效方式解决不适的能力。

教师在与同事、家长和学生沟通时,恰当的表达技巧非常重要。许多研究表明,教育教学目标受阻是教师产生消极情绪体验的重要原因之一。有时候,教师将自己的情绪表现出来非常重要,一方面教师需要让学生感受到自己的情绪状态;另一方面这种表达也使教师有一个释放的窗口。例如,教师在教育工作中,经常会不自觉地采用"你向信息"方式与对方沟通,说出诸如"你无可救药""你犯了不可挽回的错误"等不恰当的语言,这种攻击性的方式让对方很难接受。相反,正确的表达方式应运用"我向信息",如"作为你的老师,我对你的行为感到担心",来表达自己的感受,这样既可以影响对方的行为,又使负面的状态不被触发,从而创设轻松愉快的氛围。

(三) 教师要培养协调引导家长和学生情绪情感的能力

教师要了解作为教师的情感维度[①]，不断地学习并且敏感地意识到情感素质的重要价值和意义，还要积极行动，在家校合育工作中善于学习、勤于实践，形成行动自觉，提升师生、家校情感交往质量。

显而易见，首先教师要掌握"察言观色"的技巧，善于观察识别他人特别是家长和学生的情绪反应，认真倾听学生的心声，心理学理论将此定义为"同理心"，即"移情"或"共情"。同理心能够使教师在与家长、学生的交往中觉察、关注对方的感受，理解他人的立场，从而接纳和尊重家长遇到的家庭教育困惑和学生身上出现的各种成长问题。其次，教师要掌握基本的心理障碍识别技术，在认知方面提升自身的知识储备，能初步诊断学生的情绪异常，给予及时处理，例如能及时关注学生因考试引发的焦虑情绪、学生因生活遭遇而产生抑郁的情绪等。再次，教师的情感交往能力还体现在教师与家长、学生交往时所展现的外部语言、体态和手势等，身体语言在信息传递中颇为重要。教育教学中，正确、适度、巧妙地运用身体语言，能够修饰、润色口头语言，甚至能表达言语所不能表达的情感，起到"此时无声胜有声"的效果。

(四) 教师要培养自身的健全人格与积极心态

教师情感能力的培养的一个关键要素就是教师自身。所谓教师人格，是指教师作为教育教学活动的主体，在工作过程中形成的优良的情感意志、合理的智能结构、稳定的道德意识和个体行为的倾向性，包括经验、乐观、自信、乐群性和智慧性等。人格魅力在师生沟通中具有"潜在的心理示范""崇高的美学感召""特殊的社会塑造"和"无形的柔性管理"四个方面的潜"话语"力量。教师的人格健全与否都会在潜移默化中影响教育对象。[②] 作为塑造人类灵魂的教师应该在成长道路中完善人格，客观地、全面地、辩证地去认识外部世界，以形成积极的三观，进而以性育情。

教师应该具有开阔的视野。全球化时代的教育，必然是面向世界、强调国际

[①] 朱小蔓.关注心灵成长的教育——道德与情感教育的哲思[M].北京:北京师范大学出版社,2012:1.

[②] 赵玉英,论课堂教学中教师情感的构成及其培养[J].教育艺术研究;2014:42—44.

理解的教育。作为新世纪的教师,要有放眼世界的眼光,以开放、理解、包容和尊重的心态参与国际对话和社会沟通,把自己置身于人类文明共同发展进步的广阔舞台和当代教育发展的大潮中,让自己成为视野开阔、胸怀世界、积极参与时代变革和推动时代发展的现代人,从而在学生面前展示出大气的风格,与时俱进,终身学习,勇于进取和创新。尤其是现在科学技术迅猛发展的时代,教师不善于学习、不善于操作,则跟不上时代发展需要,也会与学生产生巨大的代沟。教师的知识愈丰富,他个人对知识、科学、生活的态度就愈鲜明,学生就会从他身上看到智慧的光芒,敬佩他们的老师,并且学习老师追求知识的精神。

第四节 协作能力

一、协作能力的诠释

协作,也可叫"合作"。教师开展家庭教育指导可以理解为教师与家长基于学生成长的教育合作。这种合作需要教师能够协调教师与家长、学生与家长、教师与教师、家长与家长、教师与社会之间的关系,在围绕"实现学生身心健康成长"这一根本目标形成一种"互动—互惠"的关系。协同育人的过程中,教师与家长、教师与学生、教师与教师、教师与学校、教师与社会育人机构等都可能会产生"互动关系",通过有效的相互协作产生更有针对性的育人力量,而这种良好互动关系的建立与维护,尤其需要教师具备一定的"协作能力"。

"协作能力"是教师家教指导力结构体系的一项重要能力,它不仅包括教师与家长之间基于家校共育的协作,还包括教师与教师之间、教师与学生之间,立足更好地推进家庭教育成效的协作。缺少协作能力的教师无法与家长有效沟通,二者之间根本不可能形成教育合力,进而也无法吸引家庭教育的力量参与到学生教育的整个体系中去。反之,具备协作能力的教师能够协同与学生教育相关的教育力量,尤其是针对家庭教育优化的教育力量,推进家庭教育指导工作的有序、有效展开,化家校之间传统意义上的"阻力"为"动力",推动家校合作育人理想目标的达成。

家庭教育指导对象具有多元化的特点,所以家庭教育工作涉及多重人际关系。这种协作关系主要有四对主体:一是教师与家长(家庭),这是最主要的也是最需要有效协作的关系;二是教师与学生,不管是否直接与学生接触,但最根本的是围绕学生的"问题"和"需求"进行协作;三是教师与教师,比如,班主任与一般任课教师、任课教师与任课教师之间的协作;四是与家校合作育人相关的社会主体,如社区、居委、实践基地等。这些清晰地告诉我们,教师开展家庭教育指导,这种协作更强调的是"互动"和人与人的"关系"。互动可以是简单的单维度,也可能是复杂的多维度,有语言的,也有行动的,有空间的,还有情景的,是一种"关系""关联",达成互相理解、接纳和理解,为解决"问题",满足"需求",以及实现目标提供方案和行动。

这些清晰地告诉我们,教师开展家庭教育指导,协作必不可少,对协作能力要求十分明显。尤其是教师在针对家庭教育缺失、方法不科学、关系不和谐等现状开展协作时,需要在认知、沟通和情感等三种能力共同作用下,懂得是什么,明晰为什么,实现情感上接纳,通过相互协作产生更有针对性的育人力量。

二、协作能力的培养

(一) 让家委会成为家校协作育人的有力支点

凡是办学质量高的学校,都很重视家委会建设,积极发挥家委会在家校合作育人中的作用。以上海市奉贤区教育学院附小为例,每年9月都会对家长进行问卷调查,招募一批有责任心、乐为大家服务、具有一定组织协调能力的家长组成班级家委会;再由班级家委会推选出的优秀代表组成年级家委会;经过激烈的竞选,最后产生校级家委会。经过几年实践,家委会坐班制已经成为学校的品牌。每天早上,都会有家委会成员在不同的地点执勤。每周一都会有家长到学校参加"七个一"活动,包括观摩一次升旗仪式、聆听一次课堂教学、倾听一次学生心声、与一位老师进行交流、品尝一次学校午餐、巡视一次校园安全、畅谈一次观摩感悟。至今,已有近千名家长参与此类活动,并留下了深刻的感言,增进了家校交流和理解,促进了家庭教育与学校教育协调一致,办学品质不断提高。因此,教师要学会建设家委会,善于发挥家委会的作用,搭建家校交流沟通的桥梁,让家委会成为家校协作的支点,撬动起整个班级甚至学校发展的力量。

(二) 让家长志愿者成为家校共育的重要力量

家长志愿者对学校各项教育活动的支持、投入是改善家校关系的重要方式,更是家长参与学校教育和管理的实践形式,已成为整合家庭、学校和社会的资源,形成教育合力的有效依托和抓手。让家长志愿者成为教师工作中的好伙伴,这既是对教师工作的有力促进,也是对教师协作能力的一次锻炼。家长既是学校开放活动的志愿者,其实更是孩子成长过程中的陪伴者,家长在参与学校开放活动的过程中,家校育人理念不断趋向一致,家长科学开展家庭教育也有了抓手和方法。当前,要推进劳动教育亦是如此,需要家长的指导和陪伴。教师要善于创设共同成长的氛围,鼓励家长参与孩子成长的过程,在互相帮助、督促的过程中,养成良好行为习惯,帮助孩子实现有价值的自我成长与进步。

(三) 让家长学校成为破解家庭教育难题的平台

随着时代的发展,家长学校除了作为一个分年级段系统传授、专题普及家庭教育知识的平台,更是家校之间进行思想交流和智慧分享的有效平台,是一种很好的家校协作的方式,对破解家庭教育难题具有重要的理论和实践意义。要提高家长学校的有效性,需要学校和教师不断创新家长学校发展的理念、模式和内涵,真正聚焦孩子和家长的共同需求,切中家庭教育中的难题。家长学校为家长之间、家长与教师之间、家长与孩子之间搭建起对话和交流的平台,大家就一个或多个主题进行思想交流、主题讨论和智慧分享,在对话中学会倾听,在倾听中学会理解,在理解中达成和谐,家长学校也成为教师开展家庭教育方法指导、努力破解难题的有效平台。家长学校的时代性、互动性、情境化、多样化等越来越强。随着"互联网+"时代的到来,家长学校的形式也在不断改变,致力于打造合作育人新环境。

三、协作"六步"策略

培养和提高教师家教指导的协作能力就是指导教师通过双向或者多向的协作,互相理解和接纳,为解决"问题"和满足"需求",实现目标提供方案和行动。在多元化的能力培养策略中,笔者带领团队成员立足实践,基于协作的逻辑维度的实现角度,提炼了"六步协作策略",这六步分别为:搭建载体——找准话题——设计方案——引导参与——突出实效——反思提炼,形成协作能力提升的模式及培养路径。

(一) 第一步:搭建载体

家庭教育指导需要有方法,教师协作能力的提升需要有抓手。要通过有效的协作实现问题解决、矛盾化解、关系平衡,首先要找到并搭建起适合的载体。在当下的家庭教育中,父亲这一角色在儿童教育中发挥的作用越来越受到重视。但受到传统观念、生存压力和父亲自我角色认识不足等因素的影响,在家庭教育中"父亲缺位"现象比较普遍。

针对父亲缺位现象带来的问题,学校积极寻找并搭建载体。上海市奉贤区胡桥学校率先开始了"优质爸爸成长营"项目的探索,针对存在的具体问题,以解决问题为目标,通过成长营积极开展爸爸沙龙、亲子班会、亲子游戏、亲子绘画、亲子阅读、亲子沙盘团体辅导等活动,呼吁爸爸们回归家庭,增进爸爸和孩子之间的亲子互动,加强对爸爸亲子沟通方法和技能的训练。"优质爸爸成长营"这一心理辅导与家庭教育相融合的双向互动辅导模式也成为家校协作、合力育人的有效载体。随后,优质爸爸成长营项目在全区各校扩展,区域也成立了面向全区的"优质爸爸成长营",取得了良好的效果。成长营正是基于孩子健康成长的目标,积极发挥家校沟通与家庭指导的载体功能,营造有效亲子交流的氛围,很好地体现了协作的功能。

(二) 第二步:找准话题

找准话题就是找准双方的需求,话题往往就是家庭教育的缺失、方法不科学、关系不和谐等不平衡状态的焦点。学会找准话题是提升协作能力的重要策略。不同阶段学生身心发展的特点及成长的需求不同,不同结构家庭的特点及家庭教育指导的需求也不同,学校家庭教育指导的内容也应当相应不同。聚焦家长和孩子最迫切的需求要发现和找准话题,可以通过教师日常的观察去分析学生家庭及家庭教育的特点,可以通过对学生的访谈来了解学生的困惑和需求,可以通过对家长的问卷调查发现家长的教育理念及关注的焦点问题,还可以通过教师的研讨教育中的具体案例发现存在的问题等,以此来找准并聚焦问题。

江苏省昆山市永平小学 3 400 多名小学生大多是来自全国各地的新市民,很多孩子入学前都没上过幼儿园,不少孩子开学第一天会哭喊着"奶奶"往外跑。基于这一问题,学校因地制宜设计家校合作平安课程,引导家长认识到孩子正在从留守状态变成跟着父母流动的状态,指导家长学会和孩子建立新的安全依恋。基于实际需求的课程不仅保证了孩子的安全,增强了家长的育儿信心,更起到了帮助家庭从农村文明向城市文明平安过渡的作用。由此可见,精准的话题,不仅能吸引家长的积极参与,激发家长主动学习的意识,同时也能真正聚焦孩子和家长的需求开展家校协作。

(三)第三步:设计方案

有了话题之后,还要把话题逐层并有效地展开,这就需要教师精心设计活动的方案。活动方案一般包括活动的目的、主题、时间、参加人员、活动场地、活动形式、具体环节、活动准备、安全保障等。

上海市宝山区泗塘新村小学以学校特色劳动教育为基础,以家校共建家庭教育课程"帮帮亲子劳动家教指导课程"为载体,以亲子劳动为话题,设计目标、内容、途径等,取得了良好的效果。

目标内容:

年级	内容	目标
一年级	口布折花、诗情画意折纸	增强家长的教育责任感,转变家长的教育理念,促进亲子沟通,增进亲子情感,培养劳动技能。
二年级	武术、豆贴画	
三年级	立纸浮雕、气象	
四年级	编织网袋、电脑DIY	
五年级	园艺、剪纸	

主要环节:

1. 亲子劳动操作指南:以图文并茂的形式让家长和孩子明确每次亲子劳动的内容、制作步骤和制作要点。

2. 亲子劳动家教小贴士：用温馨提示的形式向家长传递科学正确的家庭教育理念，普及家庭教育的基本技能技巧。

3. 亲子劳动实录：记录亲子劳动时间、内容、感受以及老师的话。

4. 亲子劳动星星榜：引入少先队雏鹰争章机制。

5. 亲子劳动获奖区：设置了最佳默契大奖、最积极参与奖、最佳爸爸奖等。

6. 亲子劳动作品展台：展出亲子共同合作的成果。

实施途径：

1. 散点式亲子劳动

以家庭为单位，在各自家庭中进行。操作流程为：确定亲子劳动内容——居家亲子劳动——记录"居家劳动反馈表"——教师书面家教指导。

2. 集中式亲子劳动

以班级为单位，利用家长学校时间在校集中进行活动。操作流程为：阅读亲子劳动操作指南——温馨提示：亲子劳动家教贴士——亲子劳动与现场家教指导交替进行——记录帮帮亲子劳动手册——分享与评价……

细致的方案有效保证活动的有序开展，落实方法的指导，达成活动的目标。而设计的方案能否成功直接关系到六步策略的最终实现及协作能力的提升。

（四）第四步：引导参与

要保证方案的落地与活动的开展，教师要根据活动的需要引导家长、学生、教师或其他相关人员积极参与。如何让参与者感受到活动是符合自身需要的，这也是对教师协作能力的考验和锻炼。以奉贤区"优质爸爸成长营"为例，为发挥"优质爸爸成长营"的最佳效能，各成长营制作了精美的宣传手册，招募爸爸们主动报名参加，主动报名参加的家长基本都有强烈的学习需求和改变调整的意识。除了主动报名，老师也可以根据日常的观察和了解，有意识地鼓励和推荐遇到实际问题的家长参加,真正帮助解决家长家庭教育中的实际问题。

每一次活动,教师都认真做好活动的引导,周密的组织安排能保证家长的参与、活动的开展及效果的取得。

活动前的通知。每次活动前,提前发放活动邀请书,做好活动的宣传,向家长介绍活动的目的、意义、需要家长配合和注意的事项等内容,便于家长提前安排好工作及其他事情,保证出席并做好活动的准备。

活动中的关注。活动中,教师细心观察,及时发现家长在家庭教育中的有效做法、成功经验以及存在的各种各样的问题,对活动中发现的成功经验及时予以鼓励,并开展分享学习;对发现的问题进行耐心指导,帮助家长树立信心。

活动后的交流。活动结束后,教师主动与家长交流,听取家长对活动的反馈、评价及意见建议等,不断调整优化后续的活动方案,更好地开展工作。

因为有了活动前、活动中、活动后全方位和全过程的积极引导,爸爸们积极参与,家长与孩子、教师与家长充分互动,构建了和谐的亲子关系及家校合作关系,在良好的家校协作中激发家长自我觉醒、自我教育、自我改变。

(五)第五步:突出实效

一般来说,家校协作往往是基于不平衡的状态进行的,家长也都是带着自身的需求、带着急需解决的问题参与到家庭教育指导的活动中来。因此,活动能否突出实效直接影响到家长需求的满足及指导活动的可持续发展,更直接关系到教师协作能力的可持续提升。

要突出实效,需要教师不断思考、不断调整和不断聚焦。2020年疫情防控期间,由于长时间居家不能外出以及线上自主学习的全新要求,孩子和家长难免出现焦虑情绪,亲子冲突也频频发生。很多学校开始组织线上家长会开展在线家庭教育指导。线上家长会是特殊时期的一种家校沟通方式,毕竟不同于线下家长会,不能一味照搬线下家长会的模式和流程。线上家长会最重要的就是减轻家长的焦虑,于是有教师尝试开"小会",2～3个家庭为一组,利用视频连线的方式和家长"拉家常",科普疫情防控知识、指导开展居家活动、共同制定生活学习作息等。家长和家长间、孩子和孩子间还可以亲切地聊天,分享居家学习生活的日常,"小会"让人人都能说,视频让大家"面对面",在倾听和沟通中很好地缓解了家长的焦虑，指导了居家学习生活，也拉近了因疫情而隔开的距离。这次小小的调整，很好地达成了线上家庭教育指导的目标。

要突出实效，还需要教师学会提炼、总结和分享。上海市静安区闸北实验小学以"家长沙龙"为载体，通过分组讨论、专家科普、家长现身说法、互动游戏、情景表演等引导家长科学育儿。每次家长沙龙结束后，学校都会将总结的方法和专家给予的建议制作成宣传手册，供更多有需要的家长们翻阅参考，同时通过校园网向全体家长和学生进行宣传，分享育儿金点子，家长们集思广益的成效颇为显著。在提炼、总结、分享方法建议的过程中，教师与家长、专家及各类外部资源积极沟通协作，教师的协作能力、家教指导能力不断提升。

（六）第六步：反思提炼

在经历了搭建载体—找准话题—设计方案—引导参与—突出实效的一系列实践锻炼后，教师还需要及时反思提炼，分析问题、寻找对策、总结经验、发现不足、反思改进，进而实现实践—理论—再实践—再理论的螺旋式提升。实践证明，实践—反思—再实践是引导和培养教师提升家教指导能力的有效路径。在实践中我们往往发现，教师的反思能力、提炼能力是导致教师家教指导能力差异的关键因素。

与此同时，教师还得明白，家校协作必须是达成家长和教师一致性基础上的协作，协作是有边界的。苏霍姆林斯基说过，教育的效果取决于学校和家庭教育影响的一致性，如果没有这种一致性，学校的教学和教育过程就会像纸做的房子一样倒塌。这就深刻地提示教师，在寻求一致性的过程中，明确家校双方的责任边界非常重要。

第五节　管理能力

一、管理能力的结构

"管理"是一个常见于商业领域的语汇，比如"工商管理""企业管理""人力资源管理"等，这种"管理"带有显著的"指派""命令"的特性，蕴藏管理者与被管理者之间对于管理设计、内容与规范"不容违逆"的特征。显然,这种"管理"是指人与人之间立足"上下级"存在状态的关系维系与处理,缺少对于人作为行政关系主体本身属性带有善好意向的考量。已有研究从不同视角对"管理"有着不同的解释,较为通行的概念是指一定组织中的管理者,通过实施计划、组织、领导、协调、控制和决策等职能,实现既定目标的活动过程。因此管理者的管理能力是指在实施计划、组织、领导、协调、控制和决策的过程中表现出来的综合能力。

相对于认知能力、沟通能力、情感能力和协作能力,管理能力是教师家庭教育指导能力的高阶能力,是指在家校共育过程中,作为管理者的教师以提升家校教育合力促进儿童成长为基本的价值取向,确定开展家庭指导的目标、任务,制定行动计划,统筹安排,把各种资源有效地组合起来,协调一致地保证指导工作顺利实施的能力。作为高阶能力,教师家教指导过程中的管理能力获得是一个不断学习与实践积累的过程。从管理的角度看,开展家庭指导的过程是教师自我管理、资源、平台等多方要素有机联系的动态管理过程。从当下的现实情况看,教师家教指导能力中管理能力要重点关注三个方面。

一是教师自身的内在自我管理。主要有家校合作过程中教师自我的情绪管理、语言管理、行为管理、时间管理等,围绕有效开展家庭教育指导自觉提高综合素养,为有效开展提供基础。二是基于管理对象的外在他者管理。主要是针对家庭教育指导的对象家长、学生、相关的教师、社会中相关主体等教育主体,在教师指导家长开展家庭教育之中发挥良性作用的有效管理。重点包括引导和指导家长如何正确认识孩子教育和成长的相关"问题",帮助家长矫正不合时宜的教育理念、习性和行为,协调和引导相关学科教师和社会主体配合家庭教育,积极推动学校提供家校共育平台,营造家校共育环境,等等。对这些要素资源,通过有效的管理,共同构成一个教育管理场域,让教师能够常态化地面对家庭教育指导过程中的机遇和挑战。三是信息化为代表的技术应用管理。进入了"互联网+"时代和自媒体时代,加之家长的教育素养普遍提升,家校合作育人的途径和渠道发生了革命性变化,尊重传统的家庭教育指导方式的同时,如何提升运用信息化能力是提高教师家庭教育指导中管理能力的重要内容。比如,信息化时代,外部环境产生海量的与家庭教育关联的数据,所以教师开展家庭教育指导还必须具备一种数据思维,即数据管理能力,这种能力让教师可以适应信息化时代教育场域内现代性教育方式和教育手段的变革,以一种现代化的管理思维应对现代家庭教育指导。

教师家庭教育指导能力是一个复杂的有机系统,培养管理能力是教师家教指导力建设的关键一环。管理能力是教师家教指导能力的高阶能力,它的建立基于教师开展家庭教育指导工作所需的认知能力、沟通能力、情感能力和协作能力。管理能力是这四种能力具备之后形成的教师在家校共育过程中坚持目标导向,将与家庭教育指导工作相关的教育要素和资源进行优化整合后实现管理效益最大化的专业能力。

二、管理能力的培养

(一) 基于命运共同体理念建立家校合作价值信念系统

家校社合作育人是现代教育发展的要求。要让学校和家庭这两个学生发展重要的"教育者"保持行动一致,对学生提出统一的要求,并能志同道合,抱有同一的信念,就要求教师善于为学校的发展寻求社会各类资源,同时具备社会责任感,有意识地服务家庭、社区,主动地构建家校社合作育人的信念价值系统和行动系统。同时,通过家长学校、家长会、家长开放日等形式,指导和帮助家长了解学校的工作情况和学生身心发展的特点,掌握科学育人方法。这一过程需要教师的管理能力培养。

进入新时代,"命运共同体"成为广受各界热议的主题。事实上,大到一个国家,小到一个群体,更具体则聚焦到教育领域,命运共同体理念对于家校合作育人有很大的指导价值。"学生(孩子)"是家长的家庭教育与教师的学校教育共同关照的对象,二者因"学生(孩子)教育"而建立密切的教育关联,彼此之间存在共同的教育利益,有建立命运共同体的重要基础。在这样的背景下,站在学校的角度,基于命运共同体理念建立家校合作价值信念系统对于开展教师家教指导力建设具有重要的价值和意义。

教师和家长共同的价值观和信念并不是天然就具备的,需要对双方进行良好的引导。因此，校长应是家校合作共同价值观的引领者。首先，引导教职工参与学校愿景时，把家长、社区列入到助力学校发展的动力行列，也积极推动学校作为专业机构对社区、家庭教育的参与指导的责任担当。其次，通过对家校合作的大力宣传、指导、支持和鼓励使学校教职员对家校合作充满信心和热情。校长要在管理中确定开放办学的理念，以积极的姿态，主动地去寻求家庭和社区的合作，最终使学校的方方面面都呈现出对家长参与的欢迎，营造出学校与家庭合作、通力共育新人的新气象。

（二）基于激发多方参与的愿景制定家校协同育人机制

家校合作共同育人的理念需要相应的机制来使其落地，健全的机制能激发和保障多方主体共同参与到儿童成长教育中。以校长为首席的管理者应积极探寻家校合作的路径，选择、设计适合本校学生发展、家庭需求的合作方式。其中，家长会是常见的交流式合作。通过家长会，家长可以从中获得孩子在学校的表现和态度等信息，及时发现问题，调整和孩子在家相处的技巧。同时，教师也可以了解家长是如何思考和行动的，探知他们教育孩子的价值观和生活哲学，从而更好地了解孩子的成长背景和家长对孩子的期望。教师也可以据此调整自己的行动方案和观察孩子的角度，理解并妥当处理孩子的需求。教师和家长双方直接面对面的形式使双方都可以获取有价值的信息，了解各自的意见和想法，了解孩子的表现和态度，及时发现问题。

现实中，有的家长会仅仅是在学生考试之后才组织，教师是家长会上的主导者，家长会上主要是讲学生的成绩，甚至是各学科教师轮番向家长讲解试卷的知识点和班级学生得分率等。要想实现家长会中家长与教师双方所期待的目的，达成交流式家校合作，需要校长引导教师认同家长会对于家校合作的价值意义，确定家长和教师的双主体关系，在此基础上设计、策划家长会。

除了常见的家长会外，校园开放日活动、家长教师约谈也是交流式合作，在校园开放日中教师向家长开放课堂，让家长直观感受学校教育教学的理念、了解儿童在校的学习和生活。约谈是家长和教师任何一方根据沟通的需要向对方发出交谈预约，就儿童的发展问题展开一对一的交流。除了这些面对面的交流式合作外，运用新媒体开展线上交流式合作成为重要的补充。

三、管理能力的提升

（一）在构建家校学习共同体中提升教师管理能力

为了增进教师与家长之间的信任，为儿童的学习创造好的环境，1994年，日本教育专家佐藤学开始与一所小学的校长一起推进"学习参与"实践，并将学习参与作为21世纪学校"学习共同体"中的一环，将之前的家长参观学校变成家长辅助教师教学的共同的学习参与。从佐藤学及其研究团队"参与学习"的实践研究中，我们可以获得建立教师、儿童、家长学习共同体的启示：学习共同体是"利益相关"的命运共同体，应具有共同理念、认知和行动目标，并能确定适合"儿童、家长和教师"共同参与的活动内容，设计逐渐推进活动过程，使家长、儿童和教师在共同体中感受到自身的成长和共同体中的他人对自己的帮助。在这样的共同体中要特别关注儿童的需求和发展，构建的学习共同体应让儿童感受到来自学校和家庭更多的个人关注，在学习和生活中获得来自家庭和学校一致的要求与帮助，促进其取得更大的进步，形成自信、乐观的个性。

（二）在实践家校合作的项目中提升教师管理能力

商业领域的管理强调"控制"与"服从"，不具备教育性，弱化人本思维和立场，教育领域的"管理"强调"引导"与"合作"，富有教育性，将人作为管理活动关照的主体。探讨教师家庭教育指导能力理当明晰，即便"管理"都是指向"资源整合"，切不可将教育领域教师的"管理能力"与商业领域企业家的"管理能力"同等对待，毕竟二者"管理"活动发生的场域不同、情境也不一样，而管理的对象及其目标更是相去甚远。

爱泼斯坦提出交叠影响理论，设计综合性家校社合作体系，形成爱泼斯坦的六类参与行动工作框架，即抚养子女、沟通交流、志愿服务、在家学习、决策制定、社会协作，并积极探索每一种合作类型行之有效的活动项目。爱泼斯坦及其团队的研究为家校合作中的项目设计提供了很好的思路，教师管理能力和教育能力、家长家庭教育能力以及孩子的发展在具体的家校合作的项目设计与落实中获得发展。学校、教师就是要善于寻找合作载体或者搭建载体项目，配置有效的资源和通道,形成共同关注内容,确定家校合作的项目内容,使学校、社会、家庭、教师、家长和儿童投身其中。这些恰恰就是教师管理能力的体现和管理能力提升。

(三) 抓住家校共育管理"窗口期"提升教师管理能力

教师在家校合作育人中开展家庭教育指导只是教师工作中的一部分,抓住重要的节点,俗称"机不可失",可以起到事半功倍的效果。教师开展家庭教育指导常见的"窗口期"有入学衔接时期、中高考前、学生成长节点如青春期,还有特定的环境和时期。

家校合作育人成效的获得关键在于教师与家长在日常的教育生活中,立足自身的场域特征,发挥自身的优势与特长,在孩子需要"教育"的时候"及时"给予专业性的指导和帮助。显然,教育活动的开展只有受教育对象"需要"教育之后,"施教者"对"受教者"予以"及时"的专业支持,这样才能取得事半功倍的教育成效。这启示我们,教师管理能力的培养要善于抓住管理窗口期提升管理能力。

提升管理能力的策略和路径是多元的,没有所谓的普适性模式,关键在于每位教师在家校合作实践中勇于实践、勤于学习和精于反思。无论哪种模式提升管理,提倡贯穿"和谐管理"的理念,和谐管理体现在目标管理、民主管理、科学管理和自我管理等多方面,其中,需要把握一个重要的关注点,就是教师开展家庭教育指导需要有管理"边界"。无论是教师指导家长,还是引导家长培养亲子关系,都要有"边界"意识和"边界"策略,通过有效边界管理,建立舒服关系。比如,引导家长在教育孩子时不能"以爱的名义"进行道德"绑架"。

要意识到的是,目前我国已有至少19家高校、机构、企业进行家庭教育指导师方面的相关培训,如山东师范大学、中国关心下一代工作委员会、中国国家培训网等。上海自2020年启动"中小学全员导师制"以来,18万余名中小学与幼儿园教师承担着家庭教育指导服务的重任,其家庭教育指导素养和能力亟待提升[①]。提升家长的家庭教育能力和素养,上海进行家庭教育指导师的培训,主要通过成立家长学校,统一培训课程、统一培训师资、统一培训管理、统一培训考核、统一培

---

① 王伯军.培养专业人才,探索培训模式——家庭教育指导师培训的"上海模式"[J].现代教学,2023(Z2):5—8.

训颁证,并且加强培训保障,协同办学、精选师资、摸准需求、闭环管理,打造出家庭教育指导师培训的"上海模式"[①]。与此同时,浙江省以中小学数字家长学校建设为抓手,围绕学习内容数字化、学习渠道便捷化、学习组织课程化、学习评价数据化等维度,进行了深入探索,形成了数字家长学校建设的有效路径[②]。

正如洪明所说:"并不是所有家长凭借着自己的经验就能够胜任家庭教育工作,家长是否能够胜任'老师'是有条件的","家长教育既是家庭教育的重大课题,也是合育的重要内容"[③]。当下家长个体间的育人理念存在差异,相当一部分家长群体的育人理念落后于时代要求、育人能力不足、育人素养不够,由此引发家庭教育出现诸多问题。这让"谁来指导(帮助)家长"成为当前社会必须破解的教育议题。教师作为学校育人的"代表",特殊的角色定位、能力优势决定了在指导家长开展家庭教育中应有所作为,培养教师的家庭教育指导能力成为培养区域协同育人治理能力的重要构成主体。

总之,教师家庭教育指导能力是一种育德能力。教师要在实践中育人,在教育过程中体现实践性。提出"教师家庭教育指导能力"并非意在加重教师专业的负担,而是将教师专业能力结构中的潜在能力显性化,使其更好地适应新时代家校合作育人大格局中教师角色的新定位。事实上,家长的家庭教育能力或素养不足是新时代阻碍家校合作育人成效提高的"瓶颈",而且真实的家校合作过程中将学校和教师作为家校共育"甲方"的现象屡见不鲜。

无论是家长还是教师,对于家校合作的教育事项知而不行、行而不多、多而无效的现象并不少见,由此带来的结果就是家校合作实践与研究功利化、碎片化严重,家庭教育与学校教育的边界模糊,无法实现家校合作育人的期待和要求。教师家教指导力的提出就是立足协同育人的角度,充分发挥作为"施教者"的教师的

[①] 王伯军.培养专业人才,探索培训模式——家庭教育指导师培训的"上海模式"[J].现代教学,2023(Z2):5—8.
[②] 王炎锋.教育信息化助力家校共育——浙江省推进数字家长学校建设的路径与成效[J].现代教学,2023(Z2):15—19.
[③] 洪明.合育论——学校家庭社会合作共育的理论与实践[M].合肥:安徽教育出版社,2017:167.

专业优势,让教师指导家长开展家庭教育,实现真正的"家校协同"。在教师丰富自身专业能力结构、提高家长家庭教育素养和能力的基础上,开发和转化家校合作的最大潜力,以一种"双赢""多赢"的取向为优化新时代家校合育创设条件、奠定基础。

第五章　行政部门的协同育人决策推动能力

内容提要

新时代家校社协同育人不是单一的家庭、学校、社会的三主体协同，协同的背后要有行政部门的统筹、指导和支持，尤其是在中国特色社会主义教育体制下，加强和改善党对教育工作的领导至关重要。"党委领导、政府统筹、部门协同、全员参与"是协同育人的中国式道路。因此，协同育人战略的有效推进、有效实施，迫切需要行政部门培养协同育人决策推动能力。这种能力由四种能力要素构成。

一是行政决策能力。行政决策能力是行政部门的协同育人决策推动能力的构成主体，这种能力是行政部门在推动、开展和布局协同育人等重大教育实践过程中，凸显其行政决策智慧及其实践智慧的重要能力，其实践功用就体现在对于协同育人的顶层设计、全局反思与实践问责。

二是容错纠错能力。容错纠错能力是行政部门面对下属部门或者个人在推进改革创新实践过程中出现非主观故意的错误之时，宽容与包容错误、改进与纠正错误的专业能力。基层是教育创新的沃土，是教育卓越成绩取得的重要基础。维护层级创新权限，是开展协同育人的重要步骤，而容错纠错能力建设可以赋予协同育人创新权限，拓宽协同育人实践空间，激活基层教育首创精神。

三是综合实践能力。综合实践能力既是一种"视野"，也是一种"能力"，是行政部门指向协同育人实践更有效、更有序、更有系统、更有效益目标达成的一种关键能力。一方面，它能够化协同育人的"规划"为"现实"，另一方面，它能够以"实践"推动协同育人"落成"。这两者是凸显行政部门推动协同育人目标实现的综合实践能力效用的典型表征。

四是科学评价能力。科学评价能力本身强调的是"评价的科学性",是以"评价"为中心词,在"科学性"上下功夫,不断提高教育评价方式、方法、模型、实践的适应时势、适应时需的效用。协同育人离不开科学评价,科学评价能力是行政部门协同育人决策推动能力建设的核心一环。科学评价能力是关于"评价"、事关"评价"、运用"评价"的一种能力范畴,它是行政部门专业建设的题中要义。

教育的供给侧是政府,政府对于教育的宏观布局与微观实践,具有较大的管理话语权,是教育实践展开最主要的决策力量。教育行政部门是政府部门在教育领域实施教育权力的专业力量,对于教育布局与展开,存在直接的决策权,可以领导和指导教育事业的具象发生与发展。2023年1月,《教育部等十三部门关于健全学校家庭社会协同育人机制的意见》明确指出:"政府妇女儿童工作机构负责组织、协调、指导、督促做好家庭教育工作;教育部门负责指导学校切实发挥好协同育人主导作用,强化与家庭、社会密切沟通协作;共青团、少先队组织负责在学校、社会广泛开展实践活动;妇联组织、民政部门负责社区家庭教育指导服务站点建设;其他有关部门在各自职责范围内做好社会协同育人工作。"[①]由此可见,开展协同育人绝不是教育部门"一家之事",它需要在党委领导和政府统筹下,连同以妇联、关工委、公安、民政、司法、财政、人社、工会、团委、残联等部门为代表的部门协同展开推进协同育人的布局与实践。

进入新时代,协同育人成为教育综合改革的构成要素之一。行政部门无法摆脱对于育人实践的专业管理与指导,要立足自身专业优势和行政权威,发挥自身所具有的在行政管理与指导层面的决策推动能力。行政部门是推动协同育人实践朝向更有序且有效方向发展的重要力量。可是,现实中的家校社协同育人由于多种原因表现得比较"虚",多头管理和多元利益诉求的差异性等导致"好看不中用""好听不行动"等问题,其中行政部门的决策是体现差异不均衡的根本原因所

---

① 教育部等十三部门. 教育部等十三部门关于健全学校家庭社会协同育人机制的意见[EB/OL]. (2023-01-17)[2023-01-21]. www.moe.gov.cn/srcsite/A06/s3325/202301/t20230119_1039746.html.

在。因此,探讨协同育人的能力建设离不开对于"行政部门的协同育人决策推动能力"的关注。笔者立足奉贤区的区域实践,结合具体的实践案例,提出"行政部门的协同育人决策推动能力"由四种能力构成,分别是:行政决策能力、容错纠错能力、综合实践能力和科学评价能力[①]。这些能力要素的存在,让行政部门推动协同育人的决策更加科学。

第一节　行政决策能力

2023年1月,《教育部等十三部门关于健全学校家庭社会协同育人机制的意见》指出:"各地各相关部门要将构建学校家庭社会协同育人机制作为贯彻落实党中央、国务院决策部署的重大政治任务,强化党委领导、政府统筹,纳入重要工作日程,加强组织协调、部门联动,完善经费条件保障。"[②]因此,行政部门对于协同育人的行政决策将决定协同育人"当下如何走"以及"未来向哪走"。其中,行政部门具有专业管理权限的根本性缘由是其具有"行政决策"权力。这种权力是一种能够凸显行政部门相较于一线学校以及一般教育机构具有的话语权与地位的显著特征,而其具体指向"行政决策能力"建设。行政决策能力是行政部门的协同育人决策推动能力的构成主体,全面理解行政部门协同育人推动能力,要对其行政部门的决策能力的理论内涵、实践功用进行分析,并且结合实践案例做进一步深化论析。这不仅是诠释行政决策能力的方法论框架,也是下文论述其他能力的框架结构。

一、行政决策能力的理论内涵

中国实行的是集权式的教育行政管理体制,"科层制"是广泛分布于教育实践

---

① 张竹林.构建教育治理体系:家校社协同育人的治理探索——以上海市奉贤区为例[J].现代教学,2021(24):9—14.
② 教育部等十三部门.教育部等十三部门关于健全学校家庭社会协同育人机制的意见[EB/OL].(2023-01-17)[2023-01-21].www.moe.gov.cn/srcsite/A06/s3325/202301/t20230119_1039746.html.

现场的教育部行政管理体系和体制,是塑造传统行政"上下级"关系的核心"关系性体制"。"上令下行"与"上行下效"是显见于教育实践现场的"权力关系",是主导教育实践的关系准则。因此,行政部门的行政决策能力是决定教育实践效益与效果的关键能力之维。

中国教育语境中,与"行政"相伴相生的概念是"政府",政府以及政府下辖的承担各类职能的局委机构在日常布政施策过程中的行为就会被定义成"行政行为",而其做出的决策也相应地成为"行政决策"。尽管"行政决策"已被大部分学者作为法学概念使用,"行政决策"这一特有现象确是一种真实的行政现象的存在①。现如今对于行政决策的概念,尚未形成统一的认识和理解,不同学者对于行政决策的内涵存在不同的诠释。

叶必丰认为行政决策是行政学概念,是非法学概念②。熊樟林认为行政决策只是一种中间性行政行为,因而绝对不可以像我国现阶段的地方性行政程序规定一样,将其作为一个独立的行为概念③。但是,陈炳水却认为:"行政决策,作为国家行政机关或行政人员为发挥行政管理职能、处理国家公共事务而进行的一种决定政策、对策和方案的活动和行为,是政府行政管理的首要环节。"④

立足对于行政决策的理解,本研究抛开行政决策的法学内涵指向,更多地聚焦在它与政府及其下辖行政部门的决策关联,而"行政决策能力"是行政机关的行政行为⑤,是与政府行政部门的"行政监督""行政授权""行政立法""行政征收""行政处罚""行政强制""行政许可"等相关联的一种行为能力。这种能力是行政部门凸显其行政决策智慧及其实践智慧的重要能力。

基于协同育人的教育实践属性剖析可以推知:行政决策能力是行政部门的协同育人决策推动能力的构成主体,这种能力是行政部门在推动、开展和布局协同育人等重大教育实践过程中,进行"行政监督""行政授权""行政立法""行政征收"

---

① 茅铭晨."行政决策"概念的证立及行为的刻画[J].政治与法律,2017(6):108—121.
② 叶必丰.行政决策的法律表达[J].法商研究,2016(2):75—85.
③ 熊樟林.重大行政决策概念证伪及其补正[J].中国法学,2015(3):284—303.
④ 陈炳水.论我国行政决策中的公民参与[J].社会科学,2005(2):32—37.
⑤ 茅铭晨."行政决策"概念的证立及行为的刻画[J].政治与法律,2017(6):108—121.

"行政处罚""行政强制""行政许可"等一系列行政行为的专业能力,凸显教育实践的规律性与内在逻辑是行政部门的行政决策能力的典型特征,是与其他领域行政决策不同的显著表现。

教育行政部门是行政部门发挥教育权力的主要载体,是学校教育工作的"设计师"和"领导者"。区域协同育人治理的战略布局与实践方案都是由行政部门"勾画蓝图",无论是地方政府还是其管辖下的教育局,行政决策能力是其日常工作所需要的能力结构的重要组成部分,其行政决策直接决定了区域协同育人治理的现状与走势,甚至在一定程度上,"个人化"的决策结果决定了区县教育在一个阶段或一个时间周期内的发展品质与质量。因此,决策部门的协同育人决策推动能力的培养要关注行政决策能力。

二、行政决策能力的实践功用

行政部门作为教育改革的领导与监管部门,其自身聚集了众多专业的教育力量和资源,能够制定契合时势与时需的行政决策。行政决策能力是行政部门的协同育人决策推动能力的首要能力要素,是排在第一位的能力构成要素。行政决策代表了行政部门的权力意志和施政方针以及对于全局的反思与把控。因此,行政决策能力的实践功用就体现在对于协同育人的顶层设计、全局反思与实践问责。

(一)推动协同育人的顶层布局

顶层布局是教育事业能够有序且有效得以推进的关键步骤,是对于教育事业的全局性把控和设计,能够起到统领全局、突出重点、全面推进的价值功用。现如今协同育人已经上升为国家战略,对协同育人的顶层布局是协同育人能力的重要构成部分,是凸显行政部门行政决策能力的首要价值。

首先,诠释"什么是协同育人"。我国是一个社会主义国家,国家事权的政府支配决定了行政部门对于教育改革的基本概念、基本意蕴以及基本意义和价值等,具有绝对的话语权。虽然这种话语权不一定是专业话语权,甚至在很多情境下,"行政性"超过"专业性",甚至湮没了"专业性"的价值。因为,当"协同育人"成为国家教育改革的重要战略布局,那么"什么是协同育人"就成为全教育领域都热衷探讨和分析的重要话题。这样的背景下,行政部门的行政决策能力就要发挥作用,而对于"什么是协同育人"的诠释就不是行政部门需要承担的职责。要意识到,当行政部门对于"协同育人"的内涵、意蕴、意义和价值进行全方位阐释或者解读之后,就等同于对于这种"国家战略"给出了"官方解释"。此时,笔者不去评判对于教育范畴的"官方解释"的专业性,也不去评价其存在的价值意义,但是在现当代,这种"解释"是普遍的,也是值得关注的。

其次,回答"为什么进行协同育人"。教育改革是一项特殊事业,事关国家建设者和接班人的培养,不能由个人支配教育改革的逻辑与过程,而教育事业的复杂性也决定了无法由个人决定教育改革产生的"缘起"。这是现时代中国教育改革的"行事逻辑"之一。聚焦到"协同育人"事业,社会对于这一古老而又新颖、熟悉而又陌生的教育话题,第一印象是:在国家政策文本上出现,实践中却不多见。这种"不多见"带来的直接疑问是:"为什么进行协同育人?"对于这一问题的回答,其主体不能是个人,而最具权威解释性的机构或者单位是教育行政部门。事实上,现如今中国教育改革很大程度上是政策导向型教育改革,教育政策在教育改革实践中的存在功用凸显。但是,政策转化成为实践,需要明确一个"为什么",也即"为何去做(实践)"。因此,回答"为什么进行协同育人"能且只能是教育行政部门,而这一"回答"凸显出"行政决策能力"的实践功用。

然后,布局"如何进行协同育人"。协同育人是新时代教育改革的国家战略,它不是事关教育的局域性改革,而是事关教育全局的改革。当全社会都在关注"协同育人"的国家教育改革大计之时,各种、各类行政部门必须对"如何进行协同育人"做出其应有的回应。这种"回应"事关具体在行动层面有序且有效推动协同育人"到底该怎么做",对于"如何进行协同育人"做出具体的决策布局。比如,协同育人的实践主体由哪些群体构成?协同育人的具体实践由哪些步骤组成?协同育人的有效落实需要哪些条件作为保障?协同育人的成果获得存在哪些关键性环节作为基础?协同育人的成效推广具体的实践步骤是什么?如此等等。这些问题,没有宏大与微小之分,但是其间却都蕴含着复杂的教育要素,无法由单一主体做出决策。因此,发挥行政部门的协同育人决策推动能力必须要凸显其行政决策能力的价值存在。

此外,家校社协同育人过程中,学校教育主要承担的是知识传递功能,家庭教育主要承担的是生活教育功能,社会教育主要承担的是实践体验功能。三个主体要明晰自己的边界,要在尊重彼此职责、权限的基础上,力争使各自的教育功能发挥至最大化,而这预示着,明确权责边界,发挥协同育人的独特优势[①],行政部门的统筹协调能力至关重要。因此,培养行政决策能力,要关注行政部门统筹协调能力的培养与运用。

(二) 推行协同育人的实践问责

教育是一项指向育人的特殊事业,教育改革与社会一般改革存在较大的不同,教育改革是以人的成长、成才和成就作为"成本"和"代价"的,鲜少具有"第二次"的机会,"第一次"的尝试事关改革的具体结果,是非、善恶、美丑、好坏,都决定了一批人甚至一代人的受教育质量和水平。教育的这种特殊性、非替代性的"成本属性",决定了与教育变革实践相伴相生的是"教育问责"。教育问责制在我国的兴起与发展是顺应国际教育改革趋势和国内行政问责实践向教育领域扩展的结果,也是我国保障教育质量、强化教育责任、提高教育资源利用效率和推进教育管理体制改革的需要[②]。受此影响,当协同育人上升为国家教育改革发展战略之时,就不能将其与一般社会改革齐同,改革的结果必须要经历"问责",以教育问责来约束协同育人参与主体的实践行为和实践行动。因此,推行协同育人的实践问责就成为行政部门推进协同育人不可或缺的实践布局,是凸显其行政决策实践功用的实践行动。

教育存在诸多情境性的教育事项,任一参与主体都可以且可能因为个体化抑或情境性的教育问题,出现教育过错。我们一方面对于这样的"过错"报以理解,毕竟教育改革作为一项充满创新性的事项,不可能没有过错。但是,这不是也不能是为改革教育产生过错辩护的全部事由。在参与协同育人过程中,对于不同主体存在的教育过错,进行适度的"问责"是推动协同育人有序且有效的关键步骤

---

① 李洋.凝聚合力提升协同育人专业水平[N].中国教育报,2022-11-20(004).
② 司林波,孟卫东.教育问责制在中国的建构[J].中国行政管理,2011(6):24—27.

之一。

"问责"的目的不是"找事儿",问责是对有问题的机构或者个人进行必要的规范性、约束性惩戒,使其能够沿着特定时期、特定领域的特性规律开展特定的实践行动。教育问责的目的是让教育改革实践参与主体更好地参与到教育改革实践过程中,不逾矩、不散乱、少犯错甚至不犯错,站在教育发展的轨道上发展教育。因此,面对协同育人的教育改革大势,行政部门必须要具有一定的问责意识,站在教育改革的全局视野,找寻协同育人实践的短板和漏洞,尤其是其中参与主体不作为或是少作为的非理性实践言行,以一种"惩戒"的态度,让协同育人实践走向真正的"协同"与"育人"。这是协同育人教育改革的"理想结果",而这种结果的产生,离不开行政部门行政决策能力的发挥。

(三) 推进协同育人的全局反思

哲学上讲,"不反思"就会"不自知",对于既有存在的"辩证反思"是省察本体、改进主体、走向通明的必要道路。协同育人事关新时代教育改革的战略全局,是新时代教育转型升级、内涵发展的重要战略决策部署。党和国家在多个政策和法律文本中都凸显"协同育人",全社会都在关注协同育人的实践行动,在此之际,对于协同育人的全局反思成为必须要做的一件"大事"。这件"大事"事关协同育人全局发展进度与成效。全局反思是一种整全性的回顾与自省,只能由行政部门来推进,因此,推进协同育人的全局反思,是凸显行政部门行政决策能力实践功用的关键所在。

反思不是教育改革的目的,反思之后的改进才是目的。行政部门的行动不是"有感而发"或者"突发奇想",它的任一决策都有较为坚实的依据和依托。推进协同育人的全局反思,是站在教育发展的全局视角,着眼于国际与国内教育发展的大形势,做出一种源于现实问题而又超越现实问题的决策省察。因此,当协同育人改革事项发生,行政部门推进协同育人的全局反思就要发挥行政部门自身所具有的资源优势和智慧优势,推进教育改革实践的修正和完善。这种修正和完善,需要具体的决策部署,既要维系既有的协同育人成果以及由此形成的大好局面,又要正视当下协同育人实践存在的不足、短板和具象罅隙。这些不足、短板和罅隙的改进才是行政部门推进协同育人的全局反思的真正价值所在。

行政部门推进协同育人的全局反思的出发点,是让教育参与实践主体从教育问题出发,通过假说与实验等自觉调节自己的教育思想与行为①,不断提升教育实践合理性,这既是教育实践反思性建构的核心要素,也是推动教育改革全局性反思的初心。当这种反思聚焦到协同育人的实践层面,则凸显的是行政部门的行政决策能力本身存在的实践功用。其中,各级党委政府必须统筹学校教育、家庭教育、社会教育协调发展,在制度设计、规划安排、资源整合等方面,充分发挥现代化治理协调能力,从而健全家校社协同育人机制,实现家校社融通与合作②。

第二节　容错纠错能力

容错纠错原本是企业和工程领域的提法。2016年3月,十二届全国人大四次会议的《政府工作报道》中提到:"健全激励机制和容错纠错机制,给改革创新者撑腰鼓劲,让广大干部愿干事、敢干事、能干成事。"③2017年10月,习近平总书记在党的十九大报告中旗帜鲜明地提出:"建立激励机制和容错纠错机制,旗帜鲜明为那些敢于担当、踏实做事、不谋私利的干部撑腰鼓劲。"④之后,"容错纠错"开始受到政治学、行政学乃至法学界的普遍关注。提出"容错纠错"最直接的动因就是鼓励改革创新,也是全面深化改革、建设责任政府、党内自我改善的需要⑤。当然,在具体的家校社协同育人的制度和实施策略上,都有不同程度的失误甚至是错误。"错误"的发生不一定意味着教育实践主体不作为,还可能存在其自身的事由。行政部门作为教育的监管部门,就必须具备容错纠错能力,而这种容错纠错能力事实上构成了区分区域教育管理软环境与软实力的显著标志,是行政部门的协同育

---

① 熊川武.论反思性教育实践[J].教师教育研究,2007(3):46—50.
② 李洋.凝聚合力提升协同育人专业水平[N].中国教育报,2022-11-20(004).
③ 人民网.李克强作2016年政府工作报告[EB/OL].(2016-03-05)[2022-07-29].http://www.scio.gov.cn/ztk/dtzt/34102/34261/34265/Document/1471601/1471601_3.htm.
④ 习近平.决胜全面建成小康社会　夺取新时代中国特色社会主义伟大胜利[N].人民日报,2017-10-28(001).
⑤ 谷志军.容错纠错机制为何难以操作?——基于政策文本的实证分析[J].行政论坛,2020(1):72—78.

人决策推动能力的重要构成部分。

一、容错纠错能力的理论本义

"容错纠错"是个复合概念,由"容错"与"纠错"组合而成。其中,"容错"指的是"宽容"或者"包容"主体的"错误",而"纠错"是在外力的帮助下,"改正""纠正"主体本身犯的"错误",而这个"错误"是前面"错误"的延伸,两者在根本上具有一致性。由此,"容错纠错"是指对于主体的创新性行为,持一种"宽容错误"和"纠正错误"的基本态度,利用这种"宽容""包容"以及"纠正""改正"的"兜底性"的改革举措,让改革者能够有勇气、有底气、有意愿进行改革创新。这是行政部门推动"容错纠错"能力建设的价值初心之一。

概念上讲,时下诸多学者对于什么是"容错纠错"持一种多样的理解态度,不同学者存有不一样的论述。有学者讲到,在政府系统,容错纠错是指当政府官员因改革创新、主动作为而出现错时,政府系统有容受和纠正这类过错的制度,鼓励改革创新和行政有为[1]。也有学者讲道:容错纠错是指对有关单位和个人在履职担当、改革创新过程中,未能实现预期目标或出现偏差失误,但符合法律法规和政策规定,勤勉尽责、未谋取私利的,不作负面评价,及时纠错改正,免除相关责任或从轻减轻处理[2]。而容错纠错机制建立的重要目的之一,就是鼓励大家多干事,干实事,积极主动干事[3]。

从既有相关概念的诠释上看,"容错纠错能力"是行政部门面对下属部门或者个人在推进改革创新实践过程中出现非主观故意的错误之时,作出的宽容与包容错误、改进与纠正错误的专业能力。这种能力是行政决策者持包容性实践智慧的显著表征,是行政决策者鼓励创新、倡导创新性探索的一种能力基础。聚焦教育领域,行政部门推进协同育人实践,参与协同育人过程的各个主体都有可能受自身或者大环境的局限而产生教育过错,此时,行政部门作出的宽容与包容错误、改

---

[1] 郎佩娟. 容错纠错机制的可能风险与管控路径[J]. 人民论坛,2016(11):21—23.
[2] 储著斌. 习近平领导干部容错纠错思想研究[J]. 决策与信息,2017(1):42—49.
[3] 王炳权. 各地容错纠错机制的优点与不足[J]. 人民论坛,2017(26):45—47.

进与纠正错误的专业能力就是行政部门的协同育人决策推动能力内涵的"容错纠错能力",这种能力是行政部门决策智慧的显著表征。

对于行政部门来讲,"容错"是给予参与协同育人的主体一定的"试错"权限和创新空间,允许主体在推动协同育人实践中敢于去创新,敢于去贡献,敢于去承担责任,不会以"怕犯错"作为不作为的事由。同时,"纠错"是行政部门对于参与协同育人主体在参与育人实践过程中发生过错,不逃避责任,主动担负起矫正主体过错的职责,对于"错在哪里""为什么错""如何纠正错误"给予全面性的解读和解惑,是让触及过错的参与协同育人主体"知其然"亦"知其所以然"的重要步骤。

整体来讲,"容错"与"纠错"是相伴相生、共存共荣的两种能力素养。可以说,没有"容错"的能力,"纠错"的效果必定无法全然实现;没有"容错"的意识,"纠错"能力也可能得不到参与主体的理解和接纳。行政部门推动协同育人的发生与发展,需要培养既可以宽容和包容参与主体发生过错的能力,又要培养可以纠正过错的能力,二者的相伴相容构成行政部门推动协同育人的容错纠错能力。

二、容错纠错能力的实践运用

中国教育语境中,"行政性"对于"专业性"的僭越是并不少见的现象,这种现象映现出的道理是:教育部门或者教育机构,放置在整个社会大系统里讲,只是社会系统中的一个特定子集,并没有特殊之处。然而,当聚焦教育事业发展的社会价值,明显可以觉知到教育事业的独特性。这种独特性既是之于社会发展的价值,也有对于个体成长的价值。进入新时代,协同育人上升到国家战略,但是现在只是迈出了坚实的第一步,至于这一步走得怎么样,却并没有明确的结果。要充分意识到,协同育人实践背后行政部门的决策失误和能力不足的危害是需要解决的紧迫问题,进而凸显出容错纠错能力的必要性和现实性,这让探讨行政部门的容错纠错能力的实践运用就成了必须要审慎对待的教育命题。

(一)赋予协同育人创新空间

这是一个崇尚"创新"的时代,没有"创新"就难有"创造",就无法生成超越惯性思维的"创新成果"。可是,在一定程度上,"创新"意味着对于"传统"的颠覆或者打破,"创新"本身存在着"犯错"的风险与可能,由此就有可能产生错误的价值判断和行动选择。故而,在不允许"错误"的环境下,就很难有人"敢为人先"去创新、去创造;在允许"错误"的环境下,很多人就有勇气、有担当去"敢为人先"地去创新、去试错,在"犯错"的风险裹挟下,产生与创新价值同等的结局。

遵此逻辑,在允许创新、允许错误的背景下,一线工作者才有可能去创新和创造,而落脚到"协同育人"则有同样的逻辑与道理。行政部门是协同育人实践的领导机构,是代表政府对于教育进行管辖和领导的重要部门,行政部门的协同育人决策推动能力内涉的容错纠错能力成为赋予协同育人创新权限的价值载体。

古语有言,"人无完人""事无完事"。任何人、任何事,在特定情境下都可能存在值得辩护的理据,也可能存在遭遇非议的缘由。因此,辩证看待教育改革实践问题就必须具有一种"容错"与"纠错"意识。回望我国的教育发展历程,在育人问题上走过了很长的弯路,尤其是对于家庭教育和协同育人的观念、理解和实践,走过了很多弯路,也付出了较大的代价。唯分数、唯学校学历和一系列成才观,"状元"高考工厂和家庭教育的系列"不当""失当"的悲剧,表现在学校和家庭内部和少数个体上,但根子在制度和政府主导下的教育理念和人才政策等。

基层是教育创新的沃土,是教育卓越成绩取得的重要基础和保障,维护层级创新权限,是开展协同育人的重要步骤。协同育人实践的发生更多产生于区县行政部门领导下的学校、学生家庭以及与之相关的社会机构和组织,三者的联动是推动家校社协同育人实践有序且有效展开的重要渠道。正是这些扎根教育土壤的教育实践,最具教育创造性的爆发力和生长力,而这也是教育改革的宝贵财富,是行政部门推动教育改革必须要保护的珍贵资源。因此,行政部门推进协同育人实践必须要具有容错纠错能力,赋予基层教育力量参与协同育人的创新权限,进而保证协同育人智慧扎根基层、生于基层、惠泽基层。

(二)拓宽协同育人实践空间

进入新时代,教育成为党和国家各项改革中尤其重视的事项,而协同育人作为新时代教育改革的重要议题,是引起社会各界广泛关注的教育命题。由此,推进协同育人具有非常大的实践空间。但是,由于协同育人本身涉及多主体参与,不同主体间存在不同的利益考量,而多主体的利益凝聚过程既可以拓宽协同育人的实践空间,同时也可能挤压其本不充裕的实践空间。其中的关键,就是协同育人参与主体是否会得到充足的实践权限发挥自身的专业能动性和创造潜力以及空间。

正如美国政治学家科恩(Cohen)所说:"即使有高度的智慧与良好的心愿,立法与行政官员也不能免于不犯一点错误。任务的复杂、必须判断的问题为数之多、利害不同的各方所施加的压力,使公职人员在进行工作时必然要出错,任何人处于这种情况也都是一样难免出错的。"①因此,行政部门的容错纠错能力建设对于协同育人就非常重要,具备这种能力的行政部门就可以拓宽协同育人实践空间,反之则其实践空间会遭遇压缩,无法释放协同育人的价值潜力。

2021年7月,中共中央办公厅、国务院办公厅印发《关于进一步减轻义务教育阶段学生作业负担和校外培训负担的意见》强调:"坚持政府主导、多方联动,强化政府统筹,落实部门职责,发挥学校主体作用,健全保障政策,明确家校社协同责任。"②"双减"政策的颁布,将协同育人的教育价值地位提升至新时代教育改革的新高度。"双减"事关每一个家庭的教育事业与实践,"双减"的有序且有效推进离不开协同育人。

当"协同育人"遇到"双减","协同育人"的实践空间无疑被进一步打开,再加上"家庭教育促进""新课程标准""新教材"等一系列教育改革重大战略举措的纷纷落地,协同育人的创新实践需要行政部门给予一定的"容错纠错"机会。在改革创新过程中,发挥基层创造性开拓进取意志,彻底打开协同育人在新时代新发展阶段的新的实践空间及其可能空间。

2022年是《家庭教育促进法》正式实施的第一年,各地行政部门和学校深入学习并结合自身实际,制定区域内家庭教育重点任务和长远规划,同时充分发挥家庭育人基础作用、学校育人主阵地作用、社会育人支持保障作用和网络育人赋能

---

① [美]科恩. 论民主[M]. 聂崇信,朱秀贤,译. 北京:商务印书馆,2005:178.
② 新华社. 中共中央办公厅 国务院办公厅印发《关于进一步减轻义务教育阶段学生作业负担和校外培训负担的意见》[EB/OL]. (2021-07-24)[2022-05-26]. http://www.gov.cn/zhengce/2021-07/24/content_5627132.htm.

作用,扎实推进全环境育人工作,进而有序且有效地推进家校社协同育人①。这是体现推行协同育人的基层教育创新意识和创新能力的重要表现。

协同育人是一项事关基础教育生态建构的重大事项,是事关基础教育重大理论与实践创新的教育改革,它的实践发生与发展存在一定的弹性与灵活调整空间。正如郎佩娟所说:"改革创新是一种价值追求,更是提高综合国力和惠及国人的必由之路。但是,任何改革创新都有一定的风险,容错纠错机制的价值之一就是为改革创新提供保障,保护改革创新者的积极性"②。协同育人是新时代教育创新的实践典范。

(三)激发基层教育首创精神

中国教育语境中,解决教育难题需要首创精神,超越传统体系性、系统性教育痼疾,再造和创生与时代同频共振的教育生态。这是一个朴素的道理,但还要强调的是,缺少容错纠错意识的行政部门,无法保证基层教育单位和机构首创精神的激发和释放;缺少容错纠错能力的行政部门,无法推进协同育人个性化、本地化和有效性的发生与发展。聚焦协同育人的实践,"容错纠错"凸显的是行政部门的决策机智与实践智慧。因此,行政部门的协同育人决策推动能力需要立足容错纠错能力建设,凸显基层教育首创精神。

南昌市教育局秉持"八一"精神办教育,紧紧抓住社会高度关注、百姓急切需求的热点难点问题,以敢为人先的勇气,锐意创新的气魄,革弊鼎新先行先试,做了一系列全省乃至全国的首创之举:率全国之先实现义务教育就近入学"零择校",在全国首创设立学生课余教学辅导志愿服务中心,建立全省首家教育为民服务中心,如此等等③。这一系列创造性、突破性教育举措的落地与卓越成效的取得,既离不开基层教育单位各参与主体的敢为人先的首创精神,更离不开行政部门对于"教育首创"的"包容"与"宽容"。当然,这一系列教育改革过程,必然夹杂

---

① 闪电新闻.2022 山东家庭教育大会在济南举行[EB/OL].(2022-08-03)[2022-08-06]. https://author.baidu.com/home?from=bjh_article&app_id=1572613303150243.
② 郎佩娟.容错纠错机制的可能风险与管控路径[J].人民论坛,2016(11):21—23.
③ 周彩丽,刘秀萍.南昌特色教育改革实践 以首创精神解教育难题[J].教育家,2018(37):24—25.

着教育过错,而"容错纠错"的创新环境则助力教育改革一次次的突破与超越。南昌市为我们探讨协同育人的教育首创精神提供了一种样例,也凸显出行政部门容错纠错能力建设对于基层首创精神的保护。

现如今我国正处于百年未有之大变局,任何人对教育形势的把握都不尽正确,偏离教育政策或者行政部门划定"正确轨道"的育人实践并不少见。因此,必须要看到,现如今区域教育发展环境复杂多变,区域协同育人治理势必会出现多重问题,这些问题有些是治理参与主体"主观故意"的结果,有些是"无意为之"。正是在这样的背景下,区县教育治理主体需要具备容错纠错能力,为区域协同育人主体创造宽松的专业发展环境,引导治理主体敢创新、会创新、能创新,推动协同育人高质量、高品质、内涵式发展。

第三节 综合实践能力

教育的核心是"育人","育人"实践没有"旁观者"和"局外人"。"协同育人"是一项综合实践活动,它涉及家庭、学校、社会不同主体力量的汇聚和融通,是通过引入协同思维,将来自不同领域的教育力量凝合在一起实现合力育人。行政部门推动协同育人的实现,要正视协同育人的"综合实践"特征,通过自身的综合实践能力建设,推进协同育人卓越成效的取得。因此,综合实践能力是行政部门协同育人决策推动能力的能力构成要素之一。

一、综合实践能力的理论解析

"教育"始见于《孟子·尽心上》:"君子有三乐,而王天下不与存焉。父母俱存,兄弟无故,一乐也;仰不愧于天,俯不怍于人,二乐也;得天下英才而教育之,三乐也。"许慎在《说文解字》中解释,"教,上所施,下所效也";"育,养子使作善也"。"教育"成为常用词,则是在19世纪末20世纪初的事情。1905年末颁布新学制,废除科举制,并在全国范围内提倡新式学堂,西学逐渐成为学校教育的主要形式。

词源上说,西方"教育"一词是内发之意,意为"引出"或"导出",意思就是通过一定的手段,把某种本来潜在于身体和心灵内部的东西引发出来,强调教育是一种顺其自然的活动,旨在把自然人所固有的或潜在的素质,自内而外引发出来,以成为现实的发展状态。现代汉语中"教育"一词的通行,与中国教育的现代化联系在一起,反映了中国教育话语由"以学为本"向"以教为本"的现代性转变。

教育实践涉及不同的利益主体,是一种指向育人的综合性实践。聚焦到协同育人事项,行政部门需要有"育养英才"和"使人为善"的教育情怀与担当,在推动协同育人过程中,提供协同育人的资源,营造协同育人的环境,构建协同育人的机制,制定协同育人的法制,形成协同育人的文化,推动协同育人的有序且有效展开。开展类似行动、达成这种效果的能力就是行政部门的协同育人决策推动能力中的综合实践能力。

雅斯贝尔斯讲道:"教育活动关注的是人的潜力如何最大限度地调动起来并加以实现,以及人的内部灵性与可能性如何充分生成。换言之,教育是人的灵魂的教育,而非理智知识和认识的堆集。通过教育使具有天资的人自己选择决定成为什么样的人以及自己把握安身立命之根"①。雅斯贝尔斯的观点道出了教育的真谛,即教育是让人去寻找到属于自身的安身立命根本。协同育人是指向人的整全性成长与发展,让人在接受教育过程中找到教育的真谛与存在。而这一种目标的实现,依托的是一种综合性实践,推动协同育人的实现,不能不具备综合实践能力。

人是教育的起点,也是教育的目的,行政部门推进协同育人的综合实践能力涉及协同育人的方方面面。比如,协同育人的宏观布局、中观推进和微观实践,都需要行政部门以综合实践能力为依托,创造良好的协同育人实践环境,消除阻滞协同育人实效取得的育人实践,创造新时代协同育人实践新格局和新局面。这些都不是单一实践能力所能完成的教育任务,这决定了综合实践能力要成为参与协同育人的行政部门必须具备的一种能力素养。

综合实践能力也是一种视野宽广的格局,它是对于协同育人事业的全局把握和实践的能力,这种能力的具备使协同育人参与主体对"有何作为""如何作为"都有着清晰的见解和把握,能够给予协同育人实践一种"智慧眼光"。同时,综合实

---

① [德]雅斯贝尔斯.什么是教育[M].邹进,译.北京:生活·读书·新知三联书店,1991:4.

践能力是一种统筹协调能力,它能够将不同领域、不同主体所具备的资源要素进行统整与协调,激发单一主体实践的效益最大化实现。因此,综合实践能力既是一种"视野",也是一种"能力",是行政部门指向协同育人实践更有效、更有序、更有系统、更有效益目标达成的一种关键能力,也即综合实践能力的发挥,对于推动协同育人至关重要。

二、综合实践能力的实践效用

事实上,行政部门的工作性质带有一种综合性和统合性,不能且不会仅仅聚焦某一领域的教育事业的发生与发展,它的存在性质就有一种显著的"综合性",关涉协同育人,其涉及的综合实践能力并不单一指向某一特定领域的特定主体,而是对于协同育人事业进行全域性把握的一种能力要素。一方面,它能够化协同育人的"规划"为"现实";另一方面,它能够以"实践"推动协同育人"落成"。这两者的共存,是凸显行政部门推动协同育人目标实现的综合实践能力效用的典型表征。

(一)化协同育人的"规划"为"现实"

理论上是可行的,实践上行不通,这样的例子很常见,也是教育理论频遭指责的缘由,毕竟教育实践是由多因素构成的,理论上的正当性与实践上的可行性不是等量齐同。赫斯特认为:"如果我们想发展理性的教育实践,我们现在就必须这样做起,考察当前的实践,考察当前的实践中实际上包含的规则、原则,考察实践者在描述那种实践的特征和决定应该干什么时所运用的知识、信念和原则。"[1]毕竟一线教育实践远比教育理论推演复杂得多。马克思将人视作与社会互动的产物,教育作为人类独有的一种社会实践出现,始于人对人生存经验的传授,繁盛于工业主义的兴起,社会发展的一切阶段教育都曾有过贡献,人类历史上具有里程碑意义的个人成就和集体成就都与教育密切关联,教育在人类社会的存续中发挥

---

① [英]赫斯特.教育理论[A]//瞿葆奎.教育学文集.教育与教育学[C].北京:人民教育出版社,1993:454.

着至关重要的作用①。

2021年7月,中共中央办公厅、国务院办公厅印发《关于进一步减轻义务教育阶段学生作业负担和校外培训负担的意见》强调:"完善家校社协同机制。进一步明晰家校育人责任,密切家校沟通,创新协同方式,推进协同育人共同体建设。教育部门要会同妇联等部门,办好家长学校或网上家庭教育指导平台,推动社区家庭教育指导中心、服务站点建设,引导家长树立科学育儿观念,理性确定孩子成长预期,努力形成减负共识。"②

2022年7月,四川省天府区出台《关于加强四川天府新区家校社协同育人三年行动计划(2022—2024)》,旨在通过开展家校社协同育人工作,进一步提升新区家庭教育水平,营造良好的家校社共育场景;提高社区居民综合素养和育人能力,树立终身学习意识,培养学习型家庭,构建学习型社区;广泛动员学校和社会力量,加强家庭教育指导服务阵地建设,搭建家校社联动网络,到2024年初步形成政府主导、家庭尽责、学校支持、社会参与的家校社协同育人机制,为学生全面发展提供科学的全域成长场景,从而实现科学育人、健康育人、协同育人③。2022年7月29日,山东省青岛市教育局公布《青岛市家校社协同育人质量提升行动计划(2022—2024年)》。按照计划,到2024年,形成"政府主导、家庭尽责、学校支持、社会参与"的家校社协同育人体系④。

在此背景下,将"协同育人"的"规划"转变为"现实",必须要求行政部门具有综合实践能力,而能力的加持使其站在"行政管理者"的位置,发挥自身的专业、职

---

① 赵冬冬,朱益明. 培养受过教育的人:"培养什么人"的教育学之维[J]. 教育学术月刊,2021(6):3—9,18.
② 新华社. 中共中央办公厅 国务院办公厅印发《关于进一步减轻义务教育阶段学生作业负担和校外培训负担的意见》[EB/OL]. (2021-07-24)[2022-05-26]. http://www.gov.cn/zhengce/2021-07/24/content_5627132.htm.
③ 九派教育. 依法带娃时代,天府新区积极构建家校社协同育人模式[EB/OL]. (2022-07-22)[2022-08-02]. https://baijiahao.baidu.com/s?id=1739038772645997798&wfr=spider&for=pc.
④ 新浪新闻. 青岛强化家校社协同育人[EB/OL]. (2022-07-30)[2022-08-02]. https://news.sina.com.cn/o/2022-07-30/doc-imizirav6011438.shtml.

业以及岗位优势,从区域性的布局出发,扎根教育实践基础,面向国家、地方各级对于协同育人的政策部署,有效推动协同育人从"文本"化成"实践",以区域性的教育行动实现协同育人的战略目标。

(二) 以"实践"推动协同育人"落成"

过去 100 年左右的时间里,虽然诸如拉伊(W. A. Rye)和梅伊曼(Ernst Meumann)的"实验教育学"、非舍尔(Ficher)和洛赫纳(Lochner)的"描述教育学"对实践取向的实践教育理论主导下的教育学进行了推进性研究,可是,科学研究成果碎片化。所以,世界各国的高师院校师范教育中的教育学以实践教育理论的形式授予为主,这种教育学出于声誉上的原因被冠以"科学教育学"或者"教育科学",但其本质上仍以实践性为主。实践性知识是通过生活在我们所属的有组织的社会世界中获得的,实践性知识实际上是由种类繁多的机构和传统所构建的。

在教育领域里,如同在任何其他的活动领域里一样,人们是通过投身到活动之中去而逐步认识这项活动及其问题和问题的答案的。人们不得不通过参加活动来洞察这项活动的特性。于是,通过各种各样的手段,我们能够逐步增进和扩充我们怎样从事这项活动的知识,在这一增进和扩充过程中,对活动的分析,以及对活动规则和原则的反思,发挥了它们的作用,因此"对任何一个个别的教育活动进行的论证,不能只被看作是依靠诉诸一组实践原则的",教育活动不能被模式化预设,"仅仅诉诸一组实践原则是不行的"①。

山东省高密市坚持"学生第一"理念,聚焦"家校社协同育人"主线,突出耦合性、系统性,全域联动、重点突出,实施"润心工程",关注学生心理健康,培养专业教师队伍,丰富家校社共育活动,构建家校社三位一体"全链式"启智润心网络,以"三抓三联三赋能"为抓手,提高学生、教师、家长三层面的家庭教育水平和心理健康素养,促进学生身心健康成长②。这是行政部门统筹领导下发挥综合实践能力

---

① [英]赫斯特. 教育理论[A]//瞿葆奎. 教育学文集. 教育与教育学[C]. 北京:人民教育出版社,1993:450.
② 山东教育新闻网. 高密市:探索构建家校社三位一体全链式启智润心网络[EB/OL]. (2022-07-19)[2022-08-02]. https://baijiahao.baidu.com/s?id=17387095067756997001&wfr=spider&for=pc.

的表征之一。

近年来,四川省大英县委、县政府坚持高位推动,将家校社协同育人工作纳入年度工作计划,并颁布《大英县开展家庭学校社会协同育人工作实施方案》,统筹协调各类社会资源,推动形成政府主导、教育统筹、多元联动的家校社协同育人发展格局,成立了县家校社协同育人工作领导小组,建立多部门领导协调机制和联席会议制度,凝聚起了较强的工作合力[1]。这也是行政部门统筹领导下发挥综合实践能力的重要表征。

整体上讲,综合实践能力的典型特征是能力功用的覆盖面广泛且聚焦。区域协同育人治理是一种带有全局性的重要工作,是一种需要立足区域教育实践基础,扎扎实实去"实践"的"贴地式"的具体事项。它具有多重要素分支,不局限在某一个特定领域或者某一件特定事项,更不是聚焦在"点状"意义上开展教育实践,而是"面状"推进的全方位的教育实践。区域协同育人治理工作的推进需要区域教育治理主体具备一种综合性思维指导下的综合实践能力。这种能力带有一种"统揽全局"的"综合性"特征,是对于协同育人治理全局的一种"综合性把控"能力。

第四节 科学评价能力

2020年10月,中共中央、国务院印发的《深化新时代教育评价改革总体方案》强调,"教育评价事关教育发展方向,有什么样的评价指挥棒,就有什么样的办学导向",要"改革学生评价,促进德智体美劳全面发展","树立科学成才观念。坚持以德为先、能力为重、全面发展,坚持面向人人、因材施教、知行合一,坚决改变用分数给学生贴标签的做法,创新德智体美劳过程性评价办法,完善综合素质评价体系。"[2]这一里程碑式的评价方案,正式揭开了我国教育评价系统性改革的序幕。

---

[1] 上游新闻. 大英县全面加强家庭学校社会协同育人工作[EB/OL]. (2022-06-21)[2022-08-02]. https://www.cqcb.com/topics/dameidaying/2022-06-21/4928631_pc.html.

[2] 新华社. 中共中央 国务院印发《深化新时代教育评价改革总体方案》[EB/OL]. (2020-10-13)[2022-07-20]. http://www.gov.cn/zhengce/2020-10/13/content_5551032.htm.

其中,协同育人离不开科学评价,科学评价能力是行政部门协同育人决策推动能力建设的核心一环。

一、科学评价能力的理论阐释

"评价"是改革质效的参考,是教育变革的"指挥棒",教育评价专业化既是一个专门研究领域,又是一种专业实践,具有专业性、科学性和公正性等特点[①]。它是教育领域诊断教育发展质量、水平、效果、进展等重要手段,是教育发展的"引航灯"。教育评价是一种价值判断活动,提供评价的改革主体过程性的事实反馈能够为改革主体调整改革方案和实践行动提供价值参照,进而使得教育评价活动的开展"有的放矢",为实现区域教育优质化、均衡化、高质量发展提供价值引领。

"科学"既是一个名词,比如"科学技术",也是一个形容词,形容被指涉对象"合乎规律""合乎规范"等,表示一种"合理"的程度。"能力评价"是教育领域的常见语词,而与之相对应的概念之一是"评价能力"。"评价能力"顾名思义就是"开展评价的能力"。"科学评价能力"表示"主体合乎规律、规范开展评价的能力",这是对于"科学评价能力"的一种基本的理解。

2021年3月,教育部等六部门联合印发的《义务教育质量评价指南》强调:"切实扭转不科学的教育评价导向,全面深化义务教育教学改革,促进义务教育内涵发展和质量提升。"[②]教育评价是教育实践的重要组成部分,同时对于教育实践具有显著的导向作用[③]。但是,有"评价"并不一定有"评价能力","评价能力"是将"评价"实践转化的一种行动素养。这种素养紧扣教育评价的精髓与深意,能够对教育评价关涉主体及其产生、过程、发展与终结进行全局性的把握。因此,评价能力的培养是开展教育评价的关键一环。

---

① 李雁冰. 论教育评价专业化[J]. 教育研究,2013(10):121—126.
② 教育部等六部门. 教育部等六部门关于印发《义务教育质量评价指南》的通知[EB/OL]. (2021-03-04)[2021-03-18]. http://www.moe.gov.cn/srcsite/A06/s3321/202103/t20210317_520238.html.
③ 石中英. 回归教育本体——当前我国教育评价体系改革刍议[J]. 教育研究,2020(9):4—15.

科学评价能力是关于"评价"、事关"评价"、运用"评价"的一种能力范畴,它是行政部门专业建设的题中要义。科学评价能力的"题眼"之一是"科学",寻求的是一种"科学的标准"。科学评价能力的"题眼"之二是"能力",寻求的是一种专业能力建设。寻求行政部门推动协同育人的科学评价能力建设,既是凸显行政部门教育管理智慧的显著标志,也是助力协同育人教育实践朝向科学、有序、有效发展的重要手段。坦率地讲,有评价不一定有评价能力,有评价能力不一定有科学的评价,而拥有科学评价能力是主体开展科学评价的前提。

科学评价能力本身强调的是"评价的科学性",是以"评价"为中心词,在"科学性"上下功夫,不断提高教育评价方式方法。进入新时代,教育面临复杂的内外部局势,协同育人涉及不同的利益主体,是一项复杂的系统性工程,行政部门的协同育人决策推动能力需要科学评价能力作为能力支持,而指向协同育人的科学评价不再是用单一指标的"尺子"丈量协同育人的成绩与成效,而是用多样方式评价家庭、学校、社会参与协同育人的具体行动与布局。

二、科学评价能力的实践应用

中国语境中,行政部门是评价标准的制定者和评价实施权力的掌控人,对于"谁来评""评什么"以及"如何评"具有较大的话语权。协同育人的有效性实现离不开教育评价的帮扶与支持,"评价为王"的时代,要正视科学评价能力的实践应用。因此,要正视行政部门科学评价能力发挥以评促建以及以评促改的价值。

(一)以评价促进协同育人体系建设

教育评价是新时代教育改革的重要立足点,是党和国家推进教育改革深入发展的重要抓手。"破五唯"是新时代教育评价改革的重要战略部署,引出学界对于"结果评价""过程评价""增值评价"和"综合评价"的广泛讨论,"四个评价"的提出,为未来一个时期的深化教育评价改革指明了新路向[1]。

根本上讲,如何让各级各类教育评价,尤其是那些事关师生切身利益的教育

---

[1] 范国睿.教育评价改革的新路向[N].人民政协报,2020-07-15(006).

评价始终在法律、规则和道德的阳光下进行,这是构建科学教育评价体系必须要认真思考和解决的重大问题①。2022年1月正式施行的《中华人民共和国家庭教育促进法》明确强调:"各级人民政府指导家庭教育工作,建立健全家庭学校社会协同育人机制";"教育行政部门、妇女联合会统筹协调社会资源,协同推进覆盖城乡的家庭教育指导服务体系建设,并按照职责分工承担家庭教育工作的日常事务"②。这一重要的法治论述,既点明了协同育人的复杂性,也凸显了以评价促进协同育人体系建设的重要意义。

科学评价、以评促建是推进家校社合力育人的有效保障。新时代,教育评价的开展是一项上升为国家战略的教育事项,尤其是《深化新时代教育评价改革总体方案》的颁布与落实,对于树立科学正确的教育发展观具有重要的价值引领功用。因此,推进协同育人的有效开展,行政部门必须具备科学评价能力,让协同育人的具体实践与国家大政方针要求保持高度一致,并依托教育评价结果窥视教育现场的协同育人发展境况和实际质量与水平,为协同育人教育改革的有效推进提供抓手。

(二) 以评价促进协同育人实践改进

教育是党之大计、国之大计,教育评价改革是新时代教育改革的重要任务。以教育评价改革为牵引,统筹推进学校育人方式、办学模式、管理体制、保障机制改革,优化学校评价办法与方案,理应成为区县教育治理的重要举措。

正如石中英所说:"当前,我国教育评价的基本制度体系,总体上反映了我国教育事业从外延式发展到内涵式发展的阶段性特点,对改革开放以来我国教育事业发展起到了积极支持和引导作用"③。地方各级党委和政府应该把全面贯彻党的教育方针和中央关于教育的决策部署落到实处,真正将教育工作职责放到立德树人上来,放到促进学生德智体美劳全面发展上来,引导社会形成对教育的正确

---

① 石中英.回归教育本体——当前我国教育评价体系改革刍议[J].教育研究,2020(9):4—15.
② 新华网.中华人民共和国家庭教育促进法[EB/OL].(2021-10-23)[2022-05-20].http://www.news.cn/legal/2021-10/23/c_1127988845.htm.
③ 石中英.回归教育本体——当前我国教育评价体系改革刍议[J].教育研究,2020(9):4—15.

评价标准和评价机制[①]。

教育评价是新时代教育综合改革的重要议题,评价能力培养是区域协同育人治理的重要"分支议题",卓越评价成效的取得需要培养评价实施主体的评价能力。评价需要科学性,开展指向区县教育治理的教育评价更需要追求科学性的理性标准。决策部门的协同育人决策推动能力培养必须提升区域协同育人治理主体的科学评价能力,通过建构多主体对育人治理实践进行评价的方式,发现治理的成绩,探明治理的短板,由此提出改进区域协同育人治理的方案。这一过程使得决策部门能够不断改进自身主导下的区域协同育人治理评价体系,不断提升评价的"精准度"和"有效性"。

行政部门在推进协同育人过程中,以管、办、评分离为突破口,构建政府、学校、社会之间的新型关系,以"办人民满意的教育"为宗旨,坚持教育优先发展战略,遵循教育发展规律,以推进教育领域综合改革为主线,创新推动资源足、质量优的品质化发展转型,形成政府责任管理、学校规范自主办学、多元治理主体科学治理与评价教育的治理新局面。正是在此背景下,协同育人的教育实践能够深入到育人的"核心地带",即家长、教师以及社会组织参与协同育人的意愿、能力与参与度。此时,教育评价发挥着显微镜的功用,细查协同育人的每一处细微的、不被外界察觉的"隐秘空间"。

协同育人的完成,既需要参与主体的实践贡献,同样离不开对于参与主体实践的教育评价。尤其是在教育评价成为全社会关注热点的时代人背景下,将协同育人融入教育评价体系之内,运用教育评价推动协同育人实践深化,也即以评价促进协同育人实践改进,是一项贴合时需、颇具意义的重要工程。

这里有一个典型案例有必要注意:2022的新年伊始,甘肃酒泉13个部门开展"婚姻家庭纠纷预防化解暨反家庭暴力专项行动",多部门共同制定了《专项行动实施方案》。方案规定,纪检监察和组织部门要及时了解掌握党政机关、企事业单位党员领导干部是否存在家庭暴力、侵害妇女儿童权益的情况,为干部选拔任用提供参考依据。

[①] 马涛.党委和政府是深化教育评价改革关键推动力量[N].中国教育报,2020-11-05(005).

家庭暴力是背离社会公序良俗的家庭行为,它是破坏家庭环境的重要事件。无论是《家庭教育促进法》还是最新修订的《未成年人保护法》,都对孩子的家庭教育环境改善提出要求,尤其是在家校社协同育人上升到国家战略全局高度的大背景下,无论是从政策、制度还是法律的角度,都要求家长规范自身言行,以良好的家庭氛围和家长行为营造良好的家庭教育环境。公务员尤其是公务员中的领导干部,是一个国家"领导者"综合素养的典型体现,也是社会效仿的典型样板。当公务员背弃公序良俗进行家庭暴力,那么势必会为整个社会家庭文化的营建产生负面的连锁效应。因此,现如今在一些地区"是否家暴成为干部选任参考"可谓是恰逢其时,值得在全国推广,这一制度的推行对于新时代推动家校社协同育人具有重要的意义和贴合时需的时代价值。

总之,"协同"是系统内部各要素之间相互作用的特殊方式,是为实现系统总体发展目标,各要素之间相互配合、相互协作、相互支持而形成的一种循环态势。"协同"是"十四五"规划的高频主题词之一,"健全学校家庭社会协同育人机制"的提出,让"协同治理(共治)"和"协同育人"成为教育领域推进、优化教育变革实践的重要选项。针对现实,实现协同育人,需要社会各界合作,学好用好贯彻好《家庭教育促进法》,落实各自责任,发挥各自主体具有的独特的教育资源和教育力。要真正从机制体制和实操层面打破一度存在的传统的门户之见,改变"多头管理""九龙治水",包括第三方机构和社会组织、志愿服务和公益机构,彼此间既要有分工更有合作,既有专业更有融合的格局,从能力要素、资源支撑、制度保障、运行机制等方面综合探索,建立起适合当代青少年成长的教育新生态,凸显多元主体参与区域教育的美好教育图景。

协同育人
实践篇

协同育人是一项实践性极强的系统工程，需要丰富而生动的实践案例支撑。本研究立足于上海市奉贤区的实践与创新探索，以期"一滴水见太阳"。奉贤区地处南上海，是上海市统筹城乡一体化试验区，在城乡教育一体化的过程中注重内涵发展，推动家校社形成教育合力，培育良好的教育生态，实现了高质量发展。在推进目标实践过程中，奉贤区扎根区域实际基础，做到既"接天"又"接地"。

"接天"，就是深入学习贯彻习近平总书记"三个注重"建设、"四个第一""四有好老师"等"协同育人"教育思想的重要论述，学习《家庭教育促进法》《0—18岁家庭教育指导纲要》以及"双减""双新"等一系列新政策，主动对接；"接地"就是连着千家万户，采取多渠道与区域近九万家庭广大家长连接，与一线教师的专业需求对接。聚焦协同育人开展系列调查评价分析，启动"新成长"满意度调研和"新成长"指数研制工作，实现"供需"平衡。

将协同育人构造成既"接天"又"接地"，内含丰富多彩的实践。因地制宜成立了奉贤区家庭教育研究与指导服务中心（以下简称"区家教中心"），开通了"贤城父母"微信公众号。尤其是在奉贤区家教中心运行了六年以后，结合实际情况，创建了功能齐全、服务能级提升的全新的区域"协同育人中心"，包含家庭教育指导、心理健康指导、未成年人保护等工作内容，连接家长，连接老师，连接孩子，连接社会，融专业研究、个案辅导、实践指导、普及性教育和功能性展示为一体，探索区域"协同育人中心"全新的运行模式和研究范式。让学校、家庭和社会曾经的3座"孤岛"，变成紧密协作的教育"环岛"。

研究协同育人是在践行"立德树人为天职"的过程中找到了一个"落地点"。综合运用社会学、教育学、心理学、人类学、政治学、历史学等综合学科，运用历史的眼光、比较的方法，既立足740平方公里的上海南部之城，又跳出了南部之城，将眼光投入到长三角、全国和全球中去，开展横向交流，开展全学段全覆盖的调研分析，构建了一体化的研究思路和实践路径，力求形成协同育人区域样本。

第六章　区域协同育人的实践探索

内容提要

进入新时代,中国基础教育真正进入了协同育人时代,强调学校、家庭与社会协同育人具有十分重要的现实意义。

文化是教育价值回归的凝练。地处南上海的上海市奉贤区在推进教育改革发展的进程中高度重视协同育人实践。奉贤新城是上海"十四五"重点打造的"五大新城"之一,迈向新征程中的奉贤新城倡导创建儿童友好型城市,在区域特色"贤文化"引领下打造协同育人的文化生态,厚植协同育人文化资源和文化土壤。

模式构建是奉贤区推进协同育人的突出特点。奉贤区因地制宜,逐渐探索出具有区域特色的协同育人"双循环"结构为主体的"211模式",提出了"四个能力"建设为主体的能力建设要素和"四大机制"建设的保障体系,推动区域协同育人提质增效、创新发展,具有一定的样本意义。

奉贤区在原有区家教中心的基础上,因地制宜,创建了集实训、展示、咨询、服务、研究等功能于一体的区域协同育人中心,探索了区域协同育人中心的建设标准、运行模式和研究范式。

社会教育资源的有机整合是实现协同育人的重要保障。奉贤区充分发挥教育及相关部门的职能与职责,初步形成了资源整合的多元路径:以未成年人保护办为龙头的部门协同;以公检法为主体的司法协同;社会公益组织、爱心企业和专业志愿者协同;关注特殊需求的医教协同。

社会危机下的协同育人是一个全新命题。新冠疫情对世界经济和全球局势产生了深远的影响,为教育生态带来巨大挑战。奉贤区充分运用数字化平台,打造了全覆盖、全时段、全方位的线上家庭教育指导服务平台"数字家长学校",创建了针对特需学生和家庭的新成长学校。

> 奉贤区域协同育人实践探索产生了显著成效:区域协同育人研究体系逐步建立;学生、家长与教师满意度保持高位水平;学生身心健康水平和全面发展得到提升;家长育儿理念与家庭教育能力逐步提升;教师参与协同育人的家庭教育指导能力全面提升;协同育人经验在上海乃至全国产生示范辐射,成为全国学校家庭社会协同育人实验区。

上海,一座因海而生、因商而兴的城市。在世人的印象中,上海曾经有"十里洋场"的繁华,是远东第一中心;上海是风云际会的都市,是诞生中国共产党的红色圣地,是中国共产党人的精神家园。改革开放以来,伴随着新时代大潮,以浦东大开发、建立中国(上海)自由贸易区、推进长三角一体化和举办世博会、进博会等重大变革为标志,上海这块热土焕发出勃勃生机,发展成为一座融经济、金融、航运、贸易和全球有影响力的科技创新中心于一体的国际化大都市,铸就了"海纳百川、追求卓越、开明睿智、大气谦和"的城市精神。上海正在以"改革开放的排头兵、创新发展的先行者"的崭新形象,引领着长江三角洲,屹立在东海之滨和太平洋西岸。

在上海 6 340 平方公里的土地上,有一块北枕黄浦江、南临杭州湾的丰饶土地——上海市奉贤区。奉贤地处南上海郊区,东倚浦东新区,西接金山和松江,南临杭州湾,北枕黄浦江,陆地面积 733 平方公里,海域面积 400 多平方公里。全区下辖 8 个镇、3 个街道和海湾旅游区、头桥集团,下辖行政村 175 个、居委会 165 个,人口约 130 万。一方水土养一方人,这里是一块充满文化气息的"文墨之乡"。相传孔子高徒言偃晚年遵从"吾道其南"的圣师遗训,携孙子言丰重返故土传道讲学。言偃取道姑苏,到东海之滨青溪(今奉贤青村)讲学,境内学风因而大盛,"凡有子弟者,无不令其读书"。清雍正四年(1726 年)奉贤设县时,为纪念这位贤人起名为"奉贤",为"奉言子之贤"之意。在 2017 年全国"两会"期间,习近平总书记参加上海代表团审议时专门问起"奉贤"的由来,更让"敬奉贤人、见贤思齐"为内核的"贤文化"一时间声名鹊起。

到 2023 年 7 月,奉贤全区归口教育局指导管理的教育机构 170 个,其中普通幼儿园 79 所、小学 23 所、初中 19 所、九年一贯制学校 21 所、十二年一贯制学校 1

所、高中7所，少体校和特殊教育学校各1所，中职和成人学校10所，开大分校（社区学院）1所，其他教育服务机构7个。基础教育在校学生94 410人，公办学校在职教职工8 402人，其中专任教师7 573人。

协同育人是一项系统工程，没有固定模式，推进协同育人工作发展需要立足地方特色，以区域整体层面的推进为切入口。地处南上海的奉贤区，既有国际化大都市的现代化建设，又有郊区的典型特质，是上海统筹城乡一体化试验区。立足这样一个区域的协同育人实践，初步构建的"路径+能力+机制+文化"协同育人模式，对全国以区县为"基础单元"推进协同育人建设具有一定的借鉴和复制作用，是值得一"论"的区域样本或案例。

第一节 区域协同育人文化建设

"文化是人类在社会历史发展过程中所创造的物质财富和精神财富的综合"，这是人们普遍认同的广义的"文化"。这个定义可解读为：首先，强调文化是人类活动的产物，与动物区别开来；其次，文化是人类社会关系的总和，具有社会性；再次，文化是人类在历史过程中不断创造、发展、积累的过程，具有历史性；最后，突出文化是人类社会实践活动的产物，即是物质生产和精神生产的产物。这一定义涵盖面非常广泛，所以又被称为"大文化"。反之，"小文化"特指意识形态所创造的精神财富，侧重于精神生产活动及产物。从大文化的视角观察、解释世界的方式和方法就是"大文化观"。协同育人同样如此。学校家庭社会协同育人既是一种方法，更是一种文化。奉贤区重视协同育人，形成协同育人好传统，积淀了协同育人文化。在开展协同育人实践中，笔者和研究团队认为关注协同育人文化对推动协同育人实践非常有价值，是带有根本性的。

一、基于"贤文化"的协同育人大文化观

改革开放尤其是党的十八大以来，各地围绕社会主义先进文化建设、着力培植文化自信等方面进行了卓有成效的探索。地处中国改革开放前沿的上海，在推

进社会主义先进文化建设过程中,与时俱进地形成了一系列文化建设的创新思路,为上海改革发展提供了强大动力和支撑。习近平总书记在任上海市委书记期间,对上海文化建设亲自谋划、亲自部署,概括提炼了"海纳百川、追求卓越、开明睿智、大气谦和"的上海城市精神。在这一精神引领下,十一届上海市委十一次全会上通过《中共上海市委关于厚植城市精神彰显城市品格,全面提升上海城市软实力的意见》,明确提出"使红色文化、海派文化、江南文化在交相辉映中激发创造活力,在世界文化交融激荡中绽放独特光彩,让世人更好地感知中国风、东方韵"。

奉贤区围绕文化建设,不断发掘本土文化,将传统文化与当代文化建设融合进行,因地制宜总结提炼了"敬奉贤人、见贤思齐"为主要内核的"贤"文化,与时俱进地赋予时代新内容,构成了独树一帜的上海地方文化——"贤文化",在"贤文化"的引领下,成功创建为上海郊区中首家荣获"全国文明城区"殊荣的区。文化建设让这座昔日的远郊区有了全新的文化内涵和勃勃生机。

协同育人是学校、家庭、社会三方合作,共同育人,只有成为一种文化,才能够对区域、对学校、对个人产生持久深远、代代相传的影响。赓续传承家校社协同育人的优良传统,奉贤区在推动协同育人建设过程中注重大文化观建设,重视中华优秀传统文化教育,把包括从源头上的"见贤思齐"这种因地得名来的文化与"好家训好家风"的好传统,以及争创全国文明城区的现代理念融合在一起,梳理了以"贤文化"为根基的协同育人大文化观。这种文化谱系处处渗透着家校社协同育人的脉络、元素和要素,最终推动协同育人,凝练出具有"奉贤特色"的实践方法和实践模式。

二、区域整体实施协同育人的文化路径

奉贤区整体实施协同育人呈现出三条文化路径。

第一,将多色的"贤文化"赋予时代的内涵贯穿协同育人全过程。诚如松江是上海文明的发祥地一样,三千多年前的奉贤冈身文化,是南上海文明的源泉,有着深厚的历史底蕴、人文底蕴。两千多年前的春秋时期,圣人孔子的七十二贤弟子

之一的言子(言偃),在青溪(今青村)结坛讲学,筚路蓝缕,荒蛮海滨因此敬奉贤人,"奉贤"因此而得名。在传承、演绎和发展中,奉贤逐步形成了以"敬奉贤人、见贤思齐"为核心价值观的地域文化"贤文化"。随着时代发展,"贤文化"的内涵与外延都得到了丰富和拓展。2017年全国"两会"期间,习近平总书记提出了"奉贤之问",进一步提升了"贤文化"的理论高度。奉贤区教育局集思广益,立足区情,提炼了"追求卓越,永不言败;勇于创新,敢为人先;崇尚均衡,和而不同;以人为本,见贤思齐;海纳百川,大气谦和"为内核的奉贤教育"五种精神",实现"贤文化"在教育系统的具象化。

奉贤自古就有传家训、重家风的优良传统。作为具有优秀传统文化教育资源的全国文明城区,奉贤区十分关注家校社协同育人工作。通过设立如家长开放日、校长接待日,召开家长会、举办专题讲座,加强与家长的沟通和联系,全面开展家庭教育指导。打造"贤文化"进家庭特色,促进"好家训、好家风"建设。88 000多条家训,6 000多个家风小故事,汇编成册的优秀作品,宅基课堂、流动教室、睦邻课堂等教育载体,既富含传统文化内涵,又具有时代气息的"贤文化"的传承,为好家训好家风培育提供了文化土壤、历史渊源和思想基础。

在协同育人实践过程中,奉贤提炼形成了以"贤文化"为代表的,融古色、红色、有机色多色调组合的"多色文化",即以言子讲学、好家训好家风为代表,赓续千年的古色文化;近现代以来、以李主一烈士为代表的、在民族独立和富强过程中形成的红色文化;立足传统的农耕和海农特色,以上海城市精神海纳百川汇集各方的新江南文化;来自五湖四海的新奉贤人在奉贤新城云集,构成的有机色文化。依据各色文化的特点,联系区域实际开展有针对性的育人实践活动。如在言子讲学地青溪的青村中学开设言子讲坛,余秋雨、易中天、王蒙等名家学者纷至沓来,古色文化滋润着学生心田;大革命时期创立的中共奉贤县委创始地曙光中学,充分发掘红色文化资源,打造"弘贤育德"工程为主体的校史教育活动,让社会主义核心价值观体系扎根青少年。此外,摒弃狭小的地域观,奉贤格外关注留守儿童、随迁子女的教育问题,鼓励随迁子女人数比较多的学校因校、因时、因人制宜,积极进行一整套的协同育人路径探索,形成"爸爸俱乐部""百分爸妈""优质爸爸成长营"等"家长成长"特色项目;创造性地推出"新成长关爱教育计划"等富有区域特色的协同育人活动,充分彰显了这座城市的文化包容性。

第二,协同育人的课程化活动化实施。要将融古色、红色、绿色多色调的文化浸入孩子骨髓中,就需要学校、家庭、社会将地域历史文化和现代教育理念融合,形成科学有效、特色鲜明的协同育人体系。奉贤植根既有的育人实践,运用好家训好家风的优秀传统,将课程建设作为一项中心任务,构建面向学生为主体,覆盖到家庭、单位、各个社会群体,包括老居民和新奉贤人在内的文化体系。2009年中共奉贤区委专门出台《关于进一步加强"贤文化"建设,促进区域文化发展的若干意见》。为培育和挖掘群众身边的"贤人""贤事",区委宣传部、区文明办组织编写《经典诵贤》市民读本。奉贤市民在温习诵读中,自觉接受贤文化熏陶,不断提升人文素养,获得见贤思齐的力量。2012年开始,奉贤全面启动"道德讲堂"活动,目前各镇、社区、开发区,各级文明单位,文明村、文明小区、文明机关共开设168家道德讲堂,以身边人讲身边事,宣传先进典型,彰显榜样引领和典型示范作用。

构建中小学一体化奉贤德育课程体系,以开发和实施"贤文化"教材为抓手,运用中华优秀传统文化和奉贤地方文化资源,进行优秀传统文化教育,让学生在文化滋养中塑造品格、提升修养,推进协同育人。2009年起,奉贤推出《奉贤"贤文化"教育读本》,分学段汇编《读本》优秀教案集,设立"贤文化"教育基地学校,推进"贤文化"教育与学校文化建设相结合,形成"一校一品"特色,实现中小幼各学段分层递进、有机衔接的区本德育课程体系。2017年,结合区域实际,推出了修订版《i奉贤·贤文化读本》,让处于不同学习水平和发展起点的学生都能参与活动,结合学科德育化、德育课程化不断推进社会主义核心价值观教育和中华传统文化教育进课堂、进家庭、进社区,使协同育人教育入眼、入耳、入脑、入心、入行。丰富的课内外、校内外活动,为未成年人营造起"见贤思齐、崇德向善"的良好成长环境。

第三,空间载体、平台中处处渗透着协同育人的文化和理念。奉贤因势利导聚焦和完善协同育人平台建设。2016年起,依托市级两级专家指导团队,成立市、区两级家庭教育指导专家巡讲团,通过家庭教育现场指导、课程开发与教学、"贤城父母"微信公众号、24小时服务热线、"区—校—班"三级家委会、家长学校(数字家长学校)等途径,为区域家庭教育科学化发展提供决策咨询,为全区各类学校及广大家长提供专业化的家庭教育指导与服务。

奉贤区开展儿童友好城市建设,发挥后发优势和新城新建优势,从一开始就以儿童友好城市为标杆,树立"投资教育就是投资未来"理念,从九棵树未来艺术中心、博物馆、言子书院、"海之花"青少年活动中心到全新的区家教中心,一大批公共设施的建成让人们真切地看到奉贤"最好的公建都留给了孩子们""最美的风景在校园"已经成为事实。借乡村振兴之势,奉贤开展冷江雨巷改造提升庄行老街的文化品位,"十五分钟文化休闲圈"、亲子休闲、儿童乐园,让千年江南老街焕发时代青春气息,营造了独具特色的新江南文化育人之基。

早在 2009 年,奉贤区就在全市首创面向 0—3 岁婴幼儿的早教、服务覆盖城乡的"早教流动车农村行"活动,十多年坚持不懈,"早教流动车下乡"进宅基、进村居,足迹遍布 200 多个村委或居委,服务家庭 20 000 多户,使本区农村边远地区、流动人口密集地区以及有特殊需求的婴幼儿和家长也能享受到优质且免费的早教指导与服务,帮助家长树立科学育儿理念,提高家长科学育儿能力,这项活动也成为奉贤科学育儿工作的品牌项目。经过近十五年的运行,"早教流动车下乡"升级为"贤城早教专列",驶入商场楼宇、园区和各个街镇等,成了贤城一道流动的风景线。2023 年 3 月,奉贤作为上海三个区之一成功入选第一批全国婴幼儿照护服务示范城市。

此外,区域社会教育资源以"协同育人"为目标,有机整合形成以未成年人保护办为龙头的部门协同,以公检法为龙头的司法协同,公益组织、爱心企业和专业志愿者协同,医教协同,特教普教协同,以实现育人效果与育人价值的最大化、最优化。在奉贤,街头巷尾、公共空间,处处透露着协同育人的理念、元素、文化,协同育人在奉贤无处不在,无时不有,无人不系,让这座城市有形有神。

第四,以全员导师制为代表的人本文化助力协同育人提质增效。奉贤打造了一支全覆盖的学校家庭社会协同育人队伍,既有教师,又有家长,还有一些专业工作者和志愿者,聚集不同主体的专业优势和资源,凝心聚力助力区域协同育人提质增效。

上海中小学推行"全员导师制",主要是针对一度认为育人和德育工作是以班主任、德育教师为主,甚至认为德育只是他们的事,学科教师只要教好学科知识,而全员导师制解决了这样一个问题。"教师人人做导师""学生人人有导师""家长人人联导师"打通了一头连导师一头连家长的全方位协同的重要通道。从内容上，解决了学科教师怎样做到既能够学科教学为主，又开展学科育人。原本散落在各个学科中的育人理念、育人元素，真正意义上通过全员导师制汇集起来，形成强大的育人活力，是学校落实"全员、全程、全方位"育人，培养有理想、有本领、有担当的时代新人的重要举措。

奉贤区实行全员导师制，导师与学生是双向选择，满足学生个性化的需求。如居家网课期间，导师通过"云朵寄语"这样一种特殊方式给予学生关爱，学生更愿意打开心扉跟自己的导师交流。又如奉贤区泰日学校制定师生双向选择表格，在尊重学生选择的前提下，根据校情、学情、班情完成匹配工作。每学年，针对每个学生的不同特点，导师写下个性化成长寄语，向学生及家长进行书面反馈，学校微信公众号上以年级组为单位，以"温声知彼，书信递情"为主题，刊登导师们的个性化成长寄语。学校定于每月最后一个星期一为"导师日"，当日的第七节课为"导师活动课"，由导师根据学生的需要确定活动内容和活动场所，面对面地开展学生的思想引导、学习辅导、心理疏导、生活指导、生涯指导等全面发展指导。线上教学期间，举行"相约导师聊天室，师爱不停永在线""温声知彼，书信递情""创意导师活动课"等为主题的线上导师活动课。每年9月10日举办"泰日学校全员导师节"，通过学生评选"最美导师"，家长评选"最暖导师"系列活动，使"教师人人做导师""学生人人有导师""家长人人联导师"落到实处，五育并举，教学相长。

为了提升教师开展全员导师制的专业能力，奉贤区在实践中坚持"教师必须提升家庭教育指导能力，家教指导力是新时代教师必备素养"的工作理念。早在"十一五"，区域构建了"双金字塔形"培训机制开展教师全员培训。进入"十三五"，奉贤将"家庭教育指导能力"作为教师的专业素养要求，列入"双金字塔形"教师培训体系开展全员培训、分类指导，从新教师（包括见习教师）培养到骨干培训、校（园）长培训、党政干部专题培训，再到名教师工作室浸润式培养，形成立体化、开放式的教师培养常态机制。依托教育局等相关行政部门力量，奉贤网罗了一批心理健康和家庭教育专家学者，以及具有丰富实操经验的家庭教育志愿者，先后组建了家庭教育专家团、宣讲团、指导团和中心组，组建覆盖各学段的家庭教育专业委员会。除此之外，在连续多年的实践中，区域社会教育资源正在进行有机整合,形成如"1+X"未成年人保护团队、奉贤检察"未小贤"团队、医教协同团队、区域特教指导中心、特教普教融合团队等,不断完善区域家校社协同育人队伍,最大限度地调动人们参与协同育人的积极性,真正建构形成"人人愿当育人导师""处处都有育人导师"的育人团队文化。

第二节　区域协同育人模式构建

"协同育人"是新时代教育治理体系与治理能力建设的支点之一。我国教育治理体系建设强调的是教育系统性布局结构的优化调整,构建区域协同育人治理体系,要超越传统"管理思维"主导下的育人模式与结构。这样的背景下,"十三五"以来,上海市奉贤区致力于家校社协同育人的实践经验和理论探索,逐渐形成指向区县教育治理结构优化的"大治理观",着力打造具有区域特色且有较强辐射效应的家校社协同育人"双循环"模型,建立联结内外循环的"一个枢纽点"(区域教育学院)和实现多元服务的"一张服务网"(区校家长委员会和专委会),从而凝练成协同育人优化教育治理的"211"模式①。

一、构建家校社协同育人的"双循环"模型

教育坐单需要多主体参与,而聚焦协同育人主题,育人成效的达成需要多主体凝聚共识、形成合力,真正实现家校社协同育人。党委和政府领导下的区域教育行政部门负责承担教育规划与布局职责,履行教育行政职能,指导"家校社"形成共同的教育愿景、凝聚有效的教育合力,朝着助力学生成长理性的方向发展。学校作为学生培养的基本单位,对于学生成长负有直接的教育责任,落实行政部门的教育部署,指导家长推进家庭教育的有效展开。家庭是学生教育的"开蒙之所",家长是学生教育的"开蒙之师",家长因具有与学生共处时间最为长久,且与

---

① 下文部分内容选于笔者2021年发表在《现代教学》第24期的论文《构建教育治理体系:家校社协同育人的治理探索——以上海市奉贤区为例》,详细内容参见:张竹林.构建教育治理体系:家校社协同育人的治理探索——以上海市奉贤区为例[J].现代教学,2021(24):9—14.

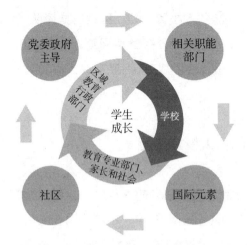

图6-2-1 家校社协同育人的"双循环"模型

学生具有亲缘关系等优势,在学生成长中发挥重要的教育价值。正是基于这样的构想,奉贤区从制度设计、资源支撑、机制完善等视角,以学生成长为中心,初步构建了区域整体推进家校社协同育人"双循环"模型(见图6-2-1)。

其中,内外结合的"双循环"结构,多元主体协同,实现从外部推动转向内生发展的道路,从自上而下的行政主导变为上下互动协同的驱动创新的新局面。其中,"内循环"是指以区域教育行政部门为主导,学校为主体,教育专业部门、学校、家长和社会人士合力推进的发展循环;"外循环"是指以党委政府主导的教育部门、相关职能部门、社区和国际元素于一体的推动家校社合力育人的社会大环境,着力构建以治理体系、网络体系、供给体系和人才体系为主体的区域家庭教育指导服务基本框架。整体来讲,"双循环"中的"外循环"是保障"学生成长"的行政和社会性的非专业性教育力量,"内循环"是与学生主体关联密切,直接作用于学生培养的教育力量的整合。内外循环的建成,构筑出保障"学生成长"的专业体系和结构,打造出助力"学生成长"的"一体两翼"。

二、构建区域教育学院联结内外循环的"一个枢纽点"

"双循环"模型的建立为奉贤区推进家校社协同育人工作提供了一种颇具实效的行动方案,然而"家校社"目前并不是理想中的那样自然生成的"聚合",时下更多处于一种"离散"状态。究其根源,由于利益诉求的差异、管理和人文环境等多种原因使"家校社"之间缺少一个中枢纽带将三者"黏合",要让"离散"成为"聚合",进而真正实现"家校社协同育人",成为一道重大的实践课题。

奉贤区在实践中充分利用上海多年来形成的教育体制创新成果,重视区域教师专业发展"工作母机"之称的"区域教育学院"的属性与功能定位——是在区域教育行政领导下的区域教育专业管理职能单位,兼具教育专业领导与专业指导双重功能。一方面,教育学院及时领会上级党委政府和教育行政部门的意志,及时反映一线学校和家长的教育诉求与困惑,争取行政部门的理解与支持;另一方面,对于一线学校,教育学院是其专业指导单位,能够对于学校育人提供专业的指导意见,匡正学校育人选择与行为。再者,对于以"家庭"为代表的社会力量,教育学院能够利用其各项资源优势和社会服务职能,了解社会需求,吸纳社会积极力量支持和帮助"学生成长"目标达成。区教育学院是提升家校社合力育人的中枢和纽带,能够在连接家校社教育主体、凝聚家校社教育合力、提高家校社合作品质中担任要职,提升家校社合力育人机制建设助推学生成长[①]。

基于这些年来立足上海市奉贤区教育学院的实践和研究,区域教育学院在"双循环"中发挥"枢纽"功能,主要通过五项工作来实现:

第一,家教专业引领。从"教师改变和提高"做起,形成区域化的家教指导专业"标准"。同时,围绕提高家长教育素养,系统架构区域化家长课程。以问题导向和目标导向,鼓励和指导各学校及广大教师参与家校合作育人专题研究。

第二,组织指导服务。家庭教育的社会化服务工作介于行政指导与专业志愿者服务之间,需要区域教育学院作为专业化载体和平台来完成。奉贤区先后组建了家庭教育专家团、宣讲团、指导团和中心组,整合区家委会机构职能,组建覆盖各学段的家教指导专业委员会,形成了系列化的指导服务队伍。

第三,整合教育资源。以德育研究室和学生心理健康教育中心为主体,建立区域家庭教育研究与指导服务中心(简称"区家教中心"),立足教育需求,聚集专业力量,将区域内分散的家庭教育指导服务资源进行有机整合。

第四,师资队伍建设。这是区域教育的主业和主责。尤其是随着2019年6月,中共中央、国务院《关于深化教育教学改革全面提高义务教育质量的意见》出台,将家庭教育指导能力列为教师的专业素质要求,奉贤区将教师家教指导能力

---

① 张竹林.区域教育学院在家校合作育人大格局中的地位与作为[J].现代教学,2018(Z2):58—62.

纳入教师专业建设的重要内容,列入"双金字塔形教师培训体系",成为常态化教师专业建设内容。

第五,评价评估监测。发挥专业指导和评价功能,因地制宜,研制开发测评工具和指标,设立区域家校合作育人示范校、优秀校、合格校"三校"建设评价标准,以评促建、以评促改。

三、构建区校家委会和区家教中心内外联动的"一体两翼"服务网

奉贤区围绕协同育人的主体,内外循环相结合,构建了聚焦"一张服务网"无障碍全贯通的"一体两翼"服务网络。"一翼"是以区校家委(专委会)为主体的教育系统服务网;另"一翼"是以区家教中心为主导的社会化服务网。

(一) 以区校家委会为主体的教育系统服务网

"家长委员会"是打破学校界限,联系区域协同育人"双循环"体系的"外循环"和"内循环"的重要的群众性自治组织。奉贤区在区家委会下设学段家庭教育专业委员会(简称"专委会"),专委会由家长代表、社会专业人士和研训员(家庭教育、心理健康教育研训员)组成。通过区级家委会和专委会整合社会资源,推进家校合作,形成家校社协同育人生态场和家委会参与区域教育治理机制。实践中,区级家委会借助学校家委会(家长)、学校德育工作者和专业人士"三驾马车",与家长学校、专业活动和研究研讨"三个平台"统整教育资源,构建了一张有效的服务网,实现家校联动,打通了"双循环"的关联点。

奉贤区家委会分为区、镇(街道、社区)、学校三个层级;学校家长委员会分校级、年级和班级三个层级,区、校家委会统称"两个三级家委会"。区级家委员会设主任1名,副主任若干名,秘书长1名,副秘书长若干名,其中秘书长、副秘书长由奉贤区教育学院教育发展研究中心、奉贤区家教中心研训员担任,承担区家委会日常协调和专业建设工作。学前、小学、初中和高中(含中职)四个学段,分设家庭教育专业委员会,各专业委员会设主任1名,秘书长1名,组员若干名,其中秘书长由奉贤区教育发展研究中心、区家教中心和奉贤区未成年人心理健康指导中心的专职研训员担任,承担专委会日常协调和专业建设工作。在学校家委会中,家长

定期参与学校管理,参加校园文化活动、家长志愿服务等,形成常态化工作机制。将家委会工作纳入学校综合办学水平督导评估和家长学校达标验收体系。将家长学校建设作为家庭教育指导"三校"(示范校、优秀校、合格校)评估重要内容。研制家长学校建设标准,明确工作宗旨,优化课程内容,完善组织管理,提供支持保障。运行结构如下图示:

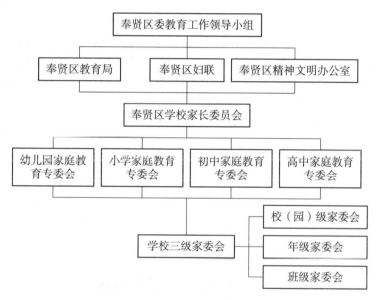

图6-2-2　奉贤区学校家长委员会组织网格

(二) 以区家教中心为主导的社会化服务网

上海市奉贤区家庭教育研究与指导服务中心和上海市奉贤区未成年人保护办共同构建支持未成年人成长的专业服务网络,建立了覆盖区、镇和校的"三级区域协同育人网络",实现责任主体明确、边界清晰、工作无界的目标。该网络包含1个区域中心和13个镇、街道、开发区(集团)分中心,通过共同协作,为全区家庭教育和未成年人健康成长提供专业指导服务(组织结构见下图)。在队伍建设方面,一是建立专家库,以区家教中心为主体,建立区家教指导服务专家库,通过专业部门推荐和自愿报名相结合,凸显专业,经由双方把关后,颁发聘书,聘期一般为三年,专家库团队采用AB角。二是建立分中心(分站)服务团队,采取"1+1+X"模式,其中一个"1"是指分中心主任,由各镇、街道、开发区(集团)未保办主任担任,第二个"1"是指分中心副主任,由当地学校分管校长或政教主任担任副主任,而"X"则是由各镇、街道、开发区(集团)辖区的每所学校至少选派一名心理教师和家庭教育指导业务骨干组成。

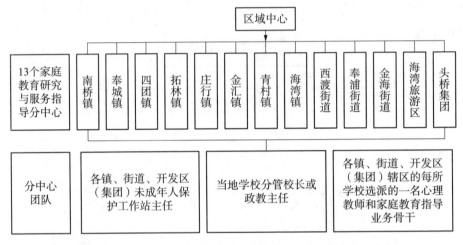

图 6-2-3 以区家教中心为核心的"三级区域协同育人网络"

第三节 区域协同育人机制建设

上海市奉贤区在实践中创新推进家校社协同育人行动计划,主要内容为:推进实施区校两级家委会建设、学校社区教育委员会建设、"贤文化新成长"百个青少年校外教育基地建设、家庭教育指导"三校"评估及新成长家长学校标准化建设、区家庭教育指导团和百门家庭教育指导精品课建设、社区家庭教育指导促进、区校两级"家长沙龙"和"学生成长营"建设、德育干部和班主任家庭教育指导及心理辅导能力提升、家长满意度调研提升9个项目,构建学校、家庭与社会三位一体的育人体系①。

---

① 奉贤教育.施文龙:区域整体推进育人方式变革的奉贤探索[EB/OL].(2022-05-13)[2022-05-22]. https://mp.weixin.qq.com/s/7N_PZdSkW6SrjqbnN00wkA.

在实施层面,奉贤区着重从能力建设机制、专业服务机制、协作推进机制、评价引导机制四个方面展开探索,既体现协同育人参与主体职能定位,又有机制间的互通和边界,推动协同育人有效运行和落实,进而构建家校社协同育人的"闭环运行系统"。

一、能力建设机制

"无能力无以自立",主体有能力才能形成有效的实践行动,才能在"自身"位置上承担相应的"责任"。教育领域系统开展"协同育人"不是"一家之事",也不是哪一个单位可以独立承担完成的重要事务,它需要的是以"协同"为方法,以"育人"为目标,围绕"协同育人"各主体进行系统性的"专业"能力建设。这意味着,家校社协同育人的实现需建立家校社协同育人的能力建设机制,让家校社协同育人参与主体匹配相应的职责。这些能力主要包括家长参与协同育人的家庭教育胜任能力、教师参与协同育人的家庭教育指导能力、行政部门的协同育人决策推动能力。这三种能力共同构成了协同育人治理的能力之维,而能力要素间相互联系、相互作用,且以能力建设激发多主体"协同力"产生。其中,将教师家庭教育指导能力纳入"双金字塔"形教师培训体系,形成区域层面教师培养长效机制。先后通过暑期校(园)长培训、党政干部专题培训,提高领导干部家庭教育指导工作意识;依托名教师工作室浸润式培养,职初、骨干班主任家教等六个专项培训,全面提升各层级教师家庭教育指导力,进而引领协同育人主体能力提升。

二、专业服务机制

站在大教育治理的立场,理顺服务体系,发挥多主体参与的力量,尤其是发挥区教育学院在家校社协同育人大格局中的"枢纽"作用,有效联结学校家庭和社会的资源与力量,为家长、教师、学生提供有效的专业服务;聚焦学生成长、家长需求和社会满意度提高,打通专业与行政、社会资源对接的"端口",以"专业"服务和"人"的互动为核心,统筹社会资源,搭建多元服务平台,提供丰富服务内容。比如，2022年5月15日，"国际家庭日"当天，奉贤区教育局隆重推出"数字家长学校"，向全区家长开放了一个供家长自主学习、答疑解惑的平台，孩子的父母，包括祖辈，都可以通过账号登录平台，进行自主学习。其中，家长的积极参与作为数字家长学校运营管理出发点。截至2023年9月，实现了全区家长全覆盖。

与此同时，奉贤区在原有市、区两级家庭教育指导专家巡讲团的基础上，整合妇联、共青团和各类公益组织资源，成立150人规模的家庭教育指导宣讲团，每年开展50多场沙龙活动，听众逾20 000人次。集聚区骨干教师和优秀家长志愿者成立区家教指导中心组，协助区家教中心和区家庭教育指导团对家长开展家庭教育指导宣讲活动，开展教学研讨，组织开展"家有考生"心理剧公益展演以及青春期家庭教育入校指导等活动。2020年暑期，奉贤区政府与区妇联及社会公益机构合作，连续开展了为期一周的家庭教育直播，直接受益家长达60 000人次。疫情期间，区家教中心会同区未成年人心理健康指导中心开展中小学居家防疫、居家学习、居家亲子沟通等系列指导服务活动，线上线下结合，指导老师、家长和学生，有效化解家庭教育问题，整个疫情期间全区家校工作有效平稳开展。与此同时，奉贤区配合上海市教委德育处和市学生德育发展中心编写疫情期间的家庭教育指导防护手册，形成有效的制度化的家校共育举措。

三、协作推进机制

家校社协同育人的协作推进机制建设，指向家庭、学校、社会三者之间的合作，发挥系统各要素功用。奉贤区着重发挥各级妇联的法定职责，发挥其强大的组织、资源优势，发挥教育部门的主阵地和相关职能作用，与相关部门和社会组织有机协同，从机制机理层面寻找一条"继承"基础上的"创新"之路。主要围绕协同育人的资源供给配置，协作推进机制建立和功用发挥，明晰参与主体责任，围绕"协同什么、如何协同、如何更好协同"等现实问题，探索和总结区域、部门、学校和家庭等多层面的有效推进，健全相关制度规范保障，实现多元协作项目落实。

比如，积极筹措资金，市区校多渠道加大家庭教育投入。2022年，经区教育局与区机关管理局协商后,因地制宜,将位于奉贤区教育学院原临街门面房全部回收,投入近300万元,改造扩建成全新的奉贤区家庭教育研究与指导服务中心,实现了协同育人能级提升,成为一道亮丽的风景线。大力开展儿童友好城市建设,教育局与妇联、关工委等部门定期研究家庭教育工作;与区未成年人保护办、区妇儿中心紧密合作,开展各类主题教育指导服务活动;与区民政、文明办紧密协作,发挥各街道社区家庭教育指导服务站网络的优势。与学科德育、社会实践、研学旅行、劳动教育等融合发展,注重育人机制的协同联动。开展实施"家校社合作育人行动计划"八大项目,发挥育人机制整体效能,形成"学校有抓手、教师有资源、家长有方向、孩子健康成长"的工作局面。

四、评价引导机制

"评价为王"的时代,科学评价、以评促建是推进家校社协同育人的有效保障,推进以家长、教师、学生和社会机构(社会组织)为主体的评价引导机制,充分实现各利益相关方的育人存在感、获得感。评价机制主要包括四点:一是以各方主体满意度为导向的评价机制;二是以教师专业发展能力提升为导向的评价机制;三是以示范引领为导向的社会参与评价机制;四是对地方政府和职能部门的政绩考核中的协同育人考核,依托和借鉴教育督导评价机制,将"协同育人"履责情况写进相关的地方性法规,成为"硬指标"和"红线",通过评价引导建设,助力协同育人实践提质增效、长效发展。

从2017年起,奉贤区连续多年开展家长参与学校教育满意度调研、学生七彩成长满意度调研、教师乐业育人满意度调研、教师家教指导力建设需求调研。一系列调研聚焦家校共育问题,形成初步的家校共育数据库,每年形成学校家庭教育工作"体检单",将"体检单"及时反馈,成为学校高度重视的区域教育评价"衡量器"和区域教育治理的"校正仪",初步建立了具有区域特色的评价体系,把家校合作育人、教师家教指导工作作为学校整体考核、学校党政领导考核和教师工作实绩考核的重要分值加以评价考核。2020年,奉贤区教育发展中心配合上海市级相关单位研制上海市家长学校评估指标和上海市家庭教育指导师培训制度,涌现出一批家庭教育示范校和先进个人。奉教院附小还被评为"全国家庭教育创新实践基地"。

第四节　区域协同育人中心建设

区域协同育人推进过程中,搭建有效的载体和平台是重要基石。探索建设有序运转的区域协同育人中心,是推进协同育人过程中体现区域决策和管理水准的重要环节。上海市奉贤区历来重视家庭教育,2016年5月15日成立上海市奉贤区家庭教育研究与指导服务中心(简称区"家教中心")。区"家教中心"依托奉贤区教育学院专业力量,整合区内家教专业资源,依托市区两级专家指导团队,组建宣讲团队,通过家庭教育现场指导、课程开发与教学、"贤城家长"微信公众号、"家长热线"、家长学校(数字家长学校)等途径,为区域家庭教育科学化发展提供决策咨询,为全区各类学校及广大家长提供专业化的家庭教育指导与服务。2020年,家教中心被全国妇联、教育部授予"全国家庭教育创新实践基地",被上海市文明委表彰为上海市志愿服务先进集体。

根据新形势发展,与时俱进完善协同育人机制,提升区域家庭教育指导服务能级,仍存在一些亟待解决的问题,具体表现在以下四方面。一是家庭教育的目标定位存在偏差。一些家庭和家长仍然把"子女分数第一,学业至上"作为家庭教育的目标,不注重子女的思想道德培养。二是家庭教育观念陈旧,方法落后。这对子女身心健康、家庭和睦、社会安定产生不良影响。亲子之间感情隔阂,关系紧张,家长焦虑,子女出现反叛心态和"过激"行为。三是学校教育对于家校协同认识不足,难以走出固有思维,推进不均衡,方法不科学。四是社会教育资源仍然停留在"多龙治水"状态,"合力不足",效益不高。这些情况表明,加强学校家庭社会协同育人工作是一项迫在眉睫的工作。

在上级的关心支持下,2022年7月至2023年5月,奉贤区教育学院原先近千平方米的临街门面房得以改造,实现了区家教中心的迭代升级,打造为区域协同育人中心。在筹建过程中,研究团队克服了疫情带来的种种困难,从方案拟定、空间设计、环境营造、功能定位等都倾注了团队的智慧和力量。由于没有现成的模式,研究团队精心设计,结合之前的使用情况和未来趋势,不断听取各方意见,取长补短,不断优化升级,最终形成了区域协同育人中心的雏形。全新的区域协同育人中心成立,不仅巩固了以往的实践与探索,也使区家教中心在新时代实现功能的延伸与革新,同时开启了"实践基地"向"示范基地"迈进的新征程。

一、区域协同育人中心的基本架构

(一)功能定位

全新的区域协同育人中心以区域实际情况为立足点,关注多元群体的指导需求,聚集专业力量,将区域内分散的家庭教育指导服务资源进行有机整合,开展区域家庭教育理论研究、业务指导,提供社会化服务,发挥其在家校社协同育人中的"枢纽"功能。这个中心承载着全新的理念和内涵,不仅仅是单纯的教育物理空间的放大,更是"协同育人"资源中心的重构,是教育实践空间、心理空间、文化空间的优化升级,是教育理念和行动的迭代升级。它集实训、展示、咨询、服务、研究等功能于一体;将家庭教育、心理健康教育、未成年人保护、区家委会、区德研会等工作融合推进,涵盖全区教师、家长、学生等服务对象,打造成为协同育人创新的新空间、育人新平台、专业新舞台、文化新地标。

(二)空间布局

全新的区域协同育人中心占地 1 000 平方米,上下两层,其空间布局遵循"以人为本、开放包容、多方协同"的理念,并将积极心理学融入其中。一层设有"前台接待区""亲子阅读区""展示区""专业研讨区""开放活动区""VR 体验区"和"心语沙画空间"。为服务对象提供了多种功能,包括阅读、展示、研讨、互动体验等,使服务对象能够充分参与其中并获得积极的情感体验。二层设有"转角文化墙""开放办公区""咨询室""专业研讨空间"和"'贤城家长'智慧大讲堂"。这些区域为服务对象提供了更加个性化的专业服务,包括咨询、研讨、文化交流等,使服务对象能够得到更有针对性的服务和指导。

在整体设计上,注重服务对象的积极情感体验和参与互动,例如通过设置宽敞明亮的"开放活动区"、温馨舒适的"亲子阅读区"、人性化的家具摆设等方式,让服务对象感受到愉悦、放松和归属感。此外,还注重服务对象的隐私保护,例如设置咨询室、团体活动室等。此外,还针对中心现场活动主要集中在晚上、双休日和节假日等特点,增加了人文化、人性化的设施设备,如饮水机、手机充电站等。总之,全新的"区域协同育人中心"通过空间布局的人性化设计,注重服务对象的需求和特点,为服务对象提供更加优质、贴心的服务。

(三) 主要功能

1. 实训中心

针对教师和家长开展协同育人实训是协同育人中心最重要的基础功能。实训中心主要承担区域内家庭教育指导培训实训基地功能,开展涵盖学校管理者、德育工作者、一线教师等全域教师的家庭教育指导能力培训和实训,以管理、教学和育人中的真实问题为导向,分类指导,循序渐进,提供"专业、及时、对口"的指导服务,推动全域教师提升家庭教育指导能力和学校治理水平。

实训中心通过创设多种途径帮助管理者、德育工作者和一线教师,进行实战练兵,通过学习、实践、研究提升能力,引领教师的家庭教育指导工作专业化,构建和谐的教育生态。提升家长的家庭教育胜任力建设,从亲子陪伴、学段衔接、方法融合和情境创设等多方面入手,从家长最关注最现实最焦虑的问题入手,注重实训实操,举办家长沙龙和团体辅导等实训活动,建成家长科学育儿能力功能中心。

2. 展示中心

发挥区域教育学院的专业建设枢纽功能,形成区域协同育人知识窗口和协同育人文化高地。展示中心主要打造"协同育人"的文化展示空间,侧重古今中外家庭、家教、家风等"家"文化特质。聚焦协同育人主题,全方位向区域学校、组织团队和家长、教师个体开放,开设协同育人的展示季、展示月、展示周和展示日,同时,借助数字化时代技术资源,拓展优化奉贤区数字家长学校服务功能,建设数字家长学校展示中心,通过大数据实时呈现全区数字化家长学校的运行情况;设置心理健康教育、家庭教育相关内容和奉贤区家庭教育指导服务展示功能区,通过可视、可听、可体验、可参与、可互动的多元通道,促进优质家长教育资源共建共享和推广应用,关口前移,使家庭教育、心理健康问题"从源头解决",而不是在"末端救火"。

3. 咨询中心

咨询中心充分运用线上线下融合渠道,结合 24 小时心理健康和家庭教育咨询热线、家长学校(数字家长学校)等渠道,有效整合,及时释疑答惑。咨询中心组织和实施心理健康教育,完善学校、社会、家庭服务体系,面向学生、教师和家长提供心理健康辅导、教师队伍建设、项目研究。

咨询中心提供的主要服务内容有:关注个体学生的需求,开展面向学生、家长的心理健康咨询服务,或根据情况予以及时转介;通过积极心理辅导,开展心理健康教育活动,开发学生的心理潜能;向家长提供家庭教育咨询,让其掌握家庭教育方法,提升家庭教育水平;面向社会及家庭开展各类公益课程,促进优质资源共建共享和推广应用,营造良好的氛围,宣传、总结推广工作有效模式、创新做法和先进经验。咨询中心倡导以积极心理学为主导的心理健康教育,既关注问题本身又注重积极引导,实现"让所有阳光的人变得更阳光,让暂时有点忧郁的人变得阳光,让来到这里的人个个都阳光"的目标。

4. 服务中心

服务中心以教师、家长、学生为主要服务对象,设置家长接待交流功能区、家庭教育及心理健康面询室、积极心理活动区等;设置亲子阅读区和分享区,承担"贤城家长"公益大讲堂功能。服务中心注重空间有序组合,特别是面询室注重环境的舒适性和私密性。开设心语沙画空间、VR 体验室、沙盘游戏室等多个活动功能区。服务中心的这些设置为教师提升家庭教育指导能力提供支持,助力专业发展;为家长提供家庭教育指导和服务,提高育儿水平;为学生的全面发展和健康成长保驾护航;为学校的家庭教育实施提供重要支撑。

5. 研究中心

研究中心承担区未成年人保护办、区德研会、区家长委员会、区家长学校等组织专用办公功能,为区域工作室研讨提供场地。关注千家万户的个性化需求,关注当下群众所期、所盼、所忧问题,在有效的实际指导服务中解决真问题。针对幼儿园、小学、中学等不同学段家庭教育的特点和家长的养育需求,研究中心开发了符合儿童身心发展规律和体现家庭教育先进理念的系列课程,丰富数字家长学校的课程建设,减缓家长的焦虑,提升家长家庭教育能力,成为协同育人智库。

（四）运行机理

"机理"（Mechanism）是指为实现某一特定功能，一定的系统结构中各要素的内在工作方式以及诸要素在一定环境条件下相互联系、相互作用的运行规则和原理，而"运行机理"是主体范畴存在和运营内在的规律性结构。植根实践，奉贤区提炼了区域协同育人中心"理念引领—区域布局—主体协同—评价改进"四个环节构成的运行机理，勾勒出区域家教中心主体结构和运行的规律性结构。

1. 理念引领

党的十八大以来，"协同育人"这个古老而现代的话题上升到国家治国理政的高度，以教育的形式表现出来。它是习近平新时代中国特色社会主义思想指导下的教育实践探索，是马克思主义教育观的中国化实践，其本质是和谐发展与和谐育人。尤其是"三个注重"和"四个第一"的提出，开启了新时代家庭教育的新征程。与此同时，2021年10月23日，十三届全国人大常委会第三十一次会议通过了《中华人民共和国家庭教育促进法》，明确强调"各级人民政府指导家庭教育工作，建立健全家庭学校社会协同育人机制"[①]，给家校社协同育人提供了法律依据和实践指引。党的二十大报告再次强调"协同育人"。2023年1月，《教育部等十三部门关于健全学校家庭社会协同育人机制的意见》出台。在这样的政策理论叠加背景下，奉贤区坚持理念引领为先导，打造与时代同步、与需求契合、与现实匹配的区域协同育人中心。

2. 区域布局

"协同"的本义是不同场域或者不同背景的主体，在相同目标的牵引下，共同努力、凝心聚力，共同实现一定的目标或者愿景。"协同"的另一种意义是"合作"，不同主体之间进行合作共同达成一定的目标，进而让特定的场域环境更加适时和适需。奉贤区整合各方资源，在原有的基础上搭建更加凸显专业性的社会化服务平台，为推动"家校社协同育人"提供专业支持和服务保障。

实践中，坚持四个原则开展家教中心运维实践区域布局。一是坚持传承和创

[①] 新华网.中华人民共和国家庭教育促进法[EB/OL].(2021-10-23)[2022-05-20]. http://www.news.cn/legal/2021-10/23/c_1127988845.htm.

新相结合的原则,因地制宜、因时制宜加以创新,注重落实最近国家、市、区出台的相关法律、文件的精神,注重家庭教育工作的数字化转型。二是坚持主导与协同相结合的原则,发挥教育行政部门在区域家校社协同工作中的主导功能,同时充分调动区妇联、区文明办和各类社会组织的积极性,整合力量,发挥协同效应。三是坚持专业化支撑与社会化服务相结合的原则,既要凸显区域家教中心在家庭教育中对教师团队的专业指导功能,又要体现直接面向广大家长、学生多元需求的服务功能。四是坚持问题导向和实践导向相结合的原则,关注当下群众所期、所盼、所愁,在有效的指导服务中解决问题,突出实效。

3. 主体协同

家校社协同育人是在教育治理和社会治理理念的指导下开展的一项基于多主体协同参与的改革,它以激发参与主体的活力和能力为基础,实现多主体协同育人。因此,主体协同是区域家教中心的工作重点。奉贤区深刻意识到,教育不是单一主体能够完成的一项育人任务,它需要多主体参与,以一种协同的方式实现多主体教育力量的凝聚,从而实现对既有教育体系的优化重整。家庭、学校、社会等教育参与主体对于教育的提质增效、内涵发展都负有不可回避的重要责任,推进"家校社协同育人"是促进新时代教育治理体系和治理水平现代化的重要力量和根本保障。因此,对于协同育人的"落地落地再落地、深入深入再深入、服务服务再服务"是区域家教中心开展日常运营工作的重要实践抓手。主要开展四项工作:一是开展区域家校协同的心理关护或辅导。建构面向家长和教师两大主体的多元课堂,营造健康的心理氛围;提供多元服务,开展个性化心理辅导;开展多元培训,促进能力提升;打造多元平台,提供优质的学习资源。二是优化"贤城父母"平台建设。利用"贤城父母"微信公众号,为家长、家庭和教师提供最及时、最便利、最专业的指导与服务,主要围绕"活动资讯""智慧父母""专业指导""学校风采"和"创新实践"五大栏目,对区域内家教资讯、家教活动、家教经验进行宣传与分享。三是优化家校社主体之间的关系。畅通家校社沟通渠道,精准把握协同育人的实践问题,强化课程实施的成效提升,开设特色活动,舒缓压力,营造协同育人的和谐氛围。四是开展专业研究。区域家教中心的重要功能是专业研究,是基于实践、源于问题、精于实效的专业研究,是以案例研究、实证研究和行动研究为主导的研究,及时对于一线中的各类问题和案例进行及时梳理分析。

4. 评价改进

"评价"是改革质效的参考,是教育变革的"指挥棒",是教育领域诊断教育发展质量、水平、效果、进展等重要手段,是教育发展的"引航灯"。同样,协同育人离不开科学评价,评价改进是区域家教中心建设推动协同育人的关键一环。

一方面,区域协同育人中心在推进协同育人过程中,以管、办、评分离为突破口,以"办人民满意的教育"为宗旨,遵循教育发展规律,以推进教育领域综合改革为主线,编制评价指标,让区域协同育人的具体实践与国家大政方针要求保持高度一致,并依托教育评价结果窥视教育现场的协同育人发展境况和实际质量与水平,为协同育人教育改革的有效推进提供抓手。

另一方面,区域协同育人中心遵从科学评价、以评促建是推进家校社协同育人的有效保障的基础立场,推进以家长、教师、学生和社会机构(社会组织)为主体的评价引导机制:一是以家长、学生、教师和社会各方主体满意度为导向的评价机制;二是以教师专业发展能力提升为导向的评价机制;三是以示范引领为导向的社会参与评价机制;四是对地方政府和职能部门的政绩考核中的协同育人考核,依托和借鉴教育督导评价机制,将"协同育人"履责情况写进相关的地方性法规,成为"硬指标"和"红线",通过评价引导建设,助力家校社协同育人实践提质增效、长效发展。

二、区域协同育人中心的建设路径

奉贤区在实践中提炼出协同育人中心建设实施路径,要"以问题为导向,以需求为驱动,以内容为主体,以服务为目标"。从多元的需求中来,具体概括为"三大重点":"线上家长学校"中释疑答惑的关注点;协同育人推进过程中矛盾的突出点;学校家庭教育特色项目的聚焦点。

区域协同育人中心紧紧围绕"协同育人"理念,走进学校、贴近师生家长,释疑解惑,满足千家万户对于家庭教育指导的多元需求。开设"贤城家长"智慧大讲堂,针对协同育人的阶段性重点焦点,举行"校(园)长开讲""班主任约你""专家夜谈""导师相伴"等专题活动。开设"心语沙画体验""心理团辅、个辅活动""家长沙龙"等板块,板块栏目直接面向广大家长需求、学生成长需要,深受广大家长欢迎和喜爱。

(一)"贤城家长"智慧大讲堂

"贤城家长"智慧大讲堂是汇智纳贤的大空间,是儿童成长主题的大沙龙。在这里,教师们可以立足奉贤教育的实际情况,着眼于家校共育中的热点、难点和焦点问题,指导家长提升专业素养;家长们可以寻找知音、消除困惑、化解焦虑,在沟通互动和实践中转变育儿理念,提升家庭教育能力;学生们可以与教师同行、与家长互动,在多元的家校协同育人空间中健康成长。

比如,在《中华人民共和国家庭教育促进法》颁布以后,就如何进一步让监护者明确职责,创造最有利于未成年人健康成长的家庭环境,邀请了奉贤区人民检察院检委会专职委员倪莎给全区家长作"如何为孩子健康成长营造良好的家庭监护环境"专题讲座。倪莎专委通过数据展现出家庭教育在未成年人成长过程中的重要作用,并围绕基本法律常识,结合典型案例,以案释法,指出办理涉未案件过程中发现的具有普遍性的家庭教育问题,向家长明确家庭教育的概念和意义。该专题讲座引导家长学习履职,提高监护意识、监护能力、家庭教育胜任力,为孩子健康成长营造良好的家庭监护环境。

又如,为帮助家长了解如何陪伴孩子度过初高中衔接期,顺利适应高中生活,做孩子们成长路上的伙伴,在中考来临之际,邀请上海市物理特级教师、正高级教师、上海市奉贤中学校长林春辉,给家长们带来了一场"成长的伙伴"主题讲座。林校长谈到初高中衔接时期的学生正处在一个生理和心理发生巨变的时期,环境、学业等方面的变化必然会带来一系列的适应性问题,面对这些转变,家长和孩子都不必过度焦虑,摆正心态直面问题,要处理好"孩子与老师""家长与孩子""家长与学校"这三大关系。同时,引导家长正确看待初高衔接,以积极的态度和策略激发孩子的内驱力,全面关注孩子的发展;指导家长从生活、学习、身心等各方面主动配合孩子成长,陪伴他们度过初高中衔接期。

"贤城家长"智慧大讲堂关注多元群体的需求,搭建多元服务平台,聚集多元队伍力量,围绕家长们关注的教育热点、难点问题持续开展活动。采用线上线下相结合的方式,以实现对家长的指导服务专业化、科学化、多样化和个性化相统一,为区域家庭教育提供指导服务,创造协同育人的良好环境。截至2023年6月,"贤城家长"智慧大讲堂共开设6场讲座,其中"校(园)长开讲"开设5场,均采用线上线下相结合的方式,线下家长参与达300余人次,线上参与人数共达20 000多人次,深受贤城家长欢迎。

(二) 心语沙画空间

心语沙画空间是一个集心理健康教育、沙画艺术、家庭亲子活动等多方面为一体的综合性活动空间。它以沙画为桥梁,连接起"孩子与艺术""孩子与家长""孩子与社会"的关系。在这里,不仅用沙画演绎指尖上的艺术,还可以体验彩沙飞扬,舒展身心。学生们可以玩中学、学中玩,让学习变得更加丰富有趣。老师们可以学中教、教中学,创新教学方式和内容。家长们可以与孩子互动、放松自我,增进亲子关系,缓解工作和生活的压力。在这里,通过沙画艺术和积极心理学,让"阳光的人将更加阳光,暂时忧郁的人变得阳光,人人都能够享受这份愉悦、自信和阳光"变为现实。

为有效发挥"心语沙画空间"的功能作用,在师资配备上,组建了一支由区美术教研员和学校优秀骨干美术教师为主体的核心团队,通过他们前期的先学先试,为区域内家长、教师和学生们提供针对性的指导,构建起了美术教研员、美术教师、孩子和家长的有机联动体。

如:每周固定两次的亲子心语沙画活动总是如火如荼地开展。在教师的指导下,孩子和家长们共同体验沙画的魅力,他们用自己的双手创造出丰富多彩的画面。通过亲子沙画活动,一方面孩子们的创造力和想象力得到了充分发挥,另一方面家长们也通过陪伴孩子完成沙画作品,更加了解孩子的创造力和想象力,也促进了家长和孩子之间的沟通和交流,增强亲子关系。奉贤区解放路幼儿园一名家长是这样说的:"参加完亲子沙画体验活动后,让我有很多难忘体验和感受。在创作过程中,我们一起讨论、构思,共同完成一幅美丽的沙画作品,这让我看到了孩子在创意和想象力方面的天赋,也让我更加了解他们的思维方式和个性特点。让我对艺术教育有了更深刻的认识。我应该给予他更多的机会和空间去参与和体验这种活动,让他在创造和探索中不断成长进步。"

每次活动结束后,许多家长都有类似的感想,纷纷表示还要继续参加此类亲子活动:"这样的亲子活动办得太好了,真正把孩子从手机视频中'捞'了出来。"心语沙画空间自2023年5月15日正式运营以来,初步实现了"亲子陪伴的乐园,协同育人的家园"积极效应,"以沙育德,以沙育美"成为一道亮丽的艺术文化心理教育风景线。

(三)"家长沙龙"活动

"家长沙龙"活动为家长们提供了一个交流和学习的平台。在这里,家长们可以共同探讨孩子的教育问题,解决自己在教育孩子过程中遇到的问题和困惑。通过沙龙互动方式,家长可以了解不同的教育理念和方法,互相学习借鉴,分享教育经验和资源。同时,"家长沙龙"活动也能进一步促进家庭、学校和社会共同协同,形成更加紧密的教育联盟,为孩子的未来发展打下坚实基础。

如:上海市奉贤区西渡小学梁玉娟老师开展以"女孩长大的那些事儿"为主题的"母女沙龙活动",吸引了众多家长参与。活动中,结合秦文君的《女生贾梅》开启沙龙主题"女孩长大了"。女孩们在组长带领下来到"心语空间"中交流自己在成长中与妈妈相处的烦恼。妈妈们和老师在"亲子阅读空间"中分享自己在女孩成长教育中遇到的挑战和困难。大家都真诚地提出了彼此的困惑,梁老师结合书中贾梅日记和贾梅妈妈的做法,一一答疑解惑,给妈妈们助力女孩成长的密钥。活动最后,一对对母女共同合作完成沙画,画里妈妈和孩子或拥抱或铺满爱心,画外妈妈和孩子或嬉笑或牵手绘制,整场活动都沉浸在欢声笑语中……

"家长沙龙"活动满足了家长们的需求,它的实用性、针对性、适用性和可操作性受到越来越多家长的喜爱和关注,帮助贤城更多的家长转变家庭教育理念,改进家庭教育方法,形成家校合力共识,汇聚协同育人力量。

三、区域协同育人中心的运行机制

物理形态的空间是基础,但从实践来看,更重要的是内在运行,建立一套有效有序的运行机制是关键。奉贤区提炼了区域协同育人中心的运行机理,由"理念引领—区域布局—主体协同—评价改进"四个环节构成,使其实现资源利用最大化、管理规范化、运行有序化。

(一) 制定工作制度,推动有序运行

制度运行是区域协同育人中心规范化标准建设的基础。为确保中心有序运行,制订了《奉贤区家庭教育研究与指导服务中心使用责任》《奉贤区家庭教育研究与指导服务中心场地使用须知》《奉贤区家庭教育研究与指导服务中心值班制度》和《奉贤区家庭教育研究与指导服务中心场地使用申请表》等相关制度。

为确保各基层单位和服务对象有序参加各类活动,特制定《奉贤区家庭教育研究与指导服务中心基层单位活动工作清单》。工作清单的内容由七部分组成:日期、时间、带队教师、联系电话、活动类型、活动主题和活动人数。场地使用运行程序一般包括以下步骤:

(1) 预约场地:需要使用场地的单位或个人需通过填写《工作清单》提前预约场地。

(2) 审核预约:由管理员对预约申请进行审核,确认场地的使用时间和用途是否符合要求,并报领导审核。

(3) 安排使用:审核通过后,管理员安排场地使用,并告知相关注意事项。

(4) 签到签退:使用单位或个人在进入和离开场地时需要签到和签退,并随时保持场地的整洁和安全。

(5) 安全规定:要求使用单位或个人遵守场地的相关安全规定,如不得携带易燃易爆物品等。

(6) 使用反馈:使用单位或个人在结束使用后,需要向场地管理员报告使用情况,并按照规定的时间和地点归还场地。

以工作清单的形式明确相关责任主体的责任,强化"事事有人管,人人有专责"的要求,为区域协同育人中心的规范化标准建设提供了操作流程的基础。通过制度的约束和引导,中心能够更好地发挥其功能,为服务对象提供更加优质、贴心的服务。

(二) 完善服务机制,培植"网红"环境

区域协同育人中心是为了解决"问题"而设立的。以服务学生、家长、教师成长为导向,围绕"协同育人"工作的阶段性重点,根据学生、家长和教师的需求,每

月提供活动菜单,服务对象可以根据自己的需要预约。据统计,2023年5月至6月期间共开设了30余场活动,大致分为6个板块:"考前心理辅导""新成长家长沙龙""智慧大讲堂""亲子心语沙画""名教师展示"和"家庭教育咨询指导"。活动参与人数不断增加。特别是对于一些热点讲座活动,家长们需要抢名额才能参加。上海市奉贤区青溪·青村联合中学的一位学生家长参加活动后由衷地说:"这是我和孩子进入初中后参加的第一次亲子活动,想想真的是惭愧。这次活动让我茅塞顿开,学到了很多亲子沟通的技巧。比如,要学会用'我听到你说……'的方式倾听孩子,让他们感受到被理解、尊重和爱。同时,也要学会表达自己的想法和感受,与孩子建立互信关系。这样的活动让我认识到了家庭教育和亲子沟通的重要性。在今后的生活中,我会改变之前的观念,更加注重与孩子相处,提高自己的亲子沟通技巧。"

(三)形成研究机制,丰富课程建设

区域协同育人中心的最大功能在于解决问题,让不同的服务对象在这里找到满意的答案。以问题为导向开展研究,通过调研梳理当前家长普遍关注的焦点问题,以家长实际需求为出发点,针对幼儿园、小学、中学等不同学段家庭教育的特点和家长养育需求,找到真问题,关注真需求,在满足需求和解决问题的基础上开发符合儿童身心发展规律和体现家庭教育先进理念的系列课程。

在课程建设方面,重点关注四个方面:一是将已有课程资源进行数字化转型,将前期遴选的区级"百门家庭教育精品课程"有序地进行数字化转型,将优质精品课录制成视频,推送至奉贤区数字家长学校平台,供家长学习。二是根据关键事件和节点进行课程研发。例如,在中高考前夕、开学初、假期放假前等关键节点,组织区家教中心组骨干教师研发并录制相关指导课程,及时为家长提供专业指导。三是针对数字家长平台中释疑解惑提问情况进行课程开发,针对各学段家长提问的高频话题和关键词,组织区内骨干教师、区家教中心组成员和德育名师工作室成员共同研发相应的课程。四是组织区内开展"奉贤区家庭教育指导视频微课评比活动",通过专业遴选,优中挑优,甄选出高质量的微课推送至平台供家长学习。保障家长问有所答、学有所获,提升家长家庭教育能力和提高教师家庭教育指导能力,进而促进育人能力建设和专业发展。

（四）建立评价机制，提高运行成效

区域协同育人中心的有序运行离不开评价反馈机制，通过评价和反馈，可以了解实际运行中的情况，可以发现存在的问题和不足，进而采取相应的改进措施。区域协同育人中心项目运行成效通过以下标准和反馈机制进行评估和反馈：

（1）学生参与度：评估学生参与协同育人中心的相关活动的程度和积极性，收集学生的反馈，以了解活动是否能够吸引和保持学生的兴趣。

（2）教师培训：评估教师培训内容和效果，了解教师是否能够通过培训提高家庭教育指导能力水平和专业能力。评估教师是否掌握了家庭教育指导的理论和技巧，是否能够有效地将所学知识应用到实际工作中，以及是否能够积极参与培训和研修等。

（3）课程设置：评估协同育人中心项目的活动设置是否合理、科学，是否能够满足学生和家长的需求。评估课程的目标是否明确、内容是否丰富多样、教学方法是否科学合理，以及是否能够结合学生的需求和兴趣进行设置。

（4）家长参与度：评估家长对于协同育人中心的活动参与度，了解家长是否能够积极参与活动，以及家长对于活动的反馈和建议。评估家长是否能够积极参与家长会议、讨论和决策，是否能够积极提供反馈和建议，以及是否能够积极参与亲子活动和家庭互动等。

（5）基层学校满意度：评估基层学校对于协同育人中心活动的满意度，了解学校是否认为活动能够满足学生和家长的需求，以及学校对于项目的支持和合作情况。评估学校是否积极支持协同育人中心的工作，是否能够积极提供资源和帮助，以及是否能够积极参与协同育人中心的决策和活动等。

（6）家长满意度：评估家长对于协同育人中心活动的满意度，了解家长的反馈和建议，以及家长对于活动效果和价值的认识。评估家长是否认为活动有价值，是否能够满足孩子的需求，是否能够提高孩子的兴趣和能力等。

四、区域协同育人中心的运维要点

迭代升级后的区域协同育人中心的探索是一个全新的事物。要成为区域性

枢纽中心,营运管理是一个全新的课题。本着大德育的观念,建设以"协同育人"为中心的思路来推进营运和管理,对专业建设提出了新要求。

要点之一:要明确边界责任并落实到人。既不能过于包揽,也不能互相推诿,要通过区域性的协同育人中心终结曾经"九龙治水"的局面。为了实现这一目标,要建立区域性的三级协同育人网络。例如,上海市奉贤区家教中心和奉贤区未保办以及相关成员单位联动,建立覆盖区、镇、校三级的协同育人网络,以实现责任主体明确、边界清晰、工作无界的网络机制。目前设有1个中心,13个分中心,这些分中心团队的组成采取"1+1+X"的模式。

要点之二:针对服务对象的需求,转变思维,探索创新的服务路径和方法。特教和普教融合是一个值得探索的领域,需要关注那些处于"中间"地带的群体。应该避免轻易地给这些孩子贴上"问题孩子"的标签,积极引导他们尽力摆脱"非此即彼"的状态。在区域性协同育人中心中,运用积极心理学的概念,推进新成长学校建设,帮助他们找到自己的位置,融入正常的学习生活中。通过这样的服务,让"中间地带"的群体越来越少,甚至最终消失。

要点之三:要实现盘活存量、做优增量的目标,需要在体制、机制方面进行探索。在中国现有的教育体制下,其实各地拥有较丰富的德育资源。建议各地教育行政部门或有关部门牵头,通过区域协同育人中心的建设,实现国家标准和地方标准相融合,为推动区域中心的建设提供支持和指导性依据。

第五节　区域协同育人社会资源整合

社会教育资源的有机整合是实现协同育人的重要保障。事实上,社会教育资源很多。当下中国的行政管理体制和教育治理体系的现实条件下,以区县为单位,各地教育资源管理机构和管理体制大同小异,问题的症结就在于如何在"看似雷同"的同质化体制环境下,将业已存在的教育资源进行有机整合,实现"1+1+1>3"的效果。这也是奉贤区在开展协同育人资源整合的过程中探索的重点。奉贤区在实践中形成了区域资源整合的多元路径:一是以未成年人保护办为龙头的相关职能部门协同;二是以公检法为龙头的司法协同。司法协同是未成年人保护办为龙头的部门协同的一个重要组成,但因其特殊性,有必要将其单"拎"出来,作为一个独立的协同来关注;三是公益组织、爱心企业和专业志愿者协同;四是医教协同、特教普教协同。

这些资源协同具体的方法有很多,各地实际的情况、遇到的环境和条件都有不同,但是它的本质内核在现有的体制环境下有很强的现实借鉴意义。

一、医教协同——构建学生心理健康的防护体系

近几年,儿童青少年心理健康问题频发,《中国国民心理健康发展报告(2019—2020)》显示,全国中小学生存在不同程度抑郁症状的总体比例超过24%,且随着年级升高而上升,处于中学阶段的青少年出现情绪不稳定等心理问题的比例最高,达到17.3%。而个体在儿童青少年阶段出现的心理问题如没有得到及时的干预,对未来的人生将产生不可预计的负面影响。

(一)区域学生心理健康问题的基本现状分析

奉贤区开通24小时青少年心理咨询与家庭教育指导热线以来,区心理中心每年均对求助热线进行数据分析,学业问题、亲子关系问题、情绪问题是持续被咨询最多的问题类别,精神疾病,心理危机等需要医学干预的问题也不在少数。

表6-5-1 近三年区24小时心理服务热线数据统计

年份	学业	行为	情绪	精神疾病	青春心理	同伴交往	师生关系	网络使用	升学	环境	亲子关系	心理危机	其他
2020	201	75	146	46	65	31	15	22	2	19	164	8	2
2021	223	69	169	59		36	19	18		17	123	13	1
2022	178	98	105	24	24	31	11	10	2	14	98	1	1

基于这样的现实情况,奉贤区以医教协同为背景成立了"关心焦虑—抑郁学生健康成长"和"关注多动学生健康成长"两个教师成长工作坊,开启了医教协同构建学生心理健康防护体系的区域实践。2022年,奉贤区入选上海学校心理重点攻关项目"基于学生发展需求的心理健康服务协同系统研究"试点区,奉贤区16

所中小学校成为本轮上海市级医教协同项目试点校,其中小学 3 所,初中 4 所,九年一贯 7 所,高中 2 所。

为了了解奉贤区各校"医教协同"开展学生心理健康促进工作的现状,提升区域心理健康教育工作的科学性与实效性,研究组对奉贤区 16 所市"医教协同"项目试点校展开了访谈调研。采用自编访谈调研问卷,包括学校管理者问卷及班主任问卷两部分。学校管理者问卷包括学校现有的工作经验与做法、存在的困难、希望得到的专业支持与指导三个维度;班主任问卷包括学生心理问题的识别与处理、如何与心理问题家长进行工作、希望得到的支持与指导三个维度。此次调查旨在了解学校管理者及班主任处理学生心理问题与危机的现状,以及现实需求。

表 6-5-2 学校管理者问卷

访谈问题	结　果
1. 对于学生心理危机的防范与干预工作,学校是怎么做的?请谈谈相关经验和做法。	1. 建立健全学生心理危机防范与干预制度、预案以及工作机制; 2. 加强教师培训,懂得甄别学生的危机信号,熟悉处理流程和操作方法。
2. 为了尽早发现学生心理问题,学校采取了哪些措施?	1. 每学期开学、考试前后重点关注、观察和筛查,结合导师制对所有学生常态观察。 2. 有异常表现及时关注、跟进,与心理老师、学校领导协同工作。
3. 对于有严重心理问题的学生,学校如何进行处置和开展有关工作?	心理老师初步鉴别,并及时与家长沟通转介医院,配合医生给予心理关怀和学业支持。
4. 作为学校管理者,请谈谈您对学生心理危机管理的看法或建议?	学生心理危机的出现有多重、复杂的原因,学校作为家庭教育的补充,是学生心理危机的守护者,有责任爱护、关护学生的健康成长。学校能做的已经做了很多,但是目前来说,还是缺少很多力量:师资太少,心理老师能承担、覆盖的工作内容很少;一线教师教学任务已经很重,心力不足;家庭教育指导迫在眉睫,但很不系统。
5. 学校开展学生心理危机预防与干预工作存在的困难有哪些?您希望得到哪些方面的支持和指导?	1. 有的学生有了心理问题,家长隐瞒不配合; 2. 有的学生去了医院,吃药、休学等,但缺少心理辅导,父母教育观念落后,很难改变,急需医教结合进校园。

表 6-5-3 班主任问卷

访谈问题	结 果
1. 你的班级中是否存在焦虑、抑郁等心理问题的学生？你是如何识别和发现的？	存在。通过情绪状态、学习状态发现，然后在班级同伴中了解到孩子的近态（人际交往、朋友圈、QQ 心情等）。
2. 对于班级中有心理问题的学生，你是如何应对和处理的？开展相关工作时存在的主要困难是什么？	1. 与学生谈心，了解状态和需求；与家长联系配合疏导；结合需要开展班会课，朋辈关怀；求助心理老师。 2. 主要困难是：自身精力不足，青春期孩子不肯敞开心扉，家长观念落后等。
3. 在与有心理问题的学生家长进行沟通时，你觉得沟通的主要内容与注意事项是什么？沟通时的困难是什么？	1. 主要内容：反映孩子的现状，提高家长的重视程度，争取家长配合； 2. 注意事项：保密，弱化家长的羞耻感； 3. 困难：教育观念输出很多，接收、实践很少，家长只关心成绩。
4. 班上是否有出现自残自伤，甚至自杀意向的学生？遇到这种情况，你知道如何应对和处理吗？	如果出现，第一时间上报心理老师、学校领导，启动危机干预预案，保障孩子安全。后续配合学校安排工作。
5. 对于班级中出现心理危机的学生的识别与应对，你最希望获得哪些方面的指导？	理论知识与应对方法。

调研结果分析显示：

第一，医教协同通道尚未畅通。虽然在学校心理健康教育过程中，许多学校已经意识到医学专业机构介入的必要性，但学校、家庭、医疗机构和社会方面还缺少真正协同的教育合力，大部分情况下的医教协同还停留在学校发现问题后转介到医学机构的简单流程，对于学生返校后续的心理辅导等工作还未与医学机构形成联动机制。在现实中可能存在学生接受专业医学治疗与学校心理辅导工作的割裂，医教双方尚未互相打通信息渠道，一方面医生并不了解学生在校的具体情况，另一方面学校也对学生接受的治疗情况一知半解，不能很好地相互配合促进学生的心理康复。同时，尚未形成标准化的转介机制，学校在遇到心理危机个案时往往相对茫然，不知道如何规范化处置。

第二，缺乏专业支持。有中重度抑郁、有自伤、自杀倾向的孩子在校发生危机事件或边接受医学治疗边上学的学生在校期间的心理监测需要一定的医学知识,学校心理老师没有接受过系统的医学训练,不具备精神疾病诊断的资质和能力,缺乏医学专业机构的针对性指导,难以为这部分学生提供全面的辅导。

第三,医教协同存在阻力。近年来,虽然大众对精神卫生知识的掌握和对心理问题及疾病的"污名化"有所改善,但许多传统的观念依旧根深蒂固。在实际工作情境中,医教协同工作的阻力有时来自家长,有些家长不愿意接受孩子的异常,家庭教育能力及观念落后,认为孩子在"装病",不愿主动改变家庭教育方式;在孩子被诊断心理疾病后,有些家长瞒报就医诊断结果,导致班主任工作和心理辅导与学生实际需求有偏差;还有些家长对孩子服用必要的药物感到抗拒,不让孩子配合治疗,自行减药停药。家长的这些行为均给医教协同工作带来了一定的阻力。

(二)区域医教协同学生心理健康防护体系建设实践

医教协同的目标在于将专业医学力量与学校教育进行有效的整合,建立医学系统与教育系统联动的学生心理健康防护体系,实现互相合作与支持,通过学生心理问题的筛查评估、预防干预、转介治疗、研究提炼为一体的过程,形成科学化、规范化、制度化的长效机制。奉贤区在近年的医教协同工作中,主要针对区域学生心理健康促进医教协同模式和教师培训模式建构,通过医教协同对不同心理健康需求的学生开展工作等方面进行了探索。

1. 区域学生心理健康促进医教协同模式

一是学生心理健康教育培训。积极开展覆盖全体学生的心理健康教育活动,进行心理卫生知识的普及与宣讲,实施教育培训,提升学生的心理健康维护意识,让其掌握心理调适方法,为他们的成长创设有利的环境,促进健全人格发展。

二是学生心理问题的筛查与评估工作。学校借助医学专业力量,共同研制符合当代青少年儿童、符合本区学生特点的心理健康测评工具,规范量表选用,监测实施和结果运用,构建区域学生理健康状况监测体系,加强数据分析,帮助学校做好学生心理行为问题的风险预判。

三是规范化转介机制及协同辅导机制的建立。区教育局委托区心理中心与区精神医疗机构(奉贤区精神卫生中心)签署了区级心理健康医教协同服务合作协议,根据协议内容开展具体工作,如建立规范化的区域内学生心理疾病转介流程。打通就医"绿色通道",编制一系列的规范化操作文件与指南,简化心理问题的转介流程。当学校发现学生的心理问题需要进行医学介入时,只需要一张转介单,即可通过精神卫生中心为本区中小学生开辟的就医绿色通道得到帮助。精神卫生中心也会将学生的诊断结果及辅导建议等内容及时反馈给区心理中心及该生所在的学校。学生在就医期间若继续到校上学,医生根据医教协同协议给学校心理老师专业医嘱与指导,并进行跟踪随访,学校心理老师则根据医嘱对学生开展心理辅导,定期交流。这使医生能了解学生在学校里的具体情况,对症下药,教师了解诊疗过程后能将专业知识运用到实践中,尤其能对早期问题进行早发现、早预防。在保密原则下,医教协同共同促进学生康复。

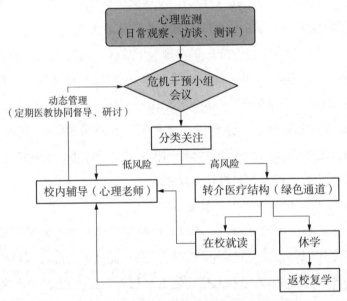

图 6-5-1 转介机制及协同辅导机制

2. 医教协同联动的教师培训模式

心理教师是学校心理健康教育的主要力量,班主任、导师、任课老师均是维护学生身心健康成长的中坚力量。奉贤区以区心理中心为核心,以区"医教协同"项目试点校为实践基地,建立了奉贤区"医教协同"工作坊,与上海市精神卫生中心、上海市康平医院精神科、奉贤区精神卫生中心儿少科深度协同,聚焦"评估、咨询、辅导、危机干预""医教协同"机制建设、教师心理辅导能力提升等话题,开设面向心理教师、任课老师、班主任等不同群体、不同层次的专题培训。面向全体教师,主要针对学生心理问题的识别和家庭教育指导;面向心理教师,开放医院心理门诊、病房实习、定期现场真实案例访谈与督导,旨在不断提高其心理问题的辅导能力、危机处置能力。

奉贤区逐步建立了基于学生心理健康三级预防体系的专业化队伍,班主任和学科老师承担了一级预防功能,负责引导学生的身心健康成长;心理老师主要承担二级预防功能,负责学校心理健康教育工作的实施,学生心理健康风险的评估,低风险学生的心理辅导;医疗结构则承担第三级预防功能,对转介学生进行必要的医学干预,对突发性学生心理危机事件,提供必要的支持与帮助。

二、司法协同——以奉贤区检察院"未小贤"团队为例

推进协同育人,法治建设不可或缺。尤其是随着互联网、电子游戏等新型数字化产品迭代出现,青少年的成长环境发生了重大变化,随之而来的是各类未成年人违法犯罪案件时有发生,局部地区甚至有十分严峻之势。为了预防和减少未成年人案件发生,保护青少年健康成长,公安、检察院、法院、司法局等司法部门参与协同育人工作的作用日益凸显。司法协同具有十分现实的创新价值,奉贤区检察院二十多年如一日的"未小贤"协同育人行动就是一个生动例证。奉贤区检察院在1995年设立"奉贤未检",司法体制改革后,将专业办案团队命名为"未小贤"。《未成年人保护法》《预防未成年人犯罪法》修订后,团队进一步认识到"协同育人"的重要意义,以"未小贤"品牌为桥梁,加强与民政、教育、妇联、团委等相关部门的良性互动,打造了强有力的"未小贤"联盟阵营,以司法保护、能动履职助推家庭、学校、社会、网络、政府协同保护,实现了"1+5>6=实"。

仅仅2022年,"未小贤"团队就督促公安机关对29名存在严重不良行为的未成年人开展矫治教育;依托社检合作"青春护航站"项目,开展"贤文化"特色帮教矫治活动8场次,共计163名涉案未成年人及家长参与。依托"一站式"保护救助机制,为20名涉案未成年被害人落实法律援助、医疗救助、心理疏导等,并对一些

遭受性侵害的未成年被害人给予司法救助，同时就未成年人保护社会治理问题，向相关部门及单位制发综合治理类检察建议8份。通过"法治副校长"机制，积极参与校园安全治理、触法学生教育矫治、学生权益受侵害事件处置等工作12次；法治副校长通过线上线下开展法治宣讲57次，受众达12万余人。（以上数据来源于《上海市奉贤区未成年人检察工作白皮书（2022年度）》）

案例："车库少年"回家记

小李是某中学的初一学生。他的父亲和母亲离婚的时候，协议小李由母亲抚养，他的弟弟由父亲抚养。后因母亲监护不当，父亲起诉，法院便判小李跟随父亲共同生活。暑假的时候，小李前往外地看望母亲，回到上海后才发现父亲将住的房屋卖了。父亲再婚，定居在了其他区，并且租了一间车库，让年仅11岁的小李一个人在车库里生活和学习。因为没有人管，小李出现了逃学厌学、沉迷网络等情况，还出现了偷窃等严重的不良行为。奉贤区未保站履行了临时监护职责，将小李的情况向属地派出所、区检察院"未小贤"团队报告，多次和学校一起与父亲沟通，但收效甚微。检察机关就向小李父亲制发了督促监护令，建议未保站会同公安机关先行联系小李母亲，说服她来沪对孩子履行监护职责。小李母亲知道这件事后，就辞掉工作来上海照顾小李。针对小李出现的不良行为，"未小贤"联合属地派出所、青少年社工组织，依托"青春护航站"项目为小李提供支持与帮助。由社区民警上门对他的偏差行为进行训诫和法治教育。考虑到他们的经济困境和生活状况，链接社会资源为小李的母亲找了一份临时工作。

由于对网络游戏的沉迷以及与母亲性格观念的冲突，小李与母亲爆发了激烈的冲突，甚至拿刀威胁母亲。"未小贤"团队经过研判，为了预防犯罪，加大了提前干预的力度，依托牵头设立的奉贤区涉案特殊未成年人保护救助专项基金，在暑假期间将小李送进军事训练夏令营并协同

> 夏令营制定了专项的训练计划,规范小李的行为习惯,缓解他对网络的依赖,重塑他的人生观和价值观。针对小李与母亲之间的隔阂,"未小贤"团队还利用双向疏导、亲子团康等活动对他们的关系进行修复。在持续的帮教后,小李的状况得到了明显改善,也愿意回到学校上学。

与公安机关、检企合作观护帮教基地、社检、教育职能部门等单位的紧密联系,让"未小贤"团队在处理案件的时候能够有更多的作为空间,2023年5月,奉贤区检察院、奉贤区未保办和奉贤区教育学院,依托区家教中心,奉贤区检察院"未小贤"家庭教育指导服务基地正式挂牌。相互支持的资源,让受侵害的未成年人得到及时有效的救助,让那些罪错未成年人能得到及时的纠正与矫治,消除潜在的社会不安定因素,极大地体现了社会教育在协同育人工作中的重要价值。

可喜的是,这项工作又一次迎来了新的契机。2023年8月,在教育部《中小学法治副校长聘任与管理办法》基础上,上海市教育委员会、上海市高级人民法院、上海市人民检察院、上海市公安局、上海市司法局、上海市法治宣传教育联席会议办公室等六部门联合印发《上海市中小学法治副校长聘任与管理办法》(简称《办法》)的通知。提出了"每个学校至少聘请1名法治副校长"的要求。明确了出台《办法》目的就是切实推进中小学校治理体系和治理能力现代化,促进未成年人健康成长。《办法》明确,法治副校长,是指由人民法院、人民检察院、公安机关、司法行政部门(统称"派出单位")推荐或者委派,经教育行政部门或者学校聘任,在学校兼任副校长职务,协助开展法治教育、学生保护、安全管理、预防犯罪、依法治理等工作的人员。中小学校法治副校长工作由教育行政部门、司法行政部门共同牵头,学校及法治副校长派出单位参与的方式进行。《办法》提出了法治副校长的资质资格要求,派出单位应遴选、推荐"政治素质好,品德优秀,作风正派,责任心强";"有较丰富的法律专业知识与法治实践经历,从事法治工作三年以上";"身心健康,热心教育工作,了解教育教学规律和学生的身心特点,关心学生健康成长";"具有较强的语言表达能力、沟通交流能力和组织协调能力"的在职工作人员担任法治副校长。《办法》的出台，进一步优化深化了学校依法治理体系，意味着协同育人进入了法治化良性轨道，为协同育人提供了更为广阔的空间。

三、特普协同——特殊教育与普通教育融合发展

在开展教育的过程中，所有的教育工作者和全社会都必须直面一个问题，就是还存在着一定数量的有身体和心理问题的孩子，俗称残障儿童。联合国儿童基金会的最新报告显示，据估算，全球有近 2.4 亿残障儿童。关注特殊教育是协同育人不可或缺的重要组成部分。

奉贤在推进协同育人工作中高度关注特教普教融合，关爱特殊儿童。对特殊儿童群体的关注，体现了一种"以人为本"的价值导向，是建立儿童友好城市必然要重点关注的方面，更呈现了一座城市的综合发展水平。特普融合教育可以说是"协同育人"最生动的体现之一：家校协同、教师协同、师生协同，生生协同。

2022 年 9 月，上海市人民政府办公厅发布《上海市特殊教育三年行动计划（2022—2024 年）》，提到"健全多方协调联动的特殊教育推进机制"；2023 年 1 月 30 日，奉贤区教育局等八部门联合印发了《奉贤区特殊教育三年行动计划（2022—2024 年）》（奉教〔2023〕6 号），强调要"推进协同育人"，"健全学校、家庭、社会协同育人机制，形成全社会共同关心特殊教育的良好局面"。奉贤区从阵地打造、队伍培养、机制建设等方面积极探索推进特殊教育实现高质量、优质融合、适宜普惠发展的路径，特教普教融合教育得到了一定的发展。

（一）组建特教指导中心

为了让区域特殊教育工作有依靠、有支持，奉贤区精心打造了一个中心——奉贤区特教指导中心（简称特教中心）。特教中心是区域特殊教育工作的枢纽，链接区内外各项资源，在特殊学生的协同育人工作中发挥重要作用。特教中心最早做的是义务教育学段，因为随班就读孩子在普通学校的关注是最早呈现出来的，因此指导中心最多关注的也是这一学段。随着时代发展，"终身发展"被提到了重要位置，因此特殊教育开始向两头延伸。在延伸过程中，由于群体的扩大，教育难度的增加，专业指导需求更盛，"协同"更显价值。

特教中心协同区教育学院研究制订了《奉贤区融合教育教师培训实施方案》，通过邀请上海市专家开展系列主题培训、参与奉贤区卓越教师名师工作室等途径，提升教师融合教育素养，培养出一大批骨干教师，奉贤区待问幼儿园的徐灵灵老师就是其中的佼佼者。在徐灵灵老师日复一日的努力中，不少特殊孩子获得了有效的发展。

案例：笑容回来了

徐灵灵老师曾教过一个孩子，是外来务工随迁子女。孩子父母的学历很低，爸爸看上去有点憨，说话表达不清，也害怕与人交往，妈妈的文化水平很低，只有小学水平，只能写个自己的名字，但妈妈对老师比较信任。小班的时候，孩子入园时根本不肯进园，妈妈都是将其扔在门口，自己走开了。孩子在门口不停地哭，是徐老师天天拽起来带进幼儿园。那个时候，徐老师对"随班就读"还不了解，也不知道要鉴定。虽然之前没接触过此类孩子，但通过观察孩子的行为表现，徐老师知道这孩子与其他孩子不一样。当徐老师把孩子带进教室里，他永远都是找一个角落，找一个地方躲起来。从那个时候开始，徐老师就慢慢去引导孩子，到大班毕业的时候，孩子能够主动跟着班级里孩子活动，跟着小朋友一起上课。

当孩子进入小学，由于徐老师一直跟孩子的妈妈保持联系，所以她对孩子进入小学后的情况比较了解，也力所能及地关照他。当孩子进入初中以后，正好和徐老师的女儿一个班。徐老师经常教育作为班长的女儿要带着这个孩子，不能让别的孩子欺负他。现在孩子的情况比较好。孩子的妈妈说，他现在每天出门回家都是笑的。

徐灵灵老师只是特教普教融合教育团队中的一个代表。实际上，奉贤区已经形成了一套特教普教融合教育机制。以学前段为例，在奉贤区特教指导中心的指导下,形成了覆盖全区 55 所幼儿园的协同教研模式。

(二) 开展学前段特教普教融合教育

奉贤区十分重视学前段融合教育。奉贤区奉浦幼儿园创建了奉贤区学前教育中首个特教班,园长华建红还代表上海市幼教在温州的第四届江浙沪特殊教育学术论坛上发言,意味着奉贤区在学前段特教普教工作中的成效受到了普遍认可。

案例:创建了区域第一个特教班——奉贤区奉浦幼儿园

奉浦幼儿园是奉贤区第一所创办特教班的学校,2010 年就创办了特教班。从 2010 年开始,奉浦幼儿园就一直招收 3—6 岁除听障之外的其他各种问题类型的学龄前孩子。从招生工作开始就是"协同"进行,因为幼儿园的招生工作需要及时协同残联、协同区特教指导中心,包括与家长对接和劝导等。

幼儿园特教班配备了三位专任教师和一位生活老师,收到来自残联的名单后,三位专任教师就会根据残联的名单,逐个打电话,了解所有孩子的一些情况。打完电话以后,如果有意向来园的孩子,会逐一上门去进行家访,了解他们的大概情况,将学校的情况向他们进行介绍,同时,通过招生公告、校园开放日等活动向家长宣传,方方面面协同后,让孩子能够到特教班来就读。

奉浦幼儿园探索了 4 种融合教育办园模式。第一种就是特教班,按照政策要求,每个特教班招收 6—8 个孩子,配备三位专业教师和一位保育员。在特教班当中,会对特殊孩子开展各种各样的教育教学,更加关注生活方面的照顾,更加注重康复训练。

第二种,就是随班就读。随班就读的孩子也是基于鉴定结果,这些孩子能力稍微强一点,可以在普通班中。在这个班级当中,普通老师,资源教师以及特教班老师,大家共同协作,对随班就读的孩子进行照顾。

第三种，每周四有面向社区的专业康复工作。这一部分孩子其实是没有办法进入到幼儿园特教班的特殊孩子。园方就采用每个星期四社区康复的形式，让这些孩子也能够有机会走出家门，来到幼儿园，体验集体生活。园方发动幼儿园教师，组建"星星点灯"志愿服务团队，每个星期四进入到特教班，与特教老师一起照顾这些孩子。

第四种模式就是送教上门。针对残疾程度比较重的孩子，幼儿园开展送教上门活动。送教上门有4位老师，4位老师固定分成两组进行送教上门。一个学期为一个孩子定期，定时间、定人、定周期、定地点送教上门。送教上门不仅仅是跟孩子进行互动，更多的是对家长进行指导，也让家长树立信心，不要放弃程度重的特殊孩子。

奉贤区奉浦幼儿园在开展融合教育的实践过程中，依托区域特教中心的资源，充分结合幼儿园实际情况，在工作中不断创新，使特殊需要的孩子在学习生活中受到有针对性的帮助与指导，更好地成长，也使教师的专业素养在工作中得到迅速发展。

（三）关注中职特教

中职特教更多地关注特殊孩子未来的生活与生存。想要特殊孩子学会适应生活、有更好的发展，也需要"协同育人"。

2017年9月，根据上海市教委、市残疾人联合会等相关指导意见，结合区域特殊职业教育办学的实际需求，奉贤中等专业学校开办了中职特教班，从"生活融合、课程融合、活动融合、社会融合"四个维度出发，让特殊学生和普通学生融合，在校园环境中共享资源，共同参与校园学习生活，培养生存技能。学校为学生们营造了较为完整和系统的教育环境，利用活动、项目、机制等切实提高学生的学习能力、生活能力和基本的操作能力，大部分学生在教师的指导下拥有了独立生活、独立自主的初步能力，未来基本能够融入社会中。

开展协同融合教育，现实中还面临着不少困难。其中一个最现实的问题是人们的教育观,对未成年人更多的还是以"考好学校"作为评价标准,忽略了孩子们的身心发展过程,当然也包括忽略了"总数上比例很小,但真正总数统计了也不小"的一些问题孩子和问题事件。研究团队在和区检察院"未小贤"团队座谈过程中了解到,近三年来发生在区域里面的未成年人性侵案件,包含不公开审理的案件和事件,无论是程度还是数值,还是令人感到吃惊和心痛的,需要引起全社会关注。

因此,对于如何最大地发挥社会教育资源效益,有效为区域家庭教育、学校教育助力,真正发挥"协同育人"价值,需要进一步探索与思考。

第六节 区域协同育人应对社会危机

在整个人类和社会发展史中,永远是危机和机会并存。学者罗小东将危机事件定义为"主体正常的运行秩序遭到强力破坏和打击的突发性事件"。[1] 不管是2008年的汶川大地震,还是2020年以来的新冠疫情,都充分地告诉了人们,社会危机背景下的协同育人至关重要,也是协同育人的实践和研究不可或缺内容。

新冠疫情对世界经济和全球局势造成了极为深远的影响,尤其对教育生态带来巨大变革,冲击了传统教学状态。对教育工作者来讲,可谓刻骨铭心,也给了人们很深刻的启发。研究团队开展了以疫情为代表的社会危机背景下的协同育人的实践和探索,形成了一些值得提炼和推广的工作内容和方法:第一,是危机事件下协同育人模式的提炼;第二,是重大社会危机事件下线上线下教育的有机融合;第三,在危机中或者说透过危机看到协同育人的情感能力和各个主体的情感能力的极端重要并身体力行;第四,从决策者视角研究危机下的协同育人模式和应对之策。

一、区域协同育人应对危机首要职责:关注心理关护或辅导

协同育人过程中,尤其是在社会危机下,人类有着不同的心理状态,有着不同

---

[1] 罗小东.试论社会危机事件中的新闻报道样式:新闻簇——以乌鲁木齐"7·5"事件的新闻报道为例[J].国际新闻界,2011(08):76—82.

的应激反应。危机事件可能直接带来情感和心理危机。那么,对于协同育人而言,特别是危机时代的协同育人而言,心理的关怀和辅导是首要的。2020年至2022年,上海两度开启线上教学。线下线上教学几轮转换,"双减"叠加线上教学,孩子离开了学校这个教育的主战场,不少父母无所适从,焦虑情绪加剧,亲子之间也因网络使用、学习习惯等问题矛盾冲突不断,家长和孩子剑拔弩张,温暖的"港湾"变成了"战场"。层出不穷的问题无不在提醒人们心理关护和辅导的急迫性。

奉贤区未成年人心理中心克服困难,开展中小学居家防疫、居家学习、居家亲子沟通、心理咨询等系列指导服务活动,线上线下结合,指导老师、指导家长、指导学生,改变传统教育教学方式,有效化解在线教学期间各种问题,全区家校工作有效平稳开展。随着数字化转型,线上教育从"新鲜感"转向"新常态",奉贤区在心理防护与家校共育领域积极探索,扬长避短,发挥优势,实现"1+1>2"的放大效应。

(一)多元课堂,营造健康的心理氛围

心理辅导课是学校实施心理健康教育的重要途径。近年来,线上心理辅导课堂得到了极大发展,心理教师进行网络心理课堂的尝试,互动性、感悟性极强的心理课堂由线下转到线上,对心理教师是一种不小的挑战。如何hold住一群屏幕外的"小神兽",话题如何选择?师生互动怎样更有效?在线课堂软件怎样灵活使用?基层学校老师通过调研、搜集素材、有趣的活动开展,设计了一节节精彩有趣的心理课堂,并在教研活动中分享交流。

(二)多元服务,开展个性化心理辅导

疫情期间,24小时心理服务热线持续运行,为区域家庭提供24小时心理服务。各校心理教师"每日一报",于早晨8点前上报前一日学生心理咨询状况(危机个案立即上报),形成"每日线上案例分享,热线和学校个案协同报告"工作制度。区心理中心将学校个案及24小时心理服务热线个案形成日报,及时报送上级指导部门。

据统计,2022年3月14日至6月21日,区心理中心共接待个案404人次,其中来自24小时热线的为158人次,其余个案均来自学校心理教师。父母或者祖辈来电来询的比例达到34%(见图6-6-1)。

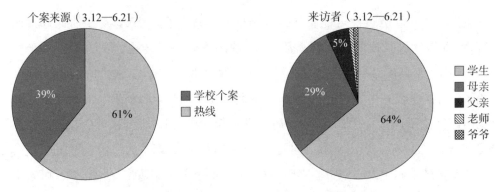

图6-6-1 3月14日—6月21日 心理中心个案

区心理中心对2022年线上教学期间的个案进行学段分析,55%的高中生寻求心理支持,初中生和小学生占比27%和18%,可见线上教学对学业压力本来就异常巨大且面临高考的高中生,影响更大。同时说明高中生在遇到心理困惑时,有较强的主动求助意识。

进一步统计分析后发现,线上教学期间,情绪问题、学业问题及亲子关系问题是咨询最多的类别,跟2020年的情况大体相同(见图6-6-2),网络使用问题紧随其后,可见线上学习对于青少年的情绪扰动还是较大的,不管是疫情本身还是线上教学都会给他们带来情绪的波动。且从具体个案内容看,这几个问题往往交织出现,因学业问题、网络手机使用问题等原因引发的亲子冲突常常发生。以下个案具体呈现了家长在教育子女中关注的典型问题。

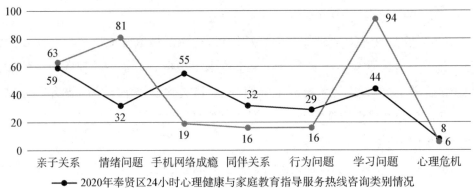

图6-6-2 2020年和2022年奉贤区24小时心理健康与家庭教育指导服务热线咨询类别表

案例：手机引发的亲子冲突

小X是初中七年级男生，同学关系良好，在校期间成绩处于班级中下游，网课以来成绩一落千丈，在家时不时与父母发生肢体冲突。身处普通工薪家庭的小X，日常起居及学习相关的事务都由作为全职太太的母亲包办。父亲常年在外省市奔波，偶尔回家也是自己待在书房工作，疫情期间居家没有出差，但依旧对孩子管教不多。线下学习时，除非有需要使用电子设备的作业，其余时间小X对手机的使用受到严格管控。而居家期间，由于大量课业与课程都需要借助网络平台，因此平板电脑和手机常常放在小X自己身边。有几次，母亲进入小X房间时正好看到孩子在使用手机，母子双方产生口角，此次冲突的起因是母亲趁着小X在上网课进行线上测验时，把小X的手机扔了。

心理老师通过共情孩子，建立良好的关系，发现孩子主要使用手机听歌放松，以缓解居家线上学习期间无法出门、不能见到小伙伴、无人可以交流的烦闷。而母亲不由分说将手机丢了，让他仅有的放松渠道都被剥夺了，因此无法控制情绪，在言语上冲撞了母亲。通过建设安全线上咨询环境，心理老师引导孩子宣泄情绪。建议孩子尝试用平和理性的方式把内心的想法告诉母亲。在征求孩子同意的基础上，心理老师与孩子母亲取得联系，告知孩子基本情况的同时，充分理解母亲的辛劳，帮助母亲调节焦虑情绪，舒缓紧张与疲惫。通过孩子与家长联合咨询、推送亲子沟通贴士以及家庭教育相关推文等举措引导双方换位思考。充分的沟通使得孩子理解母亲养家糊口与辅导他学业的不易。心理老师鼓励母亲劝说父亲一同加入孩子的教养内容中来，分担繁重家务，共同经营家庭。目前小X与母亲关系得以修复，亲子之间沟通也更加有效与和谐。

（三）多元培训，促进能力提升

个案咨询能力是心理教师的基本功之一。坚持两月一次的常规个案督导工作，疫情期间，研讨地点从线下转为了线上。将每日个案中较为典型或存在一定共性的个案及时梳理（隐去学校信息，保证隐私），发布到区"心理"教师群进行一日一分享、一日一研讨。同时通过"一周一研讨"，及时复盘一周内各学段的个案情况，为下一阶段的工作找准方向。教师们对此表示出极大的热情，在学习完每日个案后积极发表见解和疑问，分享经验和看法。微信工作群不仅仅是发布通知、沟通事务的渠道，更成为教师思维碰撞、学习研讨的"主会场"。

（四）多元平台，提供优质学习资源

为顺应信息化和数字城市建设需求，适应新时代家庭教育发展要求和家长群体的新特点新需求，奉贤区充分利用微信公众号平台、慕课平台、名师工作室视频号、网络公开课等数字化平台，向区域家长提供唾手可得"量身订制"的家庭教育指导资源和课程。如，根据每日个案的典型问题，精心制作妙趣横生的心理辅导微课，目前已经推出了"考试焦虑小怪兽来袭——我该怎么办？""居家学习，面对父母的爱，我该怎么办？"等多期视频，获得了学生和家长一致好评。

二、探索危机下的协同育人有效途径：线上平台建设与运营

疫情这一社会危机事件具有其特殊性，因它带来"居家封控"。远距离的"协同育人"如何有效实现？笔者和团队将目光聚焦在了线上平台，通过线上线下相结合的方式，实现育人的新模式，其中，最具代表性的就是"贤城家长"微信公众号的优化建设与智慧运营。"贤城家长"微信公众号自2016年起开始运行，经历了不断实践、不断改版、不断完善的过程。目前主要包括"活动资讯""智慧父母""专业指导""学校风采"和"创新实践"五大栏目，对区域内家教资讯、家教活动、家教经验进行宣传与分享。疫情期间，区家教中心积极发挥"贤城家长"微信公众号的作用，整合各方资源，围绕关键时间和节点，灵活调整推送策略，为隔离在家的家长、家庭提供最及时、最便利、最专业的指导与服务，化身区域的线上抗疫"战场"。

(一) 凝聚多方资源,助力线上战"疫"

区家教中心借助"贤城家长"微信公众号宣传学校优质做法,如奉贤中学附属小学的"相约星期六"主题问答式分类线上家长讲座、青溪中学的线上家长沙龙、江海幼儿园的"云关怀"项目;寻求专业力量,指导家长开展疫情期间的家庭教育,如区心理中心、区家委会、区家教中心组、张竹林名师工作室学员、部分班主任等陆续撰写相关推文(见图6-6-3);推广智慧经验,以一个家长带动一群家长的方式,发挥榜样作用,除了《孩子居家学习期间,区家委会理事代表给家长朋友的几点建议》等推文,贤城家长积极打卡区教育局提倡的"五个一"活动,给枯燥的居家生活增添活力。

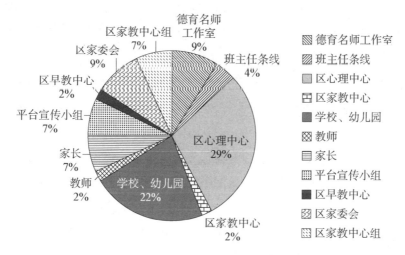

图6-6-3 疫情期间,"贤城家长"供稿来源及数量统计

(二) 灵活调整策略,按时保质推送

疫情初期,推送内容以居家指导为重心,力求帮助家长尽快适应孩子居家学习的节奏与状态。考虑到家长会对类似推文爆炸推送而疲于观看,对推送时间进行调整,由原先的一日一次改为一周三次,推义数量也调整为1—2篇,类似的指导策略和文本内容进行错时推送,以保证读者的阅读兴趣。同时根据一些重要事件和重要时间点对推文进行调整。比如,2022年3月下旬,区心理中心接到不少因家长情绪失控而产生的个案,对接区教育局相关要求后,4月初,根据区内个案

中呈现的热点问题,平台围绕着"家长情绪管理"和"学生心理健康"两个主题进行推送,帮助家长有效管理情绪,更好居家生活。又比如,中高考即将来临,家教中心邀请特级校长、心理特级教师和资深班主任特别录制考前家庭教育指导的微课,以平台推送的形式及时指导考生家长帮助孩子顺利迎考。

平台根据关键事件或关键时间点,灵活调整推送时间和推送内容,使平台站在抗疫的"第一线",在关键时刻给予家长和学生最及时有效的帮助,真正实现平台的价值所在。

(三)创新开展服务,提升指导质效

"专业指导"类推文,一般以案例导入,分析解读,再辅以对策建议。专业性很强,但对于长期封控在家的家长而言,相较于抖音等短视频,未必有足够的吸引力,且模式雷同,没有新鲜感,易引起视觉疲劳。基于此,区家教中心联合区德育名师张竹林工作室学员组建了一支先行先试的团队,根据区教育局"花样打卡五个一"活动,创新设计了"几个一"的活动,以轻松愉悦的方式引导家长进行亲子沟通,开展家庭教育。平台推送了徐豪情老师的《一次贴近心灵的家园访谈》,沈未迪老师的《一部适合亲子观看的喜剧电影——〈父子变形记〉》,潘姿屹老师的《一本融合爱与沟通技巧的神奇之书——〈如何说孩子才会听,怎么听孩子才肯说〉》,朱莉老师的《一道鱼儿面 共享好"食"光》等推文,阅读量均破百,其中亲子电影推荐的阅读量达到了700多,家园访谈的阅读量也达到了500多,获得了区域教师的好评。

《区家委会给全区家长的一封信》也是平台的创新之举,站在区域家委会的立场,给予全区家长温暖支持与居家建议,言辞真切,情感真挚,阅读量达到了6万多人次,分享次数达1475,受到上海市教委的肯定,并在此基础上转化为《一起守"沪",静待花开——上海家长学校给家长的一封信》,在上海家长学校平台推出。上海教育公众号在此基础上形成了《居家学习、生活怎么过? 给上海中小学生家长的小贴士》,进一步扩大阅读受众。

三、应对危机的多元智慧:因时因地因校因人制宜的协同育人贡献

"实践"是协同育人的大课堂,群众的创造是无穷的。奉贤区在社会危机背景

下,在疫情和重大事件的过程中也探索了一些有效途径。

(一)特殊节点的智慧做法

在高二、高三、初三学生返校复课之际,心理中心进行了"奉贤区返校复课学生心理健康状况调研",通过工作研讨确定《奉贤区中小学返校复学心理健康教育工作方案》,指导学校制定一校一案。针对部分考生呈现的焦虑情绪,区中心通过讲座、推文、微课等多元形式开展全方位的考前心理调适工作。区张珏名师工作室于6月13日起直至中考结束,为全体考生开设"正念减压自修室",每日15分钟,带领广大考生关注当下,缓解紧张情绪。

(二)学校导师的主动作为

疫情期间,一线教师(导师)在家校社协同育人中发挥了更多的积极力量。"停课不停学"中,面对家长焦虑、亲子冲突频现等问题,教师、导师在关注学生的学习情况与身心健康的同时,主动与家长取得沟通与联系,及时给予个性化的辅导与指导,帮助家长有效应对居家过程中的困惑与难题。奉贤区育贤小学的潘姿屹老师便是其中一员。

案例:个别与集体两手抓,探索家教指导新形式

潘老师在与学生的一次电话沟通中,突然听到家长说了一句:"她没事,在家上课开心得不得了,倒是我有点焦虑。"在潘老师的追问下,家长说起了自己无奈的现状:也和孩子一样居家办公,每天除了自己的工作,还要操心孩子的学习,巴不得一整天坐在旁边陪她上课。除此之外,每天还要负责孩子的一日三餐,饮食起居。因为事情太多,就感到有些焦虑,觉得很累。原来,孩子爸爸出差在外地,暂时回不来,家里就妈妈一人带孩子,很辛苦。在电话中,潘老师对妈妈的辛苦付出表示感谢,对她的焦虑表示理解,不断肯定家长的付出。在之后的一段时间里,除了通过电话了解母女俩的居家生活、物资情况之外,潘老师会主动询问需要提供什么帮助,时不时和家长分享一些居家游戏和运动,让坏情绪跟着

汗水甩出去。

正是这次居家学习初期的及时沟通,让潘老师意识到,她面对的家长群体和两年前不同了,经过单独沟通与导师活动,她分析一年级家长的焦虑情绪主要来源有以下三点:

1. 大部分家长停工在家,柴米油盐,朝夕相处,焦虑情绪更重。

2. 家长群体趋于年轻化,无论是家庭教育方面的知识还是经验都比较缺乏,有些家长甚至自身的生活能力都很差,根本不会照顾孩子。

3. 上一次居家,这批孩子还都处于幼儿园阶段,无论是对孩子居家生活的安排,还是居家网课学习,都没有什么要求。但此次居家时,孩子正处于一年级这样一个学习习惯、行为习惯培养的关键阶段,所以家长产生了焦虑情绪,暴露出了更多亲子沟通等家庭教育方面的问题。

基于此,她开始利用钉钉扩大与家长沟通的渠道。每次线上家长会后,邀请有家庭教育指导需求或者困惑的家长留在钉钉在线课堂中,进行答疑解惑。在过程中,会开着摄像头,尽量让家长们觉得教师是与他们面对面的,有一种亲近感。同时,她鼓励学生和家长使用"班级圈"功能分享自己的居家生活,利用类似微信朋友圈的点赞评论功能随时与家长互动,拉近彼此距离。同时,她利用"钉钉班级圈"开设了话题"家庭教育方法交流"。一方面是将与家长们沟通的案例和策略作总结分享;另一方面鼓励家长之间互相分享育儿经验。

(三) 学校特色做法之"爸爸"系列

为了提高父亲对家庭教育的参与度与积极性,打破困扰妈妈们已久的"丧偶式育儿",区域内不少学校积极打造"爸爸"系列家庭教育指导活动,取得不错的反响,如奉贤区教育学院附属实验小学"爸爸俱乐部"、奉贤区解放路幼儿园"爸爸团"、奉贤区江海一小"百分爸妈"、奉贤区胡桥学校"优质爸爸成长营"……开展了不少特色化的亲子活动。疫情期间,"爸爸"系列特色做法更是发挥了父亲陪伴的优势,紧密了隔离在家的亲子关系。如,奉教院附小"爸爸俱乐部"组织的一次亲子阅读活动。

案例:共抗疫情,阅读相伴——爸爸俱乐部亲子阅读活动

当前疫情肆虐,孩子们都已转为居家学习。以往热闹的爸爸俱乐部户外拓展活动自然不能开展了。但对于指导父亲教育来说,这个特殊的日子也可以弄出新花样。经过和俱乐部成员的反复思考,奉教院附小开展了一期云上亲子阅读,主题是"共抗疫情,阅读相伴"。父亲与孩子自然地建立起亲密的关系,不仅仅依靠户外的拓展活动,亲子阅读也是一种很好的方式。亲子阅读不仅仅对孩子有用,对父母来说也是一个学习的机会,和孩子一起学习,一起读书,一起进步与成长。

活动的第一步,从俱乐部核心成员做起,开展阅读打卡,后面再做全校的辐射推广。

在阅读打卡的过程中,爸爸俱乐部的家长们做了以下几点:
- 书本放在孩子随处可得的地方。
- 居家更换读书的场景、读书的方式。
- 阅读的时候请注意光线充足。
- 化身戏精,全情投入亲子互动。
- 制定计划打卡,梳理书籍内容。

疫情期间,有一些家长被隔离在工作单位,也有很多在一线奋战的家长们,只能利用网络视频的方式和孩子们见面。有这样一对父女,他们云视频的时候还会分享阅读心得,谈谈读书体会,介绍最近看的书籍,也会读一读书本精彩片段,让阅读搭建起亲子沟通交流的桥梁,陪伴一直都在。

亲子阅读活动为父母和孩子创造了温馨共处的契机,通过阅读"同一本书",父母和孩子增长了见闻,拉近了彼此的关系。"静下来""慢下来"的过程,更是让亲子

投入到阅读的世界中,缓解了焦虑情绪,是疫情期间比较行之有效的家教做法。

特殊时期,家校合作是风雨同舟的完美诠释。在教学条件和交流空间变化的条件下,如何凝聚家校智慧,真正激活家校社协同机制,尽力将危机事件对学生成长的不利影响降到最低,是需要积极探索和努力的方向。后疫情时代,持续深入地探索家校社协同育人新模式新内涵更是重中之重。

第七节　区域协同育人的创新探索

协同育人是一个只有进行时的话题。置身于时代的洪流中,面对百年未有之变局的时代特征,面对数字化转型的新要求、教师指导和家长育儿的新困境,需要人们适应形势变化,立足区域实际,以问题和需求为导向不断创新协同育人的思路和做法。基于此,奉贤区针对教师、家长、学生三类群体的不同发展需求,深度思考线上线下融合问题,推出了覆盖全区学校、家庭的"奉贤区数字家长学校",多部门联动保证平台健康运行,实现了线下家长学校的空间延伸与功能拓展。

协同育人的落脚点在于"育人"。在多元复杂的社会教育新生态中,青少年心理健康问题形势严峻,不容忽视,关注青少年身心健康成为协同育人的重要焦点。本着"让每一个孩子健康成长""不放弃任何一个学生"的理念,在做好普适性心理健康教育的同时,奉贤区因地制宜,针对成长过程中出现了阶段性问题的困境学生及其家长需求,创建了"新成长学校"和"新成长家长沙龙",提供最大化支持与帮助,成为了区域协同关爱教育的一张新名片。

一、家校共育新平台——数字家长学校

为最大程度地吸纳专业背景、生活条件千差万别的广大家长,满足多元化需求,让家长从"跟随者"变为"同行者",实现家校共育效益最大化,奉贤区基于"互联网＋"特点及经济社会数字化转型发展趋势,凝聚家校社各种资源与力量,在传统家长学校基础上,创新打造了融学习、服务、研究与管理功能于一体的数字家长学校,回应家长对育儿知识、育儿理念的迫切需求,为破解教育中的焦点、难点问

题提供有效的行动策略,构建区域协同育人教育生态。

（一）部门联动,建构互联互通工作网

2022年初,在奉贤区教育局的牵头下,奉贤区教育学院教育发展研究中心和信息技术中心、上海开放大学奉贤分校等部门围绕"新成长教育"理念,基于数字城市建设和数字化赋能等要素展开多次研讨,形成《奉贤区数字家长学校工作方案(征求意见稿)》。同年4月,数字家长学校试运行。2022年5月15日,奉贤区数字家长学校正式上线。截至2023年9月,注册用户数为93 295人,包含全区学校所有在籍学生家长(见图6-7-1),实现了区域范围内的全覆盖。

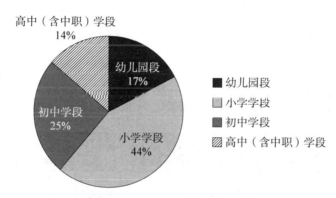

图6-7-1　奉贤区数字家长学校注册用户数(截至2023年9月)

数字家长学校是区域协同育人的创新平台与部门联动的产物,区教育系统各部门专业职责清晰,分工明确。奉贤区教育局德育活动科作为牵头者,发挥行政职能,督促和指导其他专业部门开展工作,推进平台建设和使用。上海开放大学奉贤分校与第三方机构对接,负责平台的运营管理、数据的统计分析与报告发布。区教育学院的两支队伍——教发中心和信息中心,分别负责与第三方进行技术对接,监控平台数据安全和信息安全,提供技术支撑,科学规划全区家庭教育指导工作,指导学校制定校级工作方案,推进平台课程建设,打造业务精湛的家教智囊团。各部门各司其职,互通互联,建构起数字家长学校平台专业服务工作网。

（二）区校合作,凸显答疑解惑服务力

数字家长学校是区域家庭教育指导服务的重要载体,是家长和教师学习的平台,也是学校开展家庭教育指导和研究的数据宝库。区家教中心充分发挥组织协调、资源整合、队伍建设、评价激励等功能作用,加强对家长的指导服务,集中体现在"答疑解惑"工作。

"答疑解惑"由家长的"问"和教师的"答"两方面构成,体现了区域家庭教育指导工作的温度、力度和效度。区家教中心分层分学段组建工作团队,将区家委会各学段秘书长等对象纳入智囊团。答疑权限下放到学校,学校负责人答复后,区家教中心审核、修改、发布,形成了快速响应、合理规范的运行机制。"疑难杂症"则由区级层面指派专家答复(见图6-7-2)。答复率高,速度快,家长的提问积极性也更高了。截至2023年9月,全区家长累计总提问数1512条,回答1498条,答复率约99%。

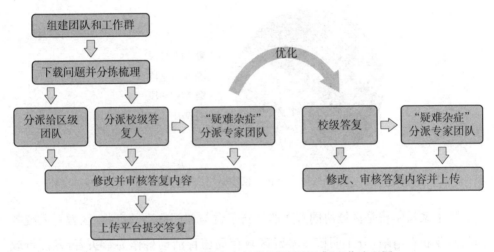

图6-7-2 奉贤区数字家长学校"答疑解惑"工作流程图

区家教中心以新修订的《上海市家庭教育指导大纲》《上海市办园质量评价指南》等文件为依据,将各学段家长提问进行分阶段分学段的专门梳理和专题研究,使区级层面和学校全景式了解区域家庭和家长现实问题和多元需求,有的放矢地提供家庭教育指导与服务。比如,针对高频话题和关键词,开发相应的家庭教育指导课程,开展相应的家庭教育指导活动等。每月15日,奉贤开大和教发中心联合发布运行报告,为教育主管部门行政决策提供相关基础数据,为区教育学院开发具有针对性的家庭教育课程指明方向,为基层学校提供家庭教育工作提示。

（三）打通渠道，提升课程资源融合度

数字家长学校平台设有"必修课程、专家讲座、学习型家庭、家教专题、答疑解惑、热门课程"六大模块，涵盖家庭教育的应知应会、家教指导中的焦点问题、适合亲子共同学习的内容等课程内容。2023版平台优化了后台管理功能，新增了预警机制，丰富了课程形式，增加了图文类课程以及优秀家长的现身说法等内容。截至2023年9月，课程总数达到1 095门（见图6-7-3）。家长深入学习人数从53 825人上升至72 382人；平均学分数从61.34分增加至102.83分；课程点击数累计达424万次，课程总体满意率超过95%。

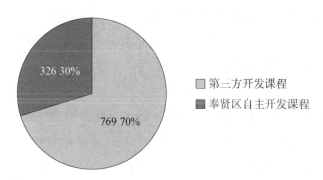

图6-7-3 奉贤区数字家长学校课程开发情况（截至2023年9月）

课程来源广泛，开发主体多元。骨干教师、优秀家长、各行各业专业人士和志愿者等成为课程建设重要师资。课程来源丰富，有区家教中心依据"一法三文件"打造的基础家庭教育指导课程和根据区心理24小时热线咨询、数字家长学校平台上家长提问等途径反映的集中需求和各学段突出问题打造的全学段100节网课，有区心理中心基于心理学知识制作的30节好家长系列微课，有区特教中心提供的326节特教专栏系列课程，也有市家庭教育示范校、基地校的特色家教课程，如思齐幼儿园的"祖辈学堂"、江海一小的"百分爸妈60问"等。区校联动，共同构建起"数字化"多元课程体系。

技术壁垒打通，线上线下资源共享。区家教中心增设"校长开讲""班主任约你""专家夜谈"等栏目，每周五晚上，特级校长、名校长、星级班主任等教育专家和优秀家长代表在"贤城家长"智慧大讲堂为家长作线上线下相结合的主题讲座。

借助现场直播录播等功能,将专题讲座有效转化为数字资源,实现"全员、全程、全时"观看。区内已有优质课程资源正逐步进行数字化转型。比如,家教宣讲团自主开发的讲座课程、区百门家庭教育精品课程、家庭教育指导家长读本资源等。

二、协同关爱新阵地——新成长学校

在青少年成长过程中,学业压力、亲子矛盾、游戏成瘾等问题无时无刻不在困扰着他们,成为他们成长路上的一道道坎。没有得到及时有效的化解的话,青少年容易出现厌学、拒学等问题,给家长和教师带来无尽的困扰,更有甚者,会给家庭造成无法挽回的悲剧。2022年9月,奉贤区教育局召开了一场家长座谈会。家长们对孩子成长问题的焦虑与无助触动了每一个奉贤教育人的心。同年10月,奉贤区秉持"不放弃任何一个学生"的理念,以"为特殊需要学生重建更适合的育人环境、重塑更适合的兴趣目标,让其重新融入更温馨的家庭和校园"为目标,创新实施"新成长关爱教育计划"。由区教育局牵头,在区教育学院、青少年活动中心和基层学校的专业支持和协同下,在家长的积极配合中,第一期新成长营顺利结营且颇有成效,27名自愿报名的学生中有9位陆续回归了正常校园生活。

2023年9月,奉贤区升级出台了《奉贤区学生关爱教育的区域机制研究工作方案》,通过"新成长学校项目""家庭教育指导体系建设项目""重点学生建档立卡项目""居家学生送教上门项目""新成长家长沙龙项目"等,持续探索线上线下全覆盖、系统化、高效能的家庭教育指导体系建设,推进家校社协同的育人机制和重点学生的关爱教育机制。

(一)多元组合,打造协同育人新环境

作为非正式"学校","多元"是新成长学校的关键词。首先是教学地点多样化,新成长学校的办学点涵盖区实践教育中心、活动中心、教育学院等教育场所,便于学生进行不同类型的学习实践。其次是班级成员组合化,考虑到学生拒学居家时长不等、同年级学科基础不同等复杂情况,以七八年级组合班模式开展教学。再者是师资队伍多元化,有正副总辅导员、正副班主任,招募了区三、四星级班主任、心理辅导老师、优秀学科教师、特长教师等担任成长营导师。还有班级管理灵

活化,实行"学生自主＋导师辅导"的管理模式,班级管理工作由学生们做主,活动类课程由学生自主选择,同时为每个学生配备固定成长导师及若干不固定的学科导师及活动导师进行灵活辅导。

(二)分类指导,激活学生成长的新动力

学生的情况不同,问题的严重程度不同,辅导方法自然也要不同。新成长学校包含多个项目,借助不同项目内容、不同活动方式对学生开展分类指导,激活不同学生成长的新动力。

针对家庭教育存在明显困难、在关爱教育方面有特殊需要的学生,学校进行全面排摸,根据其个体特殊情况建立"一生一档"。同时建立危机预警和干预机制,以"全员导师制"为重要抓手做好指导服务。在保护其个人隐私的基础上,与高学段有效对接,开展跟踪式辅导与支持。针对有明显教育困难和成长问题而居家的学生,区心理健康指导中心进行评估,制定个别化教育计划,由学校定人员、定时间、定目标,做好送教上门和关爱教育工作。截至2023年6月,全区共31所学校制定了有针对性的送教方案,派出了110位送教教师。针对因厌学、沉迷网络游戏、心理抑郁、严重亲子矛盾等而无法到校上学的特需学生,成长营则是他们重要的学习场域,借助分层化个性化教学以及走班制上课等方式,让学生可以根据兴趣选择艺术类课程,接受针对性辅导,从而得到切实有效的帮助。

(三)持续关注,提供跟踪式指导帮助

新成长营采取了渐进式学习模式,一开始是"调整适应期",学生接受入营心理评估,参与适应性团体辅导活动;再是"激发动力期",了解学生的兴趣潜能,进行多元智能测试,让他们按照兴趣特长选择艺体类课程;三是"同步进行期",学科导师评估后进行教学,让学生学习走班制活动类课程、心理辅导课程以及每月一次社会实践课程;最后是"回归校园期",学生可随时回归到校园,回归到正常的学习生活中,由导师持续跟踪指导。

对存在明显家教胜任力不足的家长,特别是家校合力新成长营的学生家长,组织了"新成长家长沙龙",组建了德研员、专职心理教师、区医教结合项目相关人员等为核心的专业队伍,定期开展家庭教育指导,结对跟进个案,提升家长家庭教育能力,汇聚育人合力。

第一期成长营于2023年暑假结束,先后有7名八年级学生参加历史中考,6名九年级学生参加中考,都被录取,另有9名七、八年级学生回归校园。作为区域层面建立的面向特需学生开展家校协同的关爱教育平台,新成长学校被家长们、第一教育等媒体亲切地赞誉为"无固定教室、无在籍学生、无在编教师却有大爱担当、有专业教育、有联动合力,且育人成效好、导师发展好、研究成果好"的"三好"学校。

案例:是新成长学校带来的改变

2022年,八年级的小J进入了区新成长学校。在这之前,她已经在家休息了一年,每天在家里逗猫猫,过着日夜颠倒的日子。

小J妈妈说在确诊前,小J的厌学症已经有点"苗头"了。因为转学,小J在学校里没交到要好的朋友,作业也时常完不成。但当时,当她接到老师反馈小J在学校表现不好时,只会气急败坏地拿着老师的"批评"再"批评"她一顿。渐渐地,小J开始早上起不来,最后发展到没办法去上学。小J妈妈很自责,后悔自己为什么没有早点发现,后悔当时为什么自己什么都不懂,不知道孩子是生病了。

后来,小J进入到新成长学校学习。她竟然做到了每天按时到校,很少缺席。她说新成长学校的老师很好,课程很有趣,即使一年没有上学也没有太大的压力,午饭也非常好吃,并且她很快交到了好朋友。同学和老师对她的评价是:一个非常讲义气的女生。经过一段时间的学校生活及心理辅导,她不仅在学校里与同伴友好相处,课余时间也愿意和同伴相约走出家门。更可喜的是,亲子关系也在发生转变。小J妈妈在新成长学校"家长沙龙"中学习各类课程,了解了青少年的成长规律,学会了调控自己的情绪,能够与孩子更有效地沟通,更重要的是,她学会了在孩子遇到成长困难的时候,永远当孩子的退路与支持。总之,一切都在向好的方向发展。

三、协同教育新空间——新成长家长沙龙

奉贤区在开展学生关爱教育工作实践中形成了又一个重点项目——"新成长家长沙龙"。许多致力于研究青少年厌学的成果表明,家庭关系的调整、父母的信任和鼓励是协助居家拒学青少年的关键,因此,新成长家长沙龙深度聚焦青少年厌学、拒学及复学专题,对区域内"拒学在家"的初中生进行为期一学年的综合干预,验证干预方案对学生拒学的心理问题的疗效,同时探讨医教协同背景下对高风险学生家长进行家庭教育指导的程序、方法及效果,从医学、社会心理学、系统心理学等多元视角来看现代家庭遇到的挑战和困境,探寻不同家庭出现厌学、拒学背后的故事脉络。通过带领家长系统学习与交流,引导家长自我觉察,练习改善亲子沟通的有效方式,修复亲子关系,为孩子提供情感支持,提升孩子内在动力,为重构学生成长环境、重塑兴趣目标、重新融入家庭和校园提供有力支撑。

在实践探索的过程中,区校联动、家校合力,主动研究,提炼区域经验,形成区域特色及研究成果,提升区域家庭教育指导能力。

(一)制度制订,提升协同辅导效能

新成长家长沙龙项目先后制订《新成长家长沙龙学员招募制度》《新成长家长沙龙家长知情同意与保密制度》《新成长家长沙龙心理导师结对与例会制度》《新成长家长沙龙课程评价与反馈制度》等一系列管理与专业制度。

以《新成长家长沙龙心理导师结对与例会制度》为例,将新成长学校的学校心理导师与家长沙龙进行整合,即学生的心理导师也是家长沙龙的带领者,进行"每月一评估"家校沟通制度和"每月一例会"的心理导师研讨制度。每个导师与2—3名学生及家庭结对,进行重点观察和评估,评估内容包括学生近阶段"心理与行为状态、人际关系、近一个月的医学评估与诊断、亲子相处过程描述、家长沙龙建议"等内容。

本制度的实施大大提升了辅导的效能。通过个案的跟踪辅导,心理导师既能在对孩子"一对一"心理辅导基础上更好地为家长提供家庭教育指导,又能通过家长沙龙和家庭访谈多角度了解了每个孩子的家庭情况,大大提高辅导

效能。

(二) 课程建设,贴近家长实际需求

在项目实施中,根据前期的家长、学生访谈,了解招募家长及孩子的基本情况,以"看见、资源、赋能、成长"四阶段为主线,确定了若干不同主题的课程内容。第一阶段课程涉及情绪管理、亲子关系调整、生涯发展、游戏网络使用干预、精神科用药指导等主题,旨在缓解家长的育儿焦虑,和参与新成长学校的学生家长共同寻找更适合的家庭教育方法,帮助家长得以成长;第二阶段课程以叙事疗法为主线,透过"故事叙说""问题外化""由薄到厚"等方法,设置"家长成长叙事"系列沙龙活动。在叙事的过程中,挖掘家庭故事的闪光点,积攒希望,探索带领孩子走出困境的具体方法。

表 6-7-1　新成长家长沙龙第一阶段课程

序号	主　题
1	破冰之旅:家长间彼此沟通与了解,加强团队凝聚力,营造安全、信任的团体氛围
2	情绪管理:家长的稳定情绪是家庭的定海神针
3	亲子关系:如何促进良好的亲子沟通
4	精神科医生专题辅导与答疑——情绪障碍的寻医问药
5	生涯发展:每个孩子都是八边形战士,变"空心"为"有心",帮助孩子找到自己的方向
6	游戏成瘾:客观对游戏诱惑和自我调整
7	阶段总结　赋能未来

表 6-7-2　新成长家长沙龙第二阶段课程

序号	主　题
1	家庭成长叙事1:夫妻关系探索,稳定家庭核心
2	家庭成长叙事2:别拿自己的尺子量对方
3	家庭成长叙事3:探索自我生命价值
4	家庭成长叙事4:自我价值感带动关系的改变
5	家庭成长叙事5:爱如何张弛有度

续表

序号	主　题
6	家庭成长叙事 6：如何处理家庭成员的焦虑
7	家庭成长叙事 7：孩子为何把网络当成安全岛
8	家庭成长叙事 8：从相互消耗到彼此赋能的家庭
9	家庭成长叙事 9：孩子复学，家庭可以做什么

截至 2023 年 6 月，家长沙龙累计开展活动 22 次，授课教师对家长的育儿方法进行了专业指导，形成了融洽的人际关系和良好的家庭风气。许多家长表示孩子的身心状态及亲子关系均得到了不同程度的改善，所有九年级学生均顺利重返校园，如期参加 2023 年中考。不少家长还给指导老师发来了"家长成长"心路历程。截至 2023 年 11 月，第二期新成长家长沙龙累计举行活动 5 次，招募家长 21 名。

通过评估与反馈，73.33% 的家长认为家长沙龙对其非常有帮助，26.67% 的家长认为比较有帮助；当问到"当您在沙龙里学习到一些方法后，是否会在与孩子的相处过程中主动运用"，93.33% 的家长回答尝试运用并有一定效果。同时她们也对课程的形式、时间、内容进行了建议，共同推进项目的深入。以下是一位家长参与家长沙龙的自述。

案例：跟着孩子一起成长
——一位抑郁症青少年家长的自述

我们是不幸的，因为生病，孩子遭了不少的罪；我们又是幸运的，因为生病，我们跟孩子有了更多的共情交流。

疫情突发，孩子也差不多是那时候开始的"反常"。起初在校上课期间每个月都会有一两次眼睛不舒服、肚子不舒服等原因要求看病或回家休息。每到期中、期末考试就出状况，不能顺利完成考试。那时候的我听到手机响就心惊胆战。那时候，孩子有时会跟我们提出去看心理医生，都被我们严词拒绝了。我们对孩子说,你像假小子一般怎么可能会有什么心理问题。几次之后,偶然看到孩子手腕上的划痕,我就急了,没跟我老公商量直接去了医院。我认为是孩子厌学了,但实际比我想的严重很多。

前三个月是最难熬的:实在想不通为何这样的事情会发生在自己身上,工作、生活也没精神了,可以说24小时围着她转。自己办点事情要跟孩子请假,她一来电话就赶忙回家。白天陪她各种吃喝玩乐,晚上等孩子睡着了自己就以泪洗面,夫妻俩憔悴了不少。而孩子的情况至今我们都瞒着老一辈,更不敢跟亲戚提及,怕影响孩子未来。那段时间,自己都是抑郁的。但我们不能倒下,上有老下有小,只能坚强,就这样仿佛在漆黑的夜里摸索前行,不知前路何在。

疫情期间,孩子在家网课,让家长们都发愁。我却感觉无比的好,这样可以按照孩子的情况来上课,比在校轻松好多,会有利于孩子的恢复。至于学习,就只能顺其自然慢慢来,毕竟健康是第一位的。

2022年9月,收到通知说区里开办孩子成长营和家长沙龙。第一时间,我满心欢喜、毫不犹豫地报了名。这样一来,孩子就能跟同龄人一起学习交流,还有成长营老师们的心理疏导。果不其然,孩子在成长营交到了好朋友。课余也会和同学通电话,约着一起玩,看电影,不那么孤单了。就连成长营的老师也成了孩子的知心朋友,他们将那满满的正能量传递给了孩子。孩子的心智得到了很大的成长。成长营的课程设置也让我们非常满意,水景课、编程课等都十分不错。在家只会躺睡的娃,在成长营的体育课上也能动起来。慢慢地,她就变得更开朗活泼有朝气了。

同时,家长沙龙也是我们家长的成长营。孩子在变化,家长也要成长。在家长沙龙,我们可以摘下面具,敞开心扉,畅所欲言。不知所措的地方有心理老师给予指导,发现之前自己做得不对的地方,就去改正。

> 慢慢地，发现跟孩子道歉并不是一件困难的事情，慢慢地，我也变得越来越通透了，很多事情不再那么放不下。
>
> 这次一模考试，孩子顺利考完，我们都知道那卷面上肯定有空白的一大片，但那又怎么样？只要在考场就好，就已经战胜了自己，就已经比以前强。这场预热"战"已经胜利了。总之，有了成长营、家长沙龙后，我们跟孩子之间更亲近了，孩子更愿意跟我们分享了。一切都在往好的方向发展。

（三）路径探索，拓展协同育人工作空间

近年来，青少年拒学问题逐渐增多，有心理学家将这样的现象称为"茧居"，"茧居族"们往往生理毫无异常，却过上了足不出户、逃避学校、学习、人际交往的生活，其成因复杂且难以应对，他们或因学习压力、人际关系不良或因家庭原因渐渐不肯到学校上学，甚至不肯走出家门。他们的问题往往是家庭、学校、社会和个人的多层面因素交织在一起导致的。在他们和学习之间，赫然出现了若干只"拦路虎"。新成长家长沙龙尝试通过对拒学心理问题进行研究，从更广阔的视野理解拒学青少年及家长背后的故事，在实践中通过个案研究、课程推进等方法系统梳理家庭和青少年支持经验，以"生物-心理-社会"现代医疗模式为认知框架，探索出一个家校社协同的"疗愈模式"，形成一份青少年拒学的完整解决方案，总结出一张支撑青少年走出困境、支持他们多元成长的家庭行动路线图。

新成长家长沙龙整合了精神卫生儿少科、学校心理教师、家庭的力量，建立起医教协同学生心理健康防护体系，对青少年心理与行为问题的干预起到了一定的效果。

首先，新成长家长沙龙为学校和家长提供了以学生为本的协同育人现场。在家长沙龙中，家长既通过各类讲授课程学习家庭教育知识，又通过讲述自己在教育过程中鲜活的事例、体验和点点滴滴，积极面对孩子的问题，实现教育观念的转变。作为学校也深度参与到学生心理问题的干预过程中，在家长沙龙这个"专业"

且"安全"的场域加强与家长的联系和沟通,得到家长的支持与配合,也为未来学生返校复学工作奠定基础。

其次,医教协同的团体辅导与个别治疗相结合是干预学生心理问题的有效方式。参加家长沙龙的家长其子女大部分曾被确诊患有抑郁、焦虑、童年情绪障碍等心理疾病,经历过长短不一的个别医学治疗,资讯的匮乏及缺乏同伴支持在一定程度上削弱了个别治疗的效果。家长沙龙通过奉贤区心理中心和奉贤区精卫中心儿少科的团体辅导、个别支持、医学治疗相结合,从学生康复、生活、适应和学习多角度入手,让家长参与其中,灵活运用医学、心理学理论和技术解决家长的共性问题、个性需求,站在成长和发展的立场上,医教协同各方力量,促进学生克服心理危机。

经过一段时间的实践,数字家长学校作为区域各主体开展协同育人的重要媒介,已成为区域家长不可或缺的全覆盖、全时段、全方位的"数字助理"。新成长学校和新成长家长沙龙也成为区域关爱教育的重要阵地,获得了学生、家长、教师、学校和社会认可。在实践中如何继续深入推进,也面临着一些新的挑战,主要表现在:如何紧紧围绕"立德树人"这一根本宗旨,进一步发挥专业部门的作用,提高专业指导服务能力,打造一支让老百姓和一线教师信赖的专业队伍,这是实现可持续发展的永恒话题。如何坚持协同思想,打破专业壁垒,加强部门联动,加强与医疗卫生、心理、司法等专业领域和职能部门协同,构建立体化协同育人网络,推动"三全育人"落到实处,还面临有待化解的阻力。如何优化课程内容,架构课程体系,融合课程资源,提升专业服务质效,还有待进一步探索。

第八节　区域协同育人的深度思考

奉贤区在推进区域教育改革发展中,紧紧围绕习近平总书记关于教育和"三个注重建设"重要论述精神,以立德树人为根本,落实《中小学德育工作指南》要求,按照"问题化指导、标准化实施、多元化服务、机制化保障"的工作思路,在实践中提升学校家庭社会协同育人水平,为打造"自然、活力、和润"的南上海品质教育赋能。依据成为区域教育发展智库与引擎的定位,奉贤区教育学院把推进区域教育环境优化作为重要研究项目,着力开展家庭教育、家校合共育研究。

肯定协同育人工作成效的同时,还要非常理性务实地看到,当下所做的工作还只是初步的,还面临着许多挑战和困难。概括起来,主要有几个方面:

首先,从学校的角度讲,学校是家校社协同育人的"主导"力量,这种独特地位已经被多份政策文件确认。这意味着学校开展协同育人的质量直接决定着教育领域协同育人的水平。当前,绝大多数学校在思想上已经意识到家校社协同育人的重要性,但是实践上对于开展协同育人的重视程度还不够,"讲起来重要,落实起来次要,在分数和升学面前甚至可以不要"等现象仍然有市场。因此在开展家校社协同育人的制度设计和具体实践过程中,有意无意地仍然聚焦"智育",这无疑影响了学校开展家校社协同育人的品质和成效。与此同时,协同育人相对于传统的育人方式来讲是一种具有时代感的育人方式,正处于"适应期"的学校开展协同育人的实践能力薄弱,还无法跟得上协同育人的政策布局,在提供专业的家庭教育指导服务等方面的育人指导工作准备和能力不足。此外,受制于多种因素,学校缺少足够的资金支持,无法通过购买服务的方式引入优质的社会机构支持学校办学,而且由于优质公共机构和公益组织主要分布在发达城市,这使得欠发达地区学校无法得到相应的社会资源支持,成为制约欠发达地区学校开展家校社协同育人工作的关键性难题。

其次,从家长的角度讲,现如今处于"少子化"时代,家长的育儿观念和育儿需求都发生了显著改变,"少而精"的高质量育儿要求迫切需要孩子得到全方面发展。可是,现在的家长在经济不断进步的社会中虽然有殷实的经济基础,但是个人育儿理念和素养还有待提高,尤其是对于教育规律和孩子成长规律的认识不够,"急功近利"的育儿思想主导着家长的教育思维。有相当一部分家长将育人的责任单向地附加在学校身上,没有意识到自己在协同育人中扮演的重要角色,对于协同育人的参与热情不高、程度不够、能力欠缺。尤其是在我国广大的欠发达地区,家长忙于生计,留守儿童情况仍然普遍,父母对于孩子的教育参与较少,没有精力、没有经济支持协同育人的开展,索性就置之不理甚至不闻不问。与之对应,在我国发达地区,逐渐衍生出一种新的非理性现象,即在家境殷实的各类"二代"家庭中,家长寄希望于孩子未来"子承父业",将经济收入作为衡量成功的唯一标准,认为即便孩子受教育程度一般也可以"继承家业",这使得这部分家长对于参与协同育人缺少足够的动力和行动。家校之间存在着"主体协同困境、目标协同困境、内容协同困境、场域协同困境"等问题,甚至有时出现家校力量相互排斥甚至彼此抵消的现象,即所谓社会上流传的"5+2=0"。

再次,从社会的角度上讲,育人过程中家庭、学校和社会要共同承担学生成长的责任,但这种教育责任边界划分不清楚,让教育分工呈现出随意化的现象。在如今家校教育与社会教育联系紧密的情况下,如果不能划清责任边界,明确主体功能,家校社协同力量就会抵消。尤其是在协同育人过程中,社会组织(机构)参与协同育人还缺少卓有成效的体系和框架,社会力量参与协同育人过程中"多头管理""各自为营"的现象仍然比较突出。少年宫、青少年活动中心、图书馆、博物馆等机构其实都是优质的社会教育资源,在协同育人体系中能够扮演重要的角色,但客观理性地看还是没有能够充分发挥其在协同育人中应有的教育价值,还有很大的提升空间。

此外,学校要在家校社协同育人中发挥好主导作用,必须转变观念、主动作为,提高对社会资源的利用与整合能力,直面当前家校协同育人过程中出现的诸多现实问题,开展形式多样的实践探索,以推动家校协同育人工作走向深入。

一、教育生态变革助推智慧化教学生态建设

疫情期间,育人的主要场所从学校转向家庭,育人的平台从面对面教学转向线上互动。前所未有的非常态时刻也充分揭示了一个教育的事实:不管在任何空间和时间,不管通过任何平台与途径,家校社协同育人都应该被作为一项常态工作来实施,而线上线下融合的高效率也给了协同育人以新的启示。

一方面,发挥教育信息技术的优势创新协同育人方式。线上线下融合的鲜明特征就是创造性地使用互联网工具,改变和创新未成年人心理健康与家庭教育指导服务工作的传统思维和工作模式,大幅度提升工作效率,体现即时性、平等性、互动性和创新性。多种电子设备、大数据云平台等新媒体载体可以有效运用在协同育人工作中,如心理知识网络宣传教育学习平台,包括心理知识公众号、心理网

络课程、网上讲座等;心理咨询辅导沟通平台,包括微信、钉钉等;心理训练平台,包括心理网上拓展训练等,通过课程线上线下融合、心理知识宣传、心理教育活动和心理咨询辅导线上线下融合多路径开展。

另一方面,提升学校心理健康教育与家庭教育的指导效能。第一,心理辅导课程与活动应更深入人"心"。积极心理学理念是近年来公认的学校心理辅导理念,但实践中很多心理活动无法触及学生心灵,因此,教师需要设计更多符合学生年龄特征、生活实际认知,形式更多样的活动,丰富课程内容、拓展辅导途径,通过艺术表达、线上线下互动等媒介,实施心理辅导课程。第二,新常态下,要整合更多资源,构建家庭教育指导服务体系,如开展形式多样的家长成长工作坊,利用上海市家长学校平台,区县家庭教育指导中心平台,针对家庭教育热点问题开发各学段课程与活动,便于家长自主选择学习。第三,要提高教师综合能力。线上教育和线下教育的表现形式大不相同,有些线下水平很高的教师,在线上的表现力就一般,在如何和学生互动、如何吸引学生注意力方面不如线下,这些老师需要强化线上教学能力的训练。同时,教研能力也需要提高。线上线下融合后,会越来越以学习者为中心,学习的知识会越来越碎片化,不一定以学期为单位,而是学习者想要了解某方面的信息,就要提供相应课程,这对课程研发的水平要求更高了。因而,开发面向学生、家长的体系化、完整性优质资源迫在眉睫。第四,应重视心理健康与家庭教育指导服务工作队伍的线上建设。中小学的心理健康教育队伍主要包括校级领导小组、德育处、年级部、班主任、心理老师、班级心理委员、宿舍管理员、校医等,为了便于各类人员之间的信息联络和沟通交流,应重视这支队伍的线上沟通建设。通过建立各类工作人员群,发布制度职责、工作流程、人员队伍名单、联系方式、危机预警电话。横向配合,上下联动,及时发布通知、公告、活动、预警、危机事件真相过程及处理等各类信息,增强人员队伍的归属感、凝聚力、联动力和工作效率,切实做好学生三级心理危机预防与干预工作。

二、司法协同在现实背景下迫在眉睫

协同育人的司法介入具有十分重要的现实意义,当下的青少年学生尤其是未成年的犯罪等问题,尽管绝对数占比都不高,但其危害性不可小视。从各地未成年案件中可见一斑。

上海市某区检察院办理的未成年案件中有一组数据,2020年至2022年三年间,发生了24起未成年女孩子受性侵害案件,其中不满14岁的达20人,受伤害低龄化现象十分明显。从这些受伤害的案例看,绝大多数学生都有不同程度的抑郁症、厌学、家庭教育缺失、家校沟通不畅。从对方作案手段看,网络交友是重灾区,有10人是通过微信、快手、木马等途径,结识的大多数为成年男子(也有未成年男生)。

这些案件告诉我们,协同育人仍然面临着十分严峻的局面。针对青少年的性教育要提前,不能回避。事实上检察院也准备了这方面的教育课程,包括对于家长也有讲座辅导课程。由此,出台未成年案件强制报告制度和入职查询制度,对于避免和减少未成年人受伤害十分必要。这些对于协同育人提出了很现实的要求,是区域推进协同育人要重点关注的。

三、区域协同育人经验的"概念化"处理

作为教育者,在参与或主导教育实践过程中会遇到多种多样的教育实践活动,这些活动可能是教育者有思想准备和行为预设的,也可能是教育者完全不具备相关知识与实践基础的,这预示着教育者在参与协同育人教育实践中会遇到预想之内与预想之外、可控与非可控的教育现象和问题。真实的协同育人教育生活中,教育者解决或者化解这些现象与问题的过程,是积累教育经验的过程,前一个教育问题的解决为后一个问题的解决创设知识基础和实践基础,且化解非理性教育现象的过程亦存在类似的循环往复、前后铺垫衔接的教育经验积累过程。协同育人经验概念化意义显著:一方面,面对复杂多变的教育情境,教育参与主体需要具有系统化的知识结构,减少主体经验层面的教育认知和理解对于教育实践的非理性影响。另一方面,教育参与主体在实践层面积累了丰富的教育经验,这些经验对于教育改革和改进具有显著的正面影响,是宝贵的教育财富,需要将泛化存在的教育经验转化成清晰的教育概念化知识,指导教育实践的发生与发展。因

此，协同育人经验是教育者在教育生活中积累的宝贵教育财富。

"财富"终须"变现"，但"变现"的过程并不如预想的那般简单，而其重要手段之一就是将"教育经验概念化"。"概念化"的方式将感性认识上升成理性认识，将离散的资料置于观念的框架，能够帮助我们明晰问题、规范逻辑、区分对象、联系感知[1]。协同育人教育经验概念化是一种提升主体教育认知与实践理性的关键途径，是将协同育人实践过程中的经验化的教育理解与教育认知进行提纯与凝练，使其具有系统化、学理性的存在系统与结构，进而从"经验"转化成为"知识"。

四、区域协同育人中心的建设与完善

当今社会，服务能力和要素红利的释放已经成为关注的重要问题。迭代升级后的区域协同育人中心是一个全新的事物，要成为区域性枢纽中心的建设，营运管理是一个全新的课题。为了更好地提升区域协同育人中心的服务能力，释放要素红利，还需要从以下几个方面进行思考和改进：

第一，进一步发挥专业部门的作用，区域协同育人中心要提高专业指导服务能力，营造更好的专业服务环境，打造一支让老百姓和一线教师信赖的专业队伍，这是一项长期而艰巨的任务。

第二，借助区域协同育人中心，真正推动有限资源无限发展，有效整合各类资源，做到全链条全学段全覆盖，将资源运用落到实处，这需要进一步探索和思考。

第三，真正地做到民有所呼，我有所应，构建通畅的机制，实现学校、家庭、社会之间的有序、有效、有机衔接，这还需要进一步加强探索和思考。

---

[1] 王奕婷.教师教育经验概念化的意义与路径[J].教育科学论坛,2018(14):69—72.

结语：协同育人的时代展望

"健全学校家庭社会协同育人机制"是我国"十四五"规划提出的教育综合改革路向之一。党的二十大报告明确指出要"坚持教育优先发展","健全学校家庭社会育人机制",这让"扎实推进家校社协同育人"成为建设高质量教育体系的关键一环。党的二十大精神承载着引领迈向新征程的现代社会发展的历史重任,对于"协同育人"的理论建构与实践探索,都要回到立德树人的时代新要求上来,社会治理、教育治理、立德树人都是协同育人的关键词,都承载着协同育人实践的不同立场和视角,都指向在一个全新的时代,实现的一种教育治理的新智慧。与此同时,作为一种具有"世界性"的育人方式,"协同育人"不只停留在"中国场域",但是为了"建设高质量教育体系",必须要将"协同育人"放置在完善中国教育综合改革的大框架内去实践,推动"协同育人"的长效发展要立足中国国情。面向未来的教育新征程,推动协同育人的持续、深入、创新发展,是我国教育发展必由之路。

一、目标引领

"协同育人"是马克思主义教育思想中国化的内核之一,是与中国现当代教育发展实际相结合的教育范畴,开展协同育人具有重要的前瞻性战略意义与价值。无论是国家层面的战略布局还是区域层面的基层探索,"协同育人"都要与党和国家的教育战略部署耦合一致,扎根中国大地,构建具有中国特色、中国风格、中国气派的中国式协同育人教育图景。"协同育人"的"人"与"立德树人"的"人"指向的内涵一致,都是全面发展的社会主义事业建设者和接班人。"立德树人"是协同育人的根本目标,坚持"立德树人"目标的引领,是推动协同育人朝向纵深发展的必然选择和必由之路。因此,协同育人要树立高远的追求目标,要有切合实际且具备战略前景的目标引领。

事实上,"协同育人"的"人"在具体的微观化领域具象指的是"学生",协同育人的理论建构与实践展开以及相关的制度建设,都要以促进"学生全面发展"为中心,连接家庭、学校和社会等育人参与主体,凝聚各类主体的教育力量与教育智慧,以优势教育资源的融通为抓手,共同推进高质量的教育。遗憾的是,现在国内很多地方开展的协同育人探索,并没有将"人"放置在教育发展的全局性地位,并没有做到"人本导向",即便是在探讨"育人",眼中更多的是"育",而对于"人"的主体性、创造性与全面发展性培养,考虑得还不够,这说明当下一些地方的协同育人缺少理性和明确的目标引领。

对于优化和推进协同育人的理论建设和实践探索来讲,"目标"是极其关键的,它不仅涉及育人实践主体对于如何开展协同育人的实践行动,更涉及实践主体对于这种"应然层面"必须具备高效理性的育人方法的价值定位和精准理解。整体而言,对于"协同育人"来讲,"协同"是"方法","育人"是"目标","协同"为"育人"服务,推进家校社协同育人要围绕"育人",在"协同"上下功夫,构建家校社协同育人的全过程引导、规范与保障体系结构。这不仅是方法论层面的需要,更是服务协同育人目标实现及其目标再度优化的重要途径。

协同育人是具有鲜明时代性的教育命题,推进协同育人的有效实现,要立足当下、面向未来,考虑到未来我国教育发展的需求与变化情境。比如,未来人口总量与结构将发生新的变化,教育资源配置需要做出相应调整。现在的二孩、三孩政策,在不久的将来,会对学校教育产生明显影响。这些具有未来性的教育情境的变化都对协同育人提出要求和期待,并且要扎根真实的教育现场有效推动协同育人的达成。

可见的未来,家长的教育期待、孩子的受教育需求依然会不断提高,学校教育必须适时做出回应。当前,家长整体文化程度提高了,眼界开阔了,但育儿理念和方法并没有得到相应的提升,有的家长甚至加入了愈演愈烈的教育"内卷"大军,这对学校的办学水平、教师的专业水平、学校教育资源的配置水平等都会提出较高要求。这样的背景下,协同育人的实践也要跟进,产生贴合实时、时势的教育功效。这种状况如何改变,在教育的"顺序模式"向"重叠模式"转变中如何将各个教育因子有机结合形成整合优势,在家校社之间如何构建高效互动、相互配合的体制机制,使家校社协同育人产生最大的合力与效果,是摆在协同育人实践面前的新挑战。

当前,中国语境中的"协同育人"正是为了凸显"中国式实践",凸显中国的基层探索,贡献"中国智慧"和"中国方案",而其目标确立必须与中国当时、当下的国情相勾连,与中国未来发展的需求和需要相融通,将其融入中华民族伟大复兴的战略全局,不断优化改进其理论和实践建设,贡献来自教育的力量和智慧。这是未来中国教育开展协同育人的重要目标选择,是一项事关教育振兴的重大工程,不得不重视其"目标引领"的时代意义与价值。

二、治理提升

"治理"一词从13世纪起就在法国阶段性地流行过,1989年,世界银行研究非洲问题时以"治理危机"(crisis in governance)为主题,首次使用了现代意义上的"governance"(治理)一词。现代意义上的治理是政府、社会组织、个人之间达到公共利益最大化目的(即善治)的多向互动、合作、协商的过程,具有去中心化和主体多元化特征。整体讲,当下对于"治理"有四种共识:一是治理主体多元化。政府并非唯一的权力中心,政府与其他社会组织,如志愿者组织、私营组织、社区组织等一起参与事务,这当中,既有政府的责任,又有民间或私营部门的参与。二是治理手段的多样性。它更加强调参与、对话、协商、谈判与合作,要求政府发挥不同于过去的"新的主导作用",扮演好"元治理"的角色。三是治理过程的互动性。治理过程中没有绝对的主客体之分,权力向度是多元化的,强调的是利益调和、联合行动。四是治理的价值基础是更好地实现公共利益的最大化,即达到"善治"[①]。

教育改革总是要与时代同步,达到同频共振。"治理"引入教育领域,探讨"教育治理"是教育改革的一种理念和实践的双重转型,是教育改革提质增效、内涵发展的必要选择。2013年11月,党的十八届三中全会提出"完善和发展中国特色社会主义制度,推进国家治理体系和治理能力现代化"总目标,2014年1月召开的全国教育工作会议将"加快推进教育治理体系和治理能力现代化"作为主旨,正式拉

---

① 范国睿.教育管办评分离改革:理论假设与实践路径[J].教育科学研究,2017(5):5—21.

开我国从教育管理走向教育治理的时代帷幕。2019年2月,中共中央、国务院印发《中国教育现代化2035》再次提出:"推进教育治理体系和治理能力现代化",从社会治理全局考虑强调教育治理的时代意义与行动方案,即探索治理能力与体系建设。

事实上,教育治理是政府、社会组织、个人之间,为了达到教育公共利益最大化目的(即善治)的多向互动、合作、协商的过程,具有去中心化和主体多元化特征,这与协同育人的本质意图和价值所指具有内在的一致性和共通性。进一步讲,教育治理的内核是多主体参与协调共治,是国家机关、社会组织、利益群体和公民个体,通过一定的制度安排进行合作互动,共同管理教育公共事务的过程,它呈现出一种新型的民主形态,其直接目标是善治,即"好治理",最终目标是"好教育",即建立高效、公平、自由、有序的教育新格局①。

比如,现在被热议的"家校社协同育人",就是教育治理方式的一种。"十四五"规划、党的二十大都提出要健全学校家庭社会协同育人机制。受此影响,我们调查过的,比如江西弋阳县,四川省的高新区,河北省保定市,山东省潍坊市,上海奉贤区,以及江苏苏州,南京栖霞区、鼓楼区,都在开展相应的工作,尤其是在《中华人民共和国家庭教育促进法》出台之后开展的一系列变革动作,共同指向的是家校社协同育人。这对于我们的教育组织环境改变产生显著影响。

"协同"是"十四五"规划的高频主题词,尤其"健全学校家庭社会协同育人机制"的提出,让"协同育人"成为新时代推进优化教育变革实践,提升教育治理和社会治理能力的重要选项。因此,"协同育人"作为现代教育治理的重要手段,具有坚实的社会基础,而且教育现场学校教育功能增长与快速提高的多元化教育需求错位迫切需要协同育人的辅助和加持。《中华人民共和国家庭教育促进法》《教育部等十三部门关于健全学校家庭社会协同育人机制的意见》等相关教育法规,为协同育人的持续有效展开提供合法性依据和基础。

协同育人离不开教育治理,改进协同育人离不开治理方式的转型。当下,协同育人的结果并不尽如人意,但是,协同育人作为中国教育改革的一件重要事项,

---

① 褚宏启.教育治理:以共治求善治[J].教育研究,2014(10):4—11.

必须要强调在特定的教育环境中处理特定的带有宏观性的重大、重要协同育人事项,其最初目标要系统化,参与主体要多元化,实施方式要多样化,最终结果要全面化,尊重和权衡各个关涉主体的利益,广泛吸纳各个关涉主体的力量,融汇和开掘既有资源的能力与潜力,建立一种对于协同育人的共同性的认知和愿景,形成一种共通性的行动与合力,努力追求治理效率、效益与效果的最大化实现。

面向未来,既要充分发挥主流媒体作用,积极借助各类传播平台,深入宣传学校家庭社会协同育人的政策举措、实际成效和典型案例,广泛传播科学教育理念和正确家庭教育方法,强化正面宣传和舆论引导,大力营造全社会各方面关心支持协同育人的良好氛围[①];还要遵照迈向新征程建设教育强国、建设高质量基础教育体系的要求,以习近平总书记关于"协同育人"教育论述为指南,优化协同育人体系与结构,聚合家校社育人优势与力量,打造与时代同频共振的协同育人时代图景。

三、范式重构

"范式"是一种公认的模型或模式,是美国科学家库恩在《科学革命的结构》中提出的学术概念,现在已经广泛运用人文社科研究领域,专门指向某一学科或者领域共同体内广为认可和运用的理论基础和实践规范,抑或是共同体内人们共同遵从的世界观和行为方式。无论哪一个学科领域,都有自己的范式,协同育人也不例外。

历史地看,传统的"协同育人"最初是从体系化的"家访"开始,当学校意识到"家庭"和"家长"在教育中的重要价值之后,慢慢地通过走进学生的家庭,了解学生的生活世界,连同家长一起开展育人实践,这就生成了最初的"家校合作"。随着社会的进步,教育不断朝向更深刻、更科学的方向发展,伴随着社会对于教育需求的日益扩增,不断被提出的教育需要,单靠"学校"与"家庭"的合作已经不能再

---

① 教育部等十三部门. 教育部等十三部门关于健全学校家庭社会协同育人机制的意见[EB/OL].(2023-01-17)[2023-01-21]. www.moe.gov.cn/srcsite/A06/s3325/202301/t20230119_1039746.html.

办好"让人民满意的教育"。而且,这个时候,社会组织、社会资本已经开始进入教育领域,并且逐渐将"触角"深入学校,弥补学校办学的短板和局限。这样的背景下,传统的"家校合作"遇到社会教育力量,两者之间自然而然地进行"联姻",家校社协同育人由此进入发展的快车道。

从"协同育人"的发展历程来看,传统的"单靠学校"到"家校合作"再到"协同育人"的萌生,这些阶段无一不透露出为了实现教育事业、育人事业的发展,必须不断更新育人方式方法,运用新的育人范式,实现对传统育人方式的迭代更新。这里面,事实上就透露着育人"范式重构"。进入新时代,协同育人被推及至新的历史高度,全国各地都在探索协同育人的实践样本,在很大程度上提供了一系列可供借鉴与反思的育人实践范式。

迈向教育新征程的协同育人战略部署,不能仅着眼于宏观层面的顶层设计和构想,更要将实践层面的协同育人"现实探索"放置在推动协同育人的落地生根、创生发展的关键位置。新时代的协同育人要强调"协同",重视"育人"成效,着重在家庭、学校与社会等不同主体的合作中找寻教育创生发展的"密码"。尤其是遵照《家庭教育促进法》的要求,"建立健全家庭学校社会协同育人机制",积极探索,不断总结,大力推广家校社协同育人有效模式、创新做法和先进经验。这就需要再次融入这个多变的教育环境,进行传统的协同育人实践的"范式重构"。

现在,推动教育公平、提高教育质量、激发学校办学活力等相关文件,无一例外,都有关于信息化的要素。比如,面向教育现代化2035的战略任务之一即"探索新型教学方式",新冠大流行期间大规模线上教学凸显传统教学的现代转型要打破区域限制,后大流行时代推行跨区域教学是现代学校建设的一项重要任务。主要就是借助信息化手段,选择"强校带弱校""名师带一般教师""中心校带教学点""一校带多点、一校带多校"等形式,引入国家级名师对接贫困地区县域内试点学校教师团队,县级试点校以名师课堂等形式覆盖本县师资缺乏的教学点和农村薄弱学校,由此向偏远贫困地区输送优质教育资源。通过教师培养、课程资源输送等手段推进欠发达地区传统教学现代转型,进一步缩小区域、城乡、校际教育发展差距。这是信息化对于学校办学的显著影响。

2022年11月30日,由美国人工智能研究实验室OpenAI发布的全新聊天机器人模型ChatGPT火爆全网,它可以针对用户输入的内容生成更自然的响应文本,允许用户与其就任何事情进行自然语言对话,且支持连续多轮对话与上下文理解等特性①。ChatGPT的存在一定程度上颠覆了传统的人与人之间的交流互动以及情感生成,对家庭与学校之间、教师与家长之间、学生与家长之间、家长与社会之间的直接的交流互动会产生重要的导向性影响。这也决定了面对传统智能技术的创新与发展,协同育人的范式要进行相应的转型。可见的未来,ChatGPT只是一个开端。

智能时代已经全面来临,教育发展方式已经产生重要改变。当今世界科技进步日新月异,互联网、云计算、大数据等现代信息技术深刻改变着人类的思维、生产、生活、学习方式,预示着人类进入智能时代。教育作为国之大计、党之大计,在统筹中华民族伟大复兴战略全局和世界百年未有之大变局中,须顺应智能时代的形势做出调整,充分利用智能技术为教育创变提供的巨大可能和空间,扎实推进重构教育生态的步调,助力教育高质量发展新格局建设。面向未来的协同育人实践,要关注信息化要素对于教育的重要影响。

无数的事实证明,办教育、育人才不是教育一家的事儿,随着社会文明程度以及城市化建设水平的不断提高,社会对于高质量教育的需求越来越高,协同育人的实践方式方法也要与时俱进、不断更新。因此,社会信息化改革,已经渗入到教育的方方面面,让教育享受科技进步的惠泽,让协同育人实践转型升级、内涵发展。其中,"教育数字化"是"数字中国"战略的重要组成部分,"推进教育数字化"是党的二十大报告明确提出的中国教育改革与发展战略动向。当前,我国正在推进教育数字化战略行动,推动教育变革与创新。2023年2月,首届"世界数字教育大会"在北京召开,"数字化转型是世界范围内教育转型的重要载体和方向"是大会共识之一。信息技术的发展正在以更加多元的形式参与到教育改革与发展,正在改变传统的协同育人教育生态。这预示着迈向教育数字化转型时代的协同育人也进入新的转型发展关键期。因此,"数字化协同育人"将会是一种值得期待的

---

① 王佑镁,王旦,梁炜怡,等."阿拉丁神灯"还是"潘多拉魔盒":ChatGPT教育应用的潜能与风险[J].现代远程教育研究,2023(2):11—19.

教育选项。

党的二十大报告指出,"我们要坚持教育优先发展""办好人民满意的教育""坚持解放思想、实事求是、与时俱进、求真务实,一切从实际出发""健全学校家庭社会育人机制"等①。这些重要论述启示我们:协同育人是这个时代必须重视的一种事关国计民生的重大事项,无论是国家层面还是地方层面,无论是教育集体还是教育个人都要"一切从实际出发",扎根中国大地和中国实际,为了教育振兴和发展贡献多元智慧。其中,对于教育者来讲,扎实推动协同育人是迈向教育新征程必须要重视的教育一环,服务于中国教育发展,是这个时代教育改革有必要关注的重要命题。为了实现这一目标,协同育人的"范式重构"是必要且必需的教育选择。

四、文化育人

全国宣传思想文化工作会议首次提出了"习近平文化思想",充分体现了中国共产党人的历史自信和文化自信,担负着文化传承发展重任的教育事业责无旁贷。在推进"以文化人,以文育人"中,协同育人是典型事项和实践体现。在这个加速的时代,教育发展的竞争性环境决定了育人任务的完成,不能单向地依托学校、家庭或者社会。政府是家校社协同育人的"规划者"和"设计师",而家庭作为社会的细胞,学校作为社会的重要构成主体,必须在这个时代,融入时代、融入社会的发展大势,扛起自身的教育责任和教育担当,凝聚共识、凝聚合力,推动育人事业朝向更加深入的方向发生与发展。

文化是一种规范、价值、基本假设,学校文化本质上是一种组织文化,它是有关人及人之关系的,是学校外部适应与内部整合过程中形成,使得学校生活可以理解的共享假设、价值和规范②。我们经常可以听到一句话就是,"现在的大环境

---

① 新华网.高举中国特色社会主义伟大旗帜 为全面建设社会主义现代化国家而团结奋斗——在中国共产党第二十次全国代表大会上的报告[EB/OL].(2022-10-25)[2022-11-16]. www.news.cn/politics/cpc20/2022-10/25/c_1129079429.htm.
② 陈学军.学校文化是什么[J].教育研究与实验,2015(3):14—19.

不太好",那么这里的"环境"是什么呢?可能指我们的政治形势、经济形势、社会形势以及文化价值认同,包括国际社会对于中国的舆论评价等,这一系列要素,构成了我们处在的社会文化大环境,文化环境对于协同育人能够产生显著影响。

经济全球化带动了全球教育市场一体化发展进程。可能国别不同、文化不同,意识形态信仰不同,但是,接受高质量教育的需求是各个国家受教育者的共同愿望。因此,这样的发展趋势驱动我们的学校,必须契合社会需要,主动提高办学质量。与此同时,还要看到,现如今中国面临的国际环境,"逆全球化"现象、单边主义、保护主义逐渐抬头,中国的教育改革提出了贯彻落实"创新、协调、绿色、开放、共享"为主题的新发展理念的教育新发展观。国际国内环境改变,对于学校组织环境产生显著影响,当然,也会影响到未来我国推进协同育人的方略与行动。协同育人作为一项重要的教育发展方式,是在一定的教育文化的滋养下衍生出来的文化范畴,要注重协同文化建设,让文化带动不同教育主体的协同参与,以文化人、以人育人实现更大范围的协同育人实践共同体的建构与生成。

协同育人的实践场域具体可分为空间载体、法治环境、社会环境、文化环境建设等。开展协同育人的文化建设,要关注"硬环境"与"软环境"建设。其中,硬件环境如青少年宫、活动中心、科技馆、图书馆、非遗文化、研学旅行基地等,是看得见摸得着的具象化的空间载体平台。软环境如儿童友好型城市建设,特殊儿童关爱,好家训好家风等文化精神活动,还有法治环境建设,未成年人保护等系列制度和法律法规。协同育人的文化建设就是要用大育人观、系统论、协同论的思维方法来完善和提升协同育人成效建设。

此外,思政文化融入协同育人至关重要。教育实践的"思政价值"是新时代教育综合改革的题中要义,它不仅是立德树人的重要基础,也是时代新人培育的重点工程。当前学术界讲"协同育人",更多是一种宏观构想,正在进行多样化的实践探索,例如江西弋阳这样的县,已经可以总结经验。但是,现在国内更多的是讲"发挥课程的思想政治教育价值",课程建设推动协同育人,当下至多是在"家长学校"等一些培训类课程中体现。即便如此,国内学术界讲课程思政的对象,大多是学生,与协同育人暂时并未有效衔接。这也并不意味着协同育人与"思政"相距甚远。其实,无论是"课程思政"或者"教学思政"抑或是"综合实践活动思政",对于与育人活动相关的教育制度设计和现实实践"思政"价值的揭示、解释,是教育改革的重点工程。协同育人具有较高的"思政"价值,尤其是家庭、学校、社会的协同参与育人制度设计与实践落实,打开了教育的"新世界"。

五、评价驱动

扎实推进"协同育人"已经上升为国家战略,这意味着"育人"不再是(也不能是)哪一个区域、哪一所学校或者哪一个家庭的"独角戏","协同"作为方法,对于"育人"的价值功用意义重大。进入新时代,教育评价改革的呼声甚高,这不仅是由于传统中国的育人评价体系弊端较多,还有一个重要原因是评价自身能够带来的正向价值驱使,尤其是"以评促建""以评促改""评建合一""评改一体"等,无一不预示着推进评价制度改革对于育人改革的重大意义。遵此逻辑,面向未来的协同育人理论建构与实践探索,都离不开对于"协同育人评价"的关注与重视。融入时代背景,贴近一线基础,面向未来发展需求,服务"协同育人战略"的协同育人评价,要重点从三个方面下功夫:

首先,发挥区域教育发展中心(区县教育学院)的专业枢纽作用,以专业评价为抓手,规范区域协同育人的体系布局与实践路径。前文在探索奉贤区协同育人实践探索时,已经初步涉及区域教育发展中心的功能定位,而作为一个"半行政、半专业"的区域教育组织,"专业性"应该是其首要的"身份定位",发挥专业优势,服务区域教育发展是区域教育发展中心的首要职责。这样的背景下,家校社协同育人的责任,就自然而然地落到了区域教育发展中心的身上,而且区域教育发展中心由于自身具有一定的"行政性",带有一定的"行政权威",其施策方案可以对区域教育产生显著影响。其中,区域教育发展中心可以依托教育局的职能部门支持,既将"上位"的评价思路传送至"下面"各级各类参与组织和主体,又能够提高其在推动区域教育高质量发展中的价值和地位。因此,专业评价是推进协同育人的抓手,而开展专业评价需要区域教育发展中心担当重任,主要承担区域协同育人评价统筹实施的任务。

其次,协同育人评价指标设计不能搞"一言堂",要让评价成为满足参与主体存在感与获得感的工具,经由协同育人参与主体协作确认评价标准。现如今教育评价频遭诟病的一个重要原因就是评价只体现出一种"声音",显现的是一种"主体意志",协同育人参与主体在其中更多的是"陪跑",即便存在创造性思路和想法,却由于自身的角色定位,没有机会表达个人意志,这样的现象就衍生出教育评价的"一言堂"。显然,当教育评价成为"一家之言"的时候,它发挥的功用就不再是一种凸显"专业性"的实践取径,而更多是凸显"个人权威",甚至在一定程度上是个人化的"独断"。这样的评价,即便在区域范围内被推行,它在很多时候也是让人"不信任""不信从"的一种存在范畴。坦率地讲,现如今协同育人评价也存在类似的非理性现象。上文已经讲到,协同育人中的"协同"是题中要义,这也意味着它不能再是经由部分人发出一种声音,真正要推进协同育人,必须凸显"协同"涉及的"多主体意志"。这里的主体包括家长、学生、教师、社会组织负责人、职能部门专任人员等。各个主体采取一种"协同共治"的方式,平等对话、民主协商、公平判断,尊重每个参与主体的"个人意志",最后经过"协商统筹",形成一种契合"协同育人"有序实施、有效实践的评价指标和方案。唯其如此,协同育人才能发挥其应然的价值效用。

再次,发挥学校协同育人的"主导作用",让学校成为协同评价实施的"中转站",由学校主要负责协同育人成效评价活动的具体执行。中国教育语境中,学校承担核心的育人任务,是家庭和社会都重点关注的育人中心,相应地也成为协同育人的"主导"力量。尤其是《教育部等十三部门关于健全学校家庭社会协同育人机制的意见》进一步强调"学校充分发挥协同育人主导作用",更是将学校的地位抬高至协同育人的"主导"位置。这决定了推动协同育人的深化实施,不能不将学校视作"核心",推进协同育人评价,不能不发挥学校的"主导作用"。这样的背景下,学校作为区域最主要的育人组织,要充分意识到自身的价值定位,聚焦"家委会""教代会""学生会"以及对外的社会组织合作,借助区域教育发展中心的专业统筹力量,建立学校与家庭、教师与家长、学校与社会等不同主体(机构)之间的友好合作,进而保证协同育人评价可以经由学校发出,对各个主体进行真实的评价。

此外,开展协同育人评价的初心和本意并非是给参与主体参与协同育人事项一个是非对错的价值评判,它更多的是追求一种"提醒"价值,也就是让参与主体能够在知悉自身参与协同育人的理念、实践以及未来构想的基础上,"知己知彼"以改正自身,进而更好地参与到协同育人实践中去,建成良好的协同育人区域教育生态。正是因为如此,有必要警惕参与主体的"形式主义参与",即"搭便车"的思维。协同育人本身来讲,"育人"是目标,"协同"是方法,要在"协同"上下功夫,对于"协同不够"抑或"参与协同动机不强"的参与主体,可以将其"替换"抑或"取缔"。毕竟,当一个主体不能够真心实意地参与一项事务的时候,"敷衍""推诿""应付"等相关问题会自然而然地生成。这是迈向新征程的协同育人所不愿意看到的现象,也是推进协同育人评价要重点关注和解决的紧要问题。

总的来说,迈向教育新征程的协同育人必须始终坚持守正创新,用改革的意识、创新的办法开辟协同育人新领域、新赛道、新动能和新优势。必须正视的是,当下开展的协同育人布局与实践还有很多有待商榷和完善的地方,但是我们希望通过这样一种实践总结与再分析过程,将这些年来积淀的实践和思考的问题,或者说提出的一丁点的理论创新的东西,反哺大地,反哺火热的丰富多彩的教育生活,这也是本研究的初心,努力将"论文写在祖国大地上",与时代同步,与人民同行,实现教育初心和使命。

代后记：学问做在大地上

张竹林

当本书初稿完成时，窗外已经是一片生机盎然的绿色；定稿付梓之时，我已经在美丽宁静的华东师范大学校园博士课堂上度过酷暑。寒来暑往，转眼间人们已经走出了历经三年的疫情阴霾。作为本书的第一作者也是第一责任人，似乎有很多的心里话想说。尽管我已经进入了知天命之年，按照传统观念，这个年龄的人，应多一点内敛和城府，不轻易将喜怒哀乐写在脸上。但我时常被熟悉的朋友和同事们说"浑身上下有一种率真和充满了热情"，在这些表扬的激励下，我还是想表达一下自己的心声。

此书是我和南京师范大学"90后"青年教师赵冬冬博士联手合作的学术著作。记得2019年，他还在华东师范大学读博，偶然的机会，经相关专家推荐，他参与到我主持的一个上海市哲社课题组，协助我开展课题研究。小伙子朴实厚道，吃苦耐劳，学术底子好，执行力和悟性很强。几年下来，我们不仅合作愉快，还结下了忘年交友谊。课题完成后，我们感到意犹未尽，由此开启了本书的联手研究写作。

我和冬冬是两代人，性格、经历差异很大，但我们有很多天然的共同之处。我们都来自农村，他来自河南农村，我的家乡是与河南毗邻的湖北，我们都是从乡村里走出的"大学生"，都曾经是自己的农民父母和家人心中的"骄傲"，背负着太多的希望和期待。更有缘的是，我们还是华东师范大学校友，严格讲学业辈分，他还是我的博士师兄。其实，我们知道，最根本的是我们都是教育人，共同的专业爱好和志趣，超越了很多外在的修饰。我们一直没有停下各自手中的笔，几乎每天都要通过视频和电话探讨相关的问题，有时，忽然间有一个学术灵感产生了，我会拿起手机微信留言，将我的思想观点和相关写作思路留言，他会及时记下成文，久而久之，我们这种研究默契使得研究和写作效率大大增强。当然，我们也经常会因为某个观点和写作方法进行热烈讨论甚至是激烈争论。

我进入家庭教育和协同育人研究领域非常偶然，可以说是"误打误闯"，也可说是典型的"半桶水"。今天用粗线条来描述一下转眼已有八年多的学习研究和实践历程，可以概括为几个节点性工作：一是成立机构搭建平台，创建奉贤区家庭教育研究与指导服务中心，开通贤城父母微信公众号，开通家庭教育24小时服务热线等；二是探索性编写教师教程，以无知无畏的行动组织区德育研训员和一线教师编写出版了《又一种教育智慧》为代表的教师家庭教育指导能力区本化教程，覆盖学前、义务和高中段，同步研制家庭教育指导网络课程系列；三是开展区域教师全员培训，本人亲自为全区1700名班主任开设了教师家庭教育指导能力建设课程，尽管有时累得筋疲力尽但内心却感到十分充实，本人主持的"区域整体提升教师家庭教育指导能力建设的实践与研究"获得了2022年上海市教学成果一等奖；四是原创性探究教师家庭教育指导能力建设理论，初步建构了组成结构、运行机理和实现路径的逻辑体系；五是参与创建数字家长学校和新成长关爱行动系列；六是开创性探索区域协同育人中心建设，贯彻党的二十大和教育部等十三部委《关于健全学校家庭社会协同育人机制的意见》精神，争取多方支持，将奉贤区教育学院原有的一千多平方米的门面房改造为融未成年人心理健康、家庭教育、未成年人保护、区域家长委员会和智慧家长大讲堂等于一体的学校家庭社会协同育人服务中心，可以说开启了"区域协同育人中心"建设样本探索，其间还应邀为河北省保定市、云南省弥渡县进行了区域协同育人能级提升方案设计和实际推进，让奉贤模式在相关地区进行复制和推广。非常引以为豪的是，在各方努力下，奉贤区协同育人工作得到了广泛认可，被教育部确定为学校家庭社会协同育人实验区。这样的实践过程，让我们的研究多了一份泥土味，也多了一份底气。

从一开始讨论和写作本书时，我们就有一个共同的定位，希望是用一种"大教育观"和"大德育观"来探索协同育人，我借用了学者杨雄教授的一个观点，"家校社协同育人具体要解决四个问题：第一，解决功能及定位问题；第二，解决责权划分问题；第三，解决政策工具和分析工具；第四，解决如何共享机制"。在实践中，我们走出上海，从青藏高原到西南边陲，从长三角到华北平原，从长江之滨到黄河岸边，开展了田野调查、个案访谈，与各个层面的领导、专家、一线教师和家长开展交流研讨，使我们的眼界开阔了，信息量大了，行走中加深了对国情的了解和对教育的认识，也拉近了我们与广大一线教师、学生和家长的距离。清晰地记得2023年3月，我们一起到河北保定三中调研座谈时，一位教师，同时也是高中生家长的话让我一直不能忘怀，那场景如此感人，激励着我们一路前行的信心。

写作进入攻坚阶段，我们也会产生一种疲劳感。有时，我们也会追问自己，这么宏大的话题，如何讲得通透，是否有不自量力之嫌？每当到了此时，我们就会让手中的笔"停"一下，让头脑"冷"一下。特别是我，管理工作的繁忙会占据大量的时间，基本上只能靠节假日和晚上的时间来开展研究和写作，那种漫漫之路的无尽感和自己知识储备不足感会时常侵袭大脑，有时竟然会产生"有必要这么拼吗？"的疑问。当神舟十五号上天时，等待了24年、以56岁高龄踏上太空之旅的宇航员邓清明的一句话着实感动了我："太空不会因为我有故事就自动向我们张开双臂。"就像我们斟酌书名时，将最初的"协同育人论"改为"协同育人初论"，因为是"初论"，那就意味着还只是刚刚开始，还有许多的未知、陌生的领域在等待我们，当然也更意味着挑战和困难在等待着我们。也许这就是学术研究之路的宿命论。

事实上，在本课题的研究和本书的写作过程中，我们格外关注实证。同时如何让历来有着生涩模样的学术书变得尽量耐读，也是我们追求的目标。我一直比较欣赏《心中的庭院》这本书，作者将物理空间的庭院与精神世界的庭院进行融合，这种通过不同的创意来改变提升物理空间的文化艺术灵感也可以应用在学术生涯中。

本书也可以说是我博士学习中期的研究汇报，也是冬冬在南京师范大学任教一周年的学术汇报。研究和写作中，我们幸运地得到了很多贵人相助，我的博士生导师、教育部中学校长培训中心主任、华东师范大学教师教育学院院长代蕊华教授，赵冬冬的博士生导师、华东师范大学朱益明教授对于本研究和写作给予了悉心指导，非常感谢中央文史馆研究馆员、国家教育咨询委员会委员、人大附中原校长刘彭芝，她以提携后辈的长者慈爱欣然为我们作序，人民教育家于漪老师，上海市教育学会会长尹后庆，上海市教委原副主任、上海科技馆馆长倪闽景，博士生导师、华东师范大学第二附属中学校长周彬教授，上海市教卫工作党委研究室主任林炊利博士，上海教育科学研究院汤林春研究员、李伟涛研究员、方建锋研究员,人大附中联合总校党委副书记、常务副校长、保定市委副秘书长、保定三中党委书记杨连明,上海市静安区政协原主席韩强教授,中国书法家协会党组书记、驻会副主席李昕教授,湖北省政府参事谭先振,保定市副市长杨伟坤教授,杨浦区教育学院李艳璐老师,上海安信建设工程咨询有限公司董事长张高权,湖北武穴市城投长江矿业董事长郭文晋,还有许多朋友们都对本课题研究和本书写作给予了支持和关心。本书的顺利出版,十分感谢上海市奉贤区教育局和奉贤区教育学院同仁们的大力支持,学院原党总支书记、现上海开大奉贤分校校长徐莉浩,院长蒋东标,学院党总支书记王玉梅,还有宋华、胡引妹、陈越阳、谢怀萍、朱赛红和我的工作室学员张怡菁、戴嘉俊、潘姿屹、夏旖等多位同事,十分感谢华东师范大学出版社教育心理分社社长彭呈军先生,责任编辑孙娟女士。这里,我和冬冬都还要向我们各自的家人们的全心支持和关怀致以深深的谢意,家人是我们在人生道路和学术生涯中最重要的依靠,可以说是家人们的期待和支持让我们得以克服各种前行中的困难,因为家人,我们时常感受到,我们不是一个人独行,而是在生命丛林中结伴而行。

  我们深知,在学术探索的道路上,我们还只是初出茅庐的小学生,本书无论是研究思路、解决方案,还是写作美感,都会存在很多缺陷。正如两百年前哲学家康德说过,"我不得不悬置知识,以便给信仰腾出位置"。是啊,因为梦想,教育追梦的路上,从来就只有披星戴月的赶路人,这种"赶路人"的心态,让我们时常能够坦然面对各种困难和不足。每当此时,我们的耳边和眼前就仿佛响起一个"热词",也是我给全国各地的教师和家长讲课时百用不厌的一句话:道阻且长,行则将至,行之不辍,未来可期。谨以此与各位读者朋友们共勉,真诚地希望得到大家的批评指正,我们会在批评指正中学习提高。

2023 年 3 月 25 日初稿于上海浦东万科河滨苑
2023 年 7 月 29 日定稿于华东师范大学群贤堂

参考文献

一、专著

[1] [美]艾里克·J·马施,[美]大卫·A·沃尔夫.儿童异常心理学[M].孟宪璋,等,译.广州:暨南大学出版社,2004.

[2] [美]巴兰坦.教育社会学:一种系统分析法(第五版)[M].朱志勇,范晓慧,主译.南京:江苏教育出版社,2005.

[3] 北京市教育科学研究所.陈鹤琴全集(第二卷)[M].南京:江苏教育出版社,1989.

[4] [挪]波尔·达林.教育改革的限度[M].刘承辉,译.重庆:重庆出版社,1991.

[5] [德]博尔诺夫.教育人类学[M].李其龙,等,译.上海:华东师范大学出版社,1999.

[6] 程红艳.儿童自由与学校变革[M].北京:人民教育出版社,2012.

[7] [德]底特利希·本纳.普通教育学——教育思想和行动基本结构的系统的和问题史的引论[M].彭正梅,徐小青,张可创,译.上海:华东师范大学出版社,2006.

[8] 葛剑雄.中国的教育问题还是教育的中国问题[M].上海:学林出版社,2018.

[9] 郭治安,等.协同学入门[M].成都:四川人民出版社,1988.

[10] [奥]赫勃尔特·茨达齐尔.教育人类学原理[M].李其龙,译.上海:上海教育出版社,2001.

[11] [德]赫尔曼·哈肯.高等协同学[M].郭治安,译.北京:科学出版社,1989.

[12] 洪明.合育论——学校家庭社会合作共育的理论与实践[M].合肥:安徽教育出版社,2017.

[13] [英]怀特海.教育的目的[M].庄莲平,王立中,译.上海:文汇出版社,2012.

[14] [美]科恩.论民主[M].聂崇信,朱秀贤,译.北京:商务印书馆,2005.

[15] 刘彭芝.教书育人100句[M].北京:人民出版社,2020.

[16] [法]卢梭.社会契约论[M].何兆武,译.北京:商务印书馆,2003.

[17] [意]玛丽亚·蒙台梭利.童年的秘密[M].马荣根,译.北京:人民教育出版社,2005.

[18] 梅仲孙.教育中的情和爱——儿童、青少年情感发展与教育研究40年[M].

上海:上海教育出版社,2018.

[19] 时蓉华. 社会心理学辞典[M]. 成都:四川人民出版社,1988.

[20] 孙伯鍨,张一兵. 走进马克思[M]. 南京:江苏人民出版社,2012.

[21] [美]威廉・A. 科萨罗. 童年社会学(第二版)[M]. 程福财,等,译. 上海:上海社会科学院出版社,2014.

[22] 习近平. 习近平谈治国理政. 第一卷[M]. 北京:外文出版社,2018.

[23] 徐国能. 细味人间[M]. 桂林:广西师范大学出版社,2022.

[24] 徐建平. 学校:在政府、市场和社会之间——现代学校制度的理论探索及启示[M]. 北京:教育科学出版社,2011.

[25] [德]雅斯贝尔斯. 什么是教育[M]. 邹进,译. 北京:生活・读书・新知三联书店,1991.

[26] 杨雄. 巨变中的中国教育[M]. 上海:上海人民出版社,2021.

[27] [美]约翰・杜威. 民主主义与教育[M]. 王承绪,译. 北京:人民教育出版社,2001.

[28] 张竹林. 教师家庭教育指导能力建设论[M]. 上海:华东师范大学出版社,2021.

[29] 朱小蔓. 关注心灵成长的教育——道德与情感教育的哲思[M]. 北京:北京师范大学出版社,2012.

[30] 朱永新. 中国新教育(第四版)[M]. 北京:中国人民大学出版社,2012.

[31] Fullan, M. All Systems Go: the Change Imperative for Whole System Reform[M]. Thousand Oaks: Corwin, 2010.

[32] Marjorie V. Fields, Debby Fields. 儿童纪律教育——建构性指导与规训(第四版)[M]. 原晋霞,蔡菡,陈晓红,译. 北京:中国轻工业出版社,2007.

[33] Peters, R S. Ethics and Educaton[M]. London: George Allen&Unvin Ltd, 1966.

二、论文

[1] [德]安德烈亚斯・施莱歇. 教育要面向学生的未来,而不是我们的过去[J]. 于涛,等,译. 全球教育展望,2018(2):3-18.

[2] 白列湖. 协同论与管理协同理论[J]. 甘肃社会科学,2007(5):228-230.

[3] 陈宝生. 办好人民满意的教育是我们的奋斗目标和前进动力[J]. 中国校外教育,2018(4):1-17.

[4] 陈炳水. 论我国行政决策中的公民参与[J]. 社会科学,2005(2):32-37.

［5］陈丽萍.谈教师沟通能力的培养[J].新课程(小学版),2009(11):52.

［6］陈学军.学校文化是什么[J].教育研究与实验,2015(3):14-19.

［7］成尚荣.开辟儿童创造性成长之路[J].教育研究与评论,2022(12):38-40.

［8］程亮.儿童何以成为"问题"[J].基础教育,2021(4):1.

［9］储著斌.习近平领导干部容错纠错思想研究[J].决策与信息,2017(1):42-49.

［10］褚宏启.教育治理:以共治求善治[J].教育研究,2014(10):4-11.

［11］杜明峰.转型期我国社会组织参与教育治理:逻辑、实践与优化策略[J].教育发展研究,2021(10):40-49.

［12］樊杰."浑沌"力量及其教育可能——试论教育如何面对个体生长的复杂性[J].国家教育行政学院学报,2017(11):90-95.

［13］范国睿,托马斯·S.波普科维茨.变化世界中的教育政策与教育改革[J].现代教育论丛,2021(3):3-13+93.

［14］范国睿.教育管办评分离改革:理论假设与实践路径[J].教育科学研究,2017(5):5-21.

［15］方蓉.论协同理论在教育领域中的移植[J].黑龙江教育学院学报,2010(2):17-18.

［16］高振宇.儿童是天生的哲学家[J].上海教育,2019(2):22-25.

［17］谷志军.容错纠错机制为何难以操作?——基于政策文本的实证分析[J].行政论坛,2020(1):72-78.

［18］顾明远.中国教育路在何方——教育漫谈[J].中国教育科学,2014(3):3-69+2+237.

［19］郭英俊."家校社"一体化的德育协同长效机制探究[J].福建基础教育研究,2019(6):39-40.

［20］胡白云.让教师成为家庭教育的指导者——家校共育的突破口[J].中国德育,2018(23):21-25.

［21］胡旭晟.守法论纲——法理学与伦理学的考察[J].比较法研究,1994(1):1-12.

［22］黄河清,马恒懿.家校合作价值论新探[J].华东师范大学学报(教育科学版),2011(4):23-29.

［23］贾永春."学校·家长·教师"协同并进的区域家庭教育指导范式——以上海市闵行区为例[J].现代教学,2022(24):22-24.

［24］郎佩娟.容错纠错机制的可能风险与管控路径[J].人民论坛,2016(11):21-

23.

[25] 雷雳,王争艳,李宏利.亲子关系与亲子沟通[J].教育研究,2001(6):49-53.

[26] 李家成.家校社协同育人机制构建:深化教育体制机制改革的重要构成[J].新课程评论,2022(5):7-17.

[27] 李明,完颜华.家校联动的青少年道德教育机制探究[J].教学与管理,2014(21):77-79.

[28] 李雁冰.论教育评价专业化[J].教育研究,2013(10):121-126.

[29] 李渊,黄竞雄,李芝也.基于共生理论的历史文化街区旅游概念规划研究——以厦门市中山路片区为例[J].中国名城,2020(9):35-41.

[30] 李志江.制度公正与社会和谐[J].道德与文明,2006(1):51-55.

[31] 刘大伟,周洪宇.《中华人民共和国家庭教育促进法》的政策议程分析——基于多源流模型的视角[J].教育学术月刊,2022(1):3-10.

[32] 刘力.家长参与学校教育的功能及方式[J].教育研究与实验,1992(1):62-66.

[33] 刘晓梅,李康.亲子关系研究浅识[J].贵州师范大学学报(社会科学版),1996(3):74-76.

[34] 刘迅."新三论"介绍——二、协同理论及其意义[J].经济理论与经济管理,1986(4):75-76.

[35] 陆璟.基于PISA数据评价上海学生的21世纪能力[J].上海教育科研,2015(2):5-10.

[36] 罗小东.试论社会危机事件中的新闻报道样式:新闻簇——以乌鲁木齐"7·5"事件的新闻报道为例[J].国际新闻界,2011(8):76-82.

[37] 罗瑶.何谓遵循儿童天性的教育?——基于裴斯泰洛齐的儿童天性观解读[J].教育文化论坛,2023(1):27-36.

[38] 骆风,王连森.由传统"家事"上升为新时代"国事"——《中华人民共和国家庭教育促进法》解读[J].社会治理,2022(2):76-78.

[39] 马忠虎.对家校合作中几个问题的认识[J].教育理论与实践,1999(3):27-33.

[40] 茅铭晨."行政决策"概念的证立及行为的刻画[J].政治与法律,2017(6):108-121.

[41] 沈学珺.基于PISA数据探究上海中学生学习时间的合理性[J].教育发展研究,2014(4):9-14.

[42] 石中英.回归教育本体——当前我国教育评价体系改革刍议[J].教育研究,

2020(9):4-15.

[43] 司林波,孟卫东.教育问责制在中国的建构[J].中国行政管理,2011(6):24-27.

[44] 宋晔.教育关怀:现代教育的道德向度[J].教育理论与实践,2007(19):39-42.

[45] 孙丽华.论家庭教育中儿童道德情感的培养[J].江苏社会科学,2012(5):241-245.

[46] 王炳权.各地容错纠错机制的优点与不足[J].人民论坛,2017(26):45-47.

[47] 王伯军.培养专业人才,探索培训模式——家庭教育指导师培训的"上海模式"[J].现代教学,2023(Z2):5-8.

[48] 王洪秀,温旭明.家长和教师关系的研究[J].河北青年管理干部学院学报,2009(3):85-88.

[49] 王婷婷.中小学生心理健康服务医教协同体系建构与实践路径[J].上海教育科研,2023(2):32-36.

[50] 王炎锋.教育信息化助力家校共育——浙江省推进数字家长学校建设的路径与成效[J].现代教学,2023(Z2):15-19.

[51] 王奕婷.教师教育经验概念化的意义与路径[J].教育科学论坛,2018(14):69-72.

[52] 王佑镁,王旦,梁炜怡,柳晨晨."阿拉丁神灯"还是"潘多拉魔盒":ChatGPT教育应用的潜能与风险[J].现代远程教育研究,2023(2):11-19.

[53] 吴康宁.学校究竟是什么——重申学校的社会属性[J].教育研究,2021(12):14-21.

[54] 吴雨晴.中国四省市家长的情感支持现状——基于PISA2018数据的分析[J].上海教育科研,2022(12):56-61.

[55] 吴重涵.从国际视野重新审视家校合作——《学校、家庭和社区合作伙伴:行动手册》中文版序[J].教育学术月刊,2013(1):108-111.

[56] 习近平号召全国广大教师做党和人民满意的好老师[J].人民教育,2014(18):6-7.

[57] 张竹林.构建教育治理体系:家校社协同育人的治理探索——以上海市奉贤区为例[J].现代教学,2021(24):9-14.

[58] 熊川武.论反思性教育实践[J].教师教育研究,2007(3):46-50.

[59] 熊樟林.重大行政决策概念证伪及其补正[J].中国法学,2015(3):284-303.

[60] 徐坤生.刍议学校、家庭、社会合育资源的集聚[J].科学大众(科学教育),

2012(1):98.

[61] 杨雄,刘程. 关于学校、家庭、社会"三位一体"教育合作的思考[J]. 社会科学,2013(1):92-101.

[62] 叶必丰. 行政决策的法律表达[J]. 法商研究,2016(2):75-85.

[63] 张健,陈琳. 家庭教育地方立法的质量评估与完善路径研究[J]. 上海教育科研,2022(12):19-24.

[64] 张立荣,冷向明. 协同治理与我国公共危机管理模式创新——基于协同理论的视角[J]. 华中师范大学学报(人文社会科学版),2008(2):11-19.

[65] 张永,张艳琼. 家校社合作的反思与重构:基于实践共同体的视角[J]. 终身教育研究,2020(3):41-46.

[66] 张永. 美国家校社合作的两种层次理论及启示[J]. 全球教育展望,2021(3):106-117.

[67] 张中原,扈中平. 教育人性化的三重遮蔽与敞明[J]. 华东师范大学学报(教育科学版),2015(2):1-9.

[68] 张竹林. 区域教育学院在家校合作育人大格局中的地位与作为[J]. 现代教学,2018(Z2):58-62.

[69] 赵冬冬,张竹林,李陈哲. 教师家庭教育指导能力:新时代教师育德的新智慧[J]. 中国德育,2021(20):15-21.

[70] 赵冬冬,朱益明. 培养受过教育的人:"培养什么人"的教育学之维[J]. 教育学术月刊,2021(6):3-9+18.

[71] 赵冬冬,朱益明. 试论如何实现公平而有质量的基础教育[J]. 中国教育学刊,2020(7):28-33.

[72] 赵玉英. 论课堂教学中教师情感的构成及其培养[J]. 教育艺术,2006(9):42-44.

[73] 郑巍巍. 打造家校社"创意和谐链":一所新学校的文化创生[J]. 中小学管理,2018(1):55-57.

[74] 郑希付. 良性亲子关系创立模式[J]. 湖南师范大学社会科学学报,1998(1):73-77.

[75] 郅庭瑾. 新时代基础教育治理的中国经验[J]. 中国教育学刊,2022(9):58-64.

[76] 周彩丽,刘秀萍. 南昌特色教育改革实践 以首创精神解教育难题[J]. 教育家,2018(37):24-25.

[77] 周坤亮. 指向教师专业发展的学校组织变革[J]. 教育理论与实践,2013

(19):28-31.

[78] 周孟秋,周鸿.家长教育焦虑对小学生品质和学习体验的影响——基于浙江省综合评价监测数据的分析[J].上海教育科研,2023(10):66-72.

[79] 朱小蔓,丁锦宏.情感教育的理论发展与实践历程——朱小蔓教授专访[J].苏州大学学报(教育科学版),2015(4):70-80.

[80] 朱小蔓.育德是教育的灵魂 动情是德育的关键[J].教育研究,2000(4):7-8.

[81] 潘懋元."潘懋元之问":高考有利于培养个性化创新创业人才吗?[J].河北师范大学学报(教育科学版),2022(2):1-2.

[82] [德]W·布雷岑卡.教育学知识的哲学——分析、批判、建议[J].李其龙,译.华东师范大学学报(教育科学版),1995(4):1-14.

[83] Abend, G. The Meaning of 'Theory'[J]. Sociological Theory, 2008, 26(2):173-199.

[84] Epstein, J L, et al. Prospects for change: preparing educators for school, family, and community partnerships[J]. Peabody Journal of Education, 2006, 81(2):81-120.

[85] Strang, D, Meyer, J W. Institutional conditions for diffusion[J]. Theory and Society, 1993, 22(4):487-511.

[86] Valli, L, et al. Typologizing School-Community Partnerships: A Framework for Analysis and Action[J]. Urban Education, 2016, 51(7):719-747.

[87] Wikeley, F, Stoll, L, Murillo, J, et al. Evaluating effective school improvement: Case studies of programmes in eight european countries and their contribution to the effective school improvement model[J]. School Effectiveness & School Improvement, 2005, 16(4):387-405.

三、报纸

[1] 陈明.生活即教育 合育创未来——中国陶行知研究会家校合育创新发展论坛综述[N].中国教育报,2023-05-28(004).

[2] 邓凯.帮孩子系好人生第一粒扣子[N].光明日报,2016-09-12(001).

[3] 范国睿.教育评价改革的新路向[N].人民政协报,2020-07-15(006).

[4] 李洋.凝聚合力提升协同育人专业水平[N].中国教育报,2022-11-20(004).

[5] 刘博超.教育政策密集出台成研究新热点[N].光明日报,2019-07-03(010).

[6] 刘华蓉.亲子共成长,才是家庭教育最美好的样子——浙江省象山县"石浦家长学校"的40年[N].中国教育报,2023-05-28(004).

[7] 刘华蓉.站在国事的高度办好家庭教育[N].中国教育报,2022-10-30(004).

[8] 马涛.党委和政府是深化教育评价改革关键推动力量[N].中国教育报,2020-11-05(006).

[9] 孙云晓.让家庭教育回归与创造美好生活[N].中国教育报,2022-10-30(004).

[10] 习近平.决胜全面建成小康社会 夺取新时代中国特色社会主义伟大胜利[N].人民日报,2017-10-28(001).

[11] 习近平.全面贯彻落实党的教育方针 努力把我国基础教育越办越好[N].人民日报,2016-09-10(001).

[12] 习近平.在2015年春节团拜会上的讲话[N].人民日报,2015-02-18(002).

[13] 习近平.做党和人民满意的好老师[N].人民日报,2014-9-10(002).

[14] 杨咏梅.家校社共育的成功才是教育的成功[N].中国教育报,2019-03-29(004).

[15] 殷飞.学陶行知,做家校社协同真教育[N].中国教育报,2021-11-07(004).

[16] 张志男.统筹学校、家庭、社会教育协同育人[N].中国教育报,2022-10-30(004).

[17] 朱永新.家庭教育促进法是生活化的家教读本[N].中国教育报,2022-05-22(004).

[18] 朱永新.家校社合作激活教育磁场[N].人民日报,2019-06-05(004).

[19] 顾明远.共同加强家庭家教家风建设.[N].中国教育报,2022-10-30(004).

四、其他

[1] 《教育家》杂志社.中国家校社共育三十人论坛开幕,全国教育名家共话协同育人新机制[EB/OL].(2022-04-19)[2022-06-24].https://jyj.gmw.cn/2022-04/19/content_35669468.htm.

[2] UNESCO. Reimagining our future together: A new social contract for education[EB/OL]. (2021-11-10)[2022-11-16]. https://unesdoc.unesco.org/ark:/48223/pf0000379707.

[3] 施文龙.区域整体推进育人方式变革的奉贤探索[EB/OL].(2022-05-13)[2022-05-22]. https://mp.weixin.qq.com/s/7N_PZdSkW6SrjqbnN00wkA.

[4] 鼓楼教育在线.有思考有行动！鼓楼这场推进会,开启家校社协同育人新征程！[EB/OL].(2022-05-15)[2022-09-14]. https://mp.weixin.qq.com/s?__biz=MzUxMzY4NzYyOQ==&mid=2247524125&idx=1&sn=bfb51bddd23a10dc25048ab827843300&chksm=f953b63fce243f2965675155173e835e852e74dbcdaeac03aa15d5d52379bfebe9862dda7c0c&scene=27.

[5] 环球网.广西某学校发布公告：取消家委会,全部解散！[EB/OL].(2023-02-10)[2023-02-10]. https://3w.huanqiu.com/a/eb8251/4BdzxoqggnU.

[6] 江苏妇联.南京市栖霞区妇联：家校社共育,推动三全家庭教育落地开花[EB/OL].(2022-05-10)[2022-09-14]. https://baijiahao.baidu.com/s?id=1732452438140024762&wfr=spider&for=pc.

[7] 教育部,国家发展改革委,财政部.教育部 国家发展改革委 财政部关于实施新时代基础教育扩优提质行动计划的意见[EB/OL].(2023-08-16)[2023-09-24]. http://www.moe.gov.cn/srcsite/A06/s3321/202308/t20230830_1076888.html.

[8] 教育部.唤醒所有教育人——江西省打造家校社协同育人3.0版本[EB/OL].(2017-06-28)[2022-12-07]. http://www.moe.gov.cn/jyb_xwfb/xw_zt/moe_357/jyzt_2017nztzl/2017_zt03/2017_zt03_jx/17zt03_mtbd/201706/t20170628_308176.html.

[9] 教育部.江西行：校风影响家风 教育改变民风——江西弋阳家校社会协同育人模式探访[EB/OL].(2017-07-08)[2022-12-08]. http://www.moe.gov.cn/jyb_xwfb/xw_zt/moe_357/jyzt_2017nztzl/2017_zt03/2017_zt03_jx/17zt03_mtbd/201707/t20170710_308982.html.

[10] 教育部.教育部关于印发《全面推进依法治校实施纲要》的通知[EB/OL].(2012-12-03)[2023-04-07]. http://www.moe.gov.cn/srcsite/A02/s5913/s5933/201212/t20121203_146831.html.

[11] 教育部.教育部关于印发《中小学德育工作指南》的通知[EB/OL].(2017-08-22)[2021-05-24]. http://www.moe.gov.cn/srcsite/A06/s3325/

201709/t20170904_313128. html.

[12] 教育部等六部门. 教育部等六部门关于印发《义务教育质量评价指南》的通知[EB/OL]. (2021 - 03 - 04)[2021 - 03 - 18]. http://www. moe. gov. cn/srcsite/A06/s3321/202103/t20210317_520238. html.

[13] 教育部等十三部门. 教育部等十三部门关于健全学校家庭社会协同育人机制的意见[EB/OL]. (2023 - 01 - 17)[2023 - 01 - 21]. www. moe. gov. cn/srcsite/A06/s3325/202301/t20230119_1039746. html.

[14] 九派教育. 依法带娃时代,天府新区积极构建家校社协同育人模式[EB/OL]. (2022 - 07 - 22)[2022 - 08 - 02]. https://baijiahao. baidu. com/s?id=1739038772645997798&wfr=spider&for=pc.

[15] 南方周末. 家庭教育促进法处罚了家长,然后呢?[EB/OL]. (2022 - 05 - 19)[2022 - 05 - 22]. https://mp. weixin. qq. com/s/QcueFhz2sNwY6WJ0V81GAw.

[16] 南方周末. 依法带娃照进现实:家教没做好,国家要管的[EB/OL]. (2022 - 01 - 14)[2022 - 05 - 06]. https://static. nfapp. southcn. com/content/202201/14/c6133841. html.

[17] 人民网. 李克强作2016年政府工作报告[EB/OL]. (2016 - 03 - 05)[2022 - 07 - 29]. http://www. scio. gov. cn/ztk/dtzt/34102/34261/34265/Document/1471601/1471601_3. htm.

[18] 人民网. 习近平给好老师提四标准 至今记得老师们的样子[EB/OL]. (2014 - 09 - 10)[2023 - 03 - 15]. http://bj. people. com. cn/n/2014/0910/c233086-22255390. html.

[19] 山东教育新闻网. 高密市:探索构建家校社三位一体全链式启智润心网络[EB/OL]. (2022 - 07 - 19)[2022 - 08 - 02]. https://baijiahao. baidu. com/s?id=1738709506756997001&wfr=spider&for=pc.

[20] 闪电新闻. 2022山东家庭教育大会在济南举行[EB/OL]. (2022 - 08 - 03)[2022 - 08 - 06]. https://author. baidu. com/home?from=bjh_article&app_id=1572613303150243.

[21] 上海市教育委员会. 上海市教育委员会关于印发《上海市中小学生全员导师制工作方案》的通知[EB/OL]. (2023 - 08 - 04)[2023 - 09 - 14]. https://www. shanghai. gov. cn/gwk/search/content/78fd57e4cf62423e8654a365f5b75a87.

[22] 上游新闻.《家庭教育促进法》正式实施,重庆一年前已有家长被发禁令[EB/

OL]. (2022-01-05)[2022-05-06]. https://baijiahao.baidu.com/s?id=1721088231282605394&wfr=spider&for=pc.

[23] 上游新闻. 大英县全面加强家庭学校社会协同育人工作[EB/OL]. (2022-06-21)[2022-08-02]. https://www.cqcb.com/topics/dameidaying/2022-06-21/4928631_pc.html.

[24] 苏州市教育局. 高品质构建家校社协同育人共同体打造新时代苏式家庭教育金字招牌[EB/OL]. (2022-05-10)[2022-09-14]. http://jyj.suzhou.gov.cn/szjyj/jyyw/202205/17593a6daa174fae98a03e93d912f759.shtml.

[25] 网易新闻. 如何做好家庭教育？天府新区积极构建家校社协同育人模式[EB/OL]. (2022-07-22)[2022-09-14]. https://www.163.com/dy/article/HCSGMV0D05366AT6.html.

[26] 新华社. 习近平：坚持中国特色社会主义教育发展道路培养德智体美劳全面发展的社会主义建设者和接班人[EB/OL]. (2018-09-10)[2022-05-28]. http://www.cac.gov.cn/2018-09/10/c_1123408490.htm.

[27] 新华社. 中共中央国务院印发《深化新时代教育评价改革总体方案》[EB/OL]. (2020-10-13)[2022-07-20]. http://www.gov.cn/zhengce/2020-10/13/content_5551032.htm.

[28] 新华社. 中共中央办公厅　国务院办公厅印发《关于进一步减轻义务教育阶段学生作业负担和校外培训负担的意见》[EB/OL]. (2021-07-24)[2022-05-26]. http://www.gov.cn/zhengce/2021-07/24/content_5627132.htm.

[29] 新华社. 中共中央办公厅　国务院办公厅印发《关于深化教育体制机制改革的意见》[EB/OL]. (2017-09-24)[2021-05-24]. http://www.gov.cn/xinwen/2017-09/24/content_5227267.htm.

[30] 新华网. 高举中国特色社会主义伟大旗帜　为全面建设社会主义现代化国家而团结奋斗——在中国共产党第二十次全国代表大会上的报告[EB/OL]. (2022-10-25)[2022-11-16]. www.news.cn/politics/cpc20/2022-10/25/c_1129079429.htm.

[31] 新华网. 习近平在中共中央政治局第五次集体学习时强调　加快建设教育强国　为中华民族伟大复兴提供有力支撑[EB/OL]. (2023-05-29)[2023-05-30]. http://www.news.cn/politics/leaders/2023-05/29/c_1129654921.htm.

[32] 新华网. 中华人民共和国家庭教育促进法[EB/OL]. (2021-10-23)[2022-05-20]. http://www.news.cn/legal/2021-10/23/c_1127988845.htm.

[33] 新浪新闻. 青岛强化家校社协同育人[EB/OL]. (2022-07-30)[2022-08-02]. https://news.sina.com.cn/o/2022-07-30/doc-imizirav6011438.shtml.

[34] 中共北京市委教育工作委员会,等. 中共北京市委教育工作委员会等十部门关于印发《北京市新时代基础教育强师计划实施方案》的通知[EB/OL]. (2022-11-22)[2023-03-18]. http://www.beijing.gov.cn/zhengce/zhengcefagui/202212/t20221203_2870774.html.

[35] 中共中央,国务院. 中共中央 国务院关于进一步加强和改进未成年人思想道德建设的若干意见[EB/OL]. (2002-02-26)[2023-04-07]. http://www.gov.cn/gongbao/content/2004/content_62719.htm.

[36] 中共中央,国务院. 中共中央国务院关于深化教育改革,全面推进素质教育的决定[EB/OL]. (1999-06-13)[2021-05-24]. http://www.moe.gov.cn/jyb_sjzl/moe_177/tnull_2478.html.

[37] 中国共产党新闻网. 师德师风建设是落实立德树人根本任务的关键[EB/OL]. (2018-11-26)[2023-07-07]. http://theory.people.com.cn/n1/2018/1126/c40531-30420731.html.

[38] 中国青年网. 习近平:做好老师要有仁爱之心 爱是教育的灵魂[EB/OL]. (2014-09-10)[2023-07-07]. http://news.youth.cn/jsxw/201409/t201409105725832.htm.

[39] 中国网. 1+1+1＞3 成都市青羊区:全域推进家校社协同共育的青羊模式[EB/OL]. (2022-03-16)[2022-09-14]. http://edu.china.com.cn/2022-03/16/content_78111595.htm.

[40] 中国网教育. 与家长同行的家庭教育指导探路者——苏州科技城实验小学校[EB/OL]. (2022-03-21)[2022-09-14]. https://view.inews.qq.com/k/20220321A07PRO00?web_channel=wap&openApp=false.

[41] 中国新闻网. 南京试点家校社合力打造协同育人第三间教室[EB/OL]. (2022-05-17)[2022-09-14]. http://js.ifeng.com/c/8G3trgbL0D4.

[42] 中新网. 是否家暴成这里干部选任参考,网友:全国推广![EB/OL]. (2022-09-07)[2023-07-07]. https://j.021east.com/p/1662507009045617.

[43] [美]索尔蒂斯. 教育的定义[A]//瞿葆奎. 教育学文集. 教育与教育学[C]. 北京:人民教育出版社,1993.

[44] [英]赫斯特. 教育理论[A]//瞿葆奎. 教育学文集. 教育与教育学[C]. 北京:人民教育出版社,1993:450.